Eberhard Trumler
Meine wilden Freunde

Eberhard Trumler
Meine wilden Freunde

Die Wildhundarten der Welt

Mit 16 farbigen und
20 schwarzweißen Abbildungen
von Helmut Diller

R. Piper & Co. Verlag
München Zürich

Mit Graphiken des Autors

ISBN 3-492-02483-1
© R. Piper & Co. Verlag, München 1981
Gesetzt aus der Garamond-Antiqua
Gesamtherstellung: Kösel, Kempten
Printed in Germany

Inhalt

Vorwort

Der »Dichter-Fürst«, Theaterdirektor, Geheimrat und – wie uns die Historiker mit Schmunzeln erzählen – ziemlich erfolgreiche Liebhaber schöner Frauen namens Johann Wolfgang von Goethe war so ganz nebenher auch Wissenschaftler. Wohl wenige Menschen denken daran, wenn sie wegen der »schräcklichen« Leiden des jungen Werthers Tränen vergießen, oder das berühmteste Zitat aus Goethes Dramen zitieren, jenen Sinnspruch, den Götz von Berlichingen sagte, ehe er wütend das Fenster zuwarf...

Ich stelle Goethes Namen an den Anfang dieses Buches, weil er in der Sprache und im Verständnis seiner Zeit entscheidende Grundlagen unseres heutigen biologischen Gedankengutes vorausgesehen – wenn nicht in einzelnen Fällen sogar vorgegeben hat.

Vielleicht hat sich so mancher aufmerksame Leser meiner früheren Hundebücher schon gewundert, daß ich mich im Klappentext meiner Bücher als »Schüler« von Konrad Lorenz und Wilhelm von Marinelli bezeichnen lasse. Um die Wahrheit zu sagen: ein guter Schüler war ich weder bei dem einen noch bei dem anderen. Außerdem habe ich noch andere Lehrer in Wien, München und anderswo gehabt. Ich sage ihnen ganz still mein Dankeschön, wobei ich alle meine Lehrer um Verzeihung bitte, daß ich sie in manchen Dingen enttäuscht habe. Die Straßen des Lebens verlaufen eben nicht für jeden Menschen schnurgerade.

Nebenwege aber können auch ganz interessant sein. Vielleicht muß man Tag für Tag in der »Probier-Manege« eines großen Zirkusunternehmens gesessen sein, muß man die zweibeinigen und vierbeinigen Artisten beobachtet haben, um seine Lehrer zu verstehen. Vielleicht muß man einen Maurice Houk dabei beobachten, wie er Pferde ausbildet, einen Gilbert Houk, wie er eine Löwen-Tiger-Gruppe für eine fehlerlos funktionierende Nummer vorbereitet. Darüber lernt man auf der Hochschule nichts. Trotzdem wage ich zu behaupten: wer dieses Zusammenspiel zwischen Mensch und Tier erlebt hat – das Zusammenspiel zwischen »wilden« Tieren und dem vergleichsweise wehrlosen

Menschen –, der kann in den Worten seiner großen Lehrer manches entdecken, an das sie vielleicht selber nicht gedacht haben. So will ich in diesem Buch versuchen, mich ihnen doch ein wenig würdig zu erweisen.

Was haben – so wird mancher jetzt fragen – der Morphologe Wilhelm von Marinelli, der eigentliche Vater der Verhaltensforschung Konrad Lorenz, J. W. von Goethe und die Tierlehrer vom Zirkus miteinander zu tun? Auf den einfachsten Nenner gebracht: Sie alle haben mich das Schauen gelehrt und die Ehrfurcht vor allem Lebendigen.

Von Wilhelm von Marinelli – der in seinen Vorlesungen immer wieder auf Goethe zurückgriff – lernte ich, daß nur das Vergleichen der Mannigfaltigkeit der Lebensformen Grundlage für das Verständnis des Werdens und Vergehens ist. Von Konrad Lorenz lernte ich, daß darüber hinaus das Vergleichen der Lebensäußerungen der Tierwelt zum Verständnis nicht nur der Tiere – auch des Menschen! – führen kann. Von den hier namentlich genannten – aber auch anderen – Tierlehrern im Zirkus lernte ich, daß es keine »wilden« Tiere gibt, sondern nur Tiere, um deren Vertrauen sich der Mensch bemühen, deren Zuneigung er gewinnen kann.

Bei alldem lernte ich auch etwas anderes. Verbundenheit und Ehrfurcht vor allem Leben ist uns Menschen möglicherweise angeboren. Das kann ich nicht beweisen. Ich kann aber beweisen, daß falsche Erziehung in der frühen Jugend zum Gegenteil führt. Nicht nur beim Menschen – bei allen sozialen Lebewesen, die es im Bereich der Wirbeltiere gibt. Wenn Artgenossen einander töten, ist diese Anomalie nur durch umweltbedingte Störungen erklärbar. Ich werde in diesem Buch einige Beispiele dafür bringen.

Gibt es »wilde« Tiere? Ich sage nein! Es gibt freilebende Tiere, die in ihrer Lebensentfaltung nicht gestört sein wollen. Es sind das alles keine »wilden, gefährlichen« Tiere, wie es in einer von Juristen erfundenen Verordnung heißt. Sie wollen nur in Ruhe gelassen werden.

Die Indianer Nord- und Süd-Amerikas wollten auch nichts anderes, die Hottentotten in Südafrika ebenso. Weil man aber deren Land brauchte, erklärte man sie als »Wilde« und nahm sich das Recht, sie skrupellos zu töten.

Das Wort »wild« ist ein seltsames, vielseitiges Wort. Ich werde immer ganz »wild«, wenn ich es höre oder lese. Was ist zum Beispiel »wilder Wein«? Ist er so böse wie ich – wenn sich zum Beispiel ein unbedarfter

Tierarzt einfallen läßt, eine Verordnung herauszubringen, die besagt, daß meine Dingos »wilde, gefährliche Tiere« sind?

Ist das »Wildkaninchen« gefährlicher als das »Hauskaninchen«? Was versteht der Jäger unter »Wild« – das »Jagdwild« da, das »Raubwild« dort? Wobei er den feinen Unterschied zwischen »Raubwild« und »Raubzeug« macht. Für nicht eingeweihte dieser Geheimsprache: Raubzeug ist ein Wiesel oder Marder. Raubwild ist ein Luchs oder Wolf. Das muß man auch zum besseren Verständnis dieses Buches wissen. Es handelt nämlich vom »Raubwild«. Mit dem Raubzeug, diese billigen, kleinen Tiere, gebe ich mich hier nicht ab. Trotzdem, so ganz im Vertrauen gesagt – wer einmal einen Marder, einen Iltis, einen Fischotter oder sonst einen Vertreter des »Raubzeuges« aufgezogen hat, der wird mir vorbehaltlos bestätigen, wie beglückend das Zusammenleben mit so einem »Raubzeug« sein kann!

Wer umgekehrt noch nie mit einem »Raubwild« – einem Wolf, einem Schakal, einem Kojoten, einem Dingo oder Pariahund – zusammengelebt hat, kann auch nicht erahnen, wie beglückend die Freundschaft mit einem solchen »wilden« Tier sein kann. Wer nie erlebt hat, wie etwa Wölfe mit Kindern spielen, die ihnen kräftemäßig um ein Hundertfaches unterlegen sind, wer nie erlebt hat, welche geradezu lächerliche Angst die gesetzlich zu »wilden, gefährlichen« Tieren gestempelten Lebewesen vor unbekannten Situationen haben, der wird wahrscheinlich erst einmal überdenken müssen: Was sind »wilde Freunde«? Vielleicht gelingt es mir, mit diesem Buch eine Antwort darauf zu geben. Mit diesem »vielleicht« kehren meine Gedanken zu Wilhelm von Marinelli zurück.

Es war ein oder zwei Jahre nach der Gründung der »Biologischen Station Wilhelminenberg« durch Otto Koenig. Der große Mann, der uns lehrte, das wissenschaftliche Vermächtnis Johann Wolfgang von Goethe zu achten, saß mit uns in der Abenddämmerung zusammen. Das war übrigens noch eine Zeit, in der Hochschulprofessoren keine Schullehrer waren, sondern Freunde ihrer Schüler sein konnten. Auch dann, wenn »unser« Marinelli gewohnt war, den Hörsaal wie der Weimarer Geheimrat hocherhobenen Hauptes zu betreten – Goethes morphologische Schriften unter dem Arm, versteht sich – und dann voll Würde eine Vorlesung hielt, die selbst ein sehr qualifizierter Parlaments-Stenograph nicht vollständig hätte aufzeichnen können. Er sprach etwa zweihundertachtzig Silben pro Minute.

An jenem Abend am Wilhelminenberg allerdings war es ganz anders. Da dozierte nicht der große Marinelli. Da sprach ein weiser, abgeklärter und bescheidener Mensch zu uns, die wir ihm fast atemlos zuhörten. Er sprach, entgegen seiner sonstigen Gewohnheit, sehr langsam. Es war nicht viel, was er gesagt hat. Aber ich glaube, es war für mich und meine Freunde richtungweisend. Er gestand uns, daß er nur zu einer Erkenntnis gekommen sei: je weiter man als Forscher in die Geheimnisse der Natur eindringt, desto deutlicher erkennt man, wie unergründlich sie ist.

Ich erinnere mich noch des geradezu beklemmenden Gefühls, das nicht nur mich erfaßte. Wir waren alle noch sehr jung, voll Idealismus, voller Tatendrang. Die letzten und allerletzten Rätsel der Welt wollten wir erforschen . . .

Schäferhund mit Schakalwelpen

1. Warum Wildhundforschung?

Wildhunde sind ein Bestandteil der Natur – so könnte man also auch fragen: Wozu überhaupt Forschung? Es gibt tatsächlich Menschen, die mit der Überheblichkeit eines mittelalterlichen Kirchenfürsten alle Forschung für überflüssig halten. Hundeforschung lehnen zum Beispiel alle jene Geschäftemacher ab, die den Hund einzig und allein als gewinnbringenden Massenartikel »produzieren« oder in größeren Mengen aufkaufen, um mit dieser »Ware« ihr Geschäft zu machen. Diese ziemlich skrupellosen Geschäftemacher – die von Fachleuten und Journalisten, wie etwa Horst Stern oder Heiko Gebhardt – längst an den Pranger gestellt worden sind, hassen das Wort »Hundeforschung«. Aus gutem Grund. Der Hundehandel floriert nur dann, wenn die potentiellen Käufer von Hunden wenig verstehen. Nur über die wahre Natur des Hundes nicht aufgeklärte Menschen sind bereit, bei jenen Hundehändlern einzukaufen. Sie ahnen weder, daß die mitgegebenen Stammbäume gefälscht sind, noch ahnen sie, daß Hunde aus Massenzuchten verhaltensgestört, meist auch *körperlich* krank sind. Sie wissen auch nicht, daß ein Hund viel schwieriger zu halten ist als ein Pferd, ein Goldhamster oder ein Kanarienvogel.

Sie werden darüber vom Hundehändler auch nicht aufgeklärt. Er sagt ihnen nur, daß ein Hund gefüttert werden muß, daß er Wasser braucht, ferner ein Halsband und eine Leine. Mit diesem tiefgründigen Wissen steht der Käufer eines derart bedauernswerten Geschöpfes vor der Pforte eines Tierheimes, im Wartezimmer eines Tierarztes oder mit Bißverletzungen in der Unfallstation einer Klinik. Oder er wendet sich dann – und leider erst dann! – an einen Verhaltensforscher mit der Vorstellung, der könnte den Hund gewissermaßen »reparieren«. Der mit den Bißverletzungen ist gut daran – die kann man ausheilen. Aber die ungezählten Hunde aus diesem skrupellosen Geschäft mit diesen so sensiblen Geschöpfen sind arm dran. Man kann sie nicht ausheilen. Sehr erfahrene Tierärzte, wie Ferdinand Brunner in Wien oder H. Brummer in Gießen (und sicher viele andere) können hier etwas kompensieren, wenn es sich um Verhaltensstörungen handelt. Aber zaubern können sie ebensowenig wie der Verhaltensforscher. Ich selbst, der ich oft – und leider viel zu oft – mit solchen Problemen konfrontiert werde, muß leider in fünfundneunzig Prozent der Fälle sagen, daß es nur zwei Möglichkeiten gibt: entweder die Verhaltensstörung des Hundes so ertragen, wie andere Menschen eine Allergie ertragen – oder, wenn der Besitzer eines solchen armen Hundes nicht die Nerven dazu hat, den Hund einschläfern zu lassen. Als Hundefreund sagt man derartiges nicht gern – das mag auch erklären, warum bald tausend Briefe unerledigt in meinem Aktenschrank liegen. Abgesehen davon, daß die Flut solcher oftmals zehn bis fünfzehn Seiten langen Briefe die Kraft eines Menschen übersteigt.

Mögen viele dieser Briefschreiber, die keine Antwort erhalten haben, auf mich böse sein. Ich bin ihnen dankbar. Sie alle beweisen mir, wie notwendig Hundeforschung ist und wie notwendig es ist, die Ergebnisse derartiger Forschungen den Mitmenschen nahezubringen. Wenn ich nicht durch Eltern und Schule darüber belehrt worden wäre, daß ein Stromschlag von zweihundertzwanzig Volt unter gewissen Umständen tödlich sein kann – wenn ich nie darüber aufgeklärt worden wäre, daß die verlockende Frucht der Tollkirsche ein hochwirksames Gift enthält oder daß es vielerlei überaus giftige Pilze gibt, daß man bei Rot nicht über die Straße gehen darf ... was dann?

Wer aber denkt schon daran, daß selbst ein kleiner Hund nicht eine »Sache« im Sinne des Gesetzes ist, sondern ein Lebewesen, das Zähne besitzt und von ihnen auch Gebrauch zu machen versteht? Wer weiß denn wirklich, daß ein Hund von diesen Zähnen aber nur dann – und ausschließlich dann – Gebrauch macht, wenn er seelisch vollkommen zugrunde gerichtet worden ist? Genau wie ein Mensch zum Mörder werden kann, wenn seine Persönlichkeit, sein Lebensanspruch mit Füßen getreten wird. Wer denkt schon daran, wenn er sich per Bahnexpreß einen Hund schicken läßt – nur so aus Laune?

Wer denkt daran, daß die Seele eines Hundes noch zerbrechlicher ist als die eines Menschen? Ein Mensch kann viele Ursachen überblicken und sich sagen, daß es eben nicht anders geht, wenn er mit gewissen Lebensumständen nicht zurecht kommt. Kann das aber auch ein Hund, der vom Willen eines Menschen abhängig ist? In seltenen Fällen kann er es tatsächlich bis zu einem gewissen Grade – das hat mich selbst schon oft erstaunt. In den allermeisten Fällen aber kann er es nicht – sein Gehirn ist nicht so vielschichtig ausgebildet wie das des Menschen. Ganz gewiß gibt es Denkvorgänge im Gehirn eines Hundes – daran habe ich immer weniger Zweifel, je länger ich Hunde kenne. Aber ebenso überzeugt bin ich, daß diese auf ganz anderen Ebenen liegen als unsere eigenen. Auf Ebenen, die wir mit dem Rüstzeug der heutigen Forschung vielleicht da und dort erahnen können – aber bestimmt nicht verstehen, nicht wirklich durchschauen können.

Wir Menschen nennen uns in schlichter Bescheidenheit »Homo sapiens« (auf deutsch: weiser Mensch) und betrachten uns als »Krone der Schöpfung«. Wenn so ein Homo sapiens, als Krone der Schöpfung, Hunde in Massen produziert, wenn er sie wie Suppengrün verhökert, als Ware versendet, überkommt mich das Gefühl tiefer Beschämung, daß ich Artgenosse dieser seltsamen Spezies bin.

Genau hier liegt die Motivation, Hundeforschung zu betreiben in der Hoffnung, daß es mir gelingt, das Los dieser wunderbaren Geschöpfe zu erleichtern. Wenn man langsam älter wird, verliert man jene Illusionen, von denen ich einleitend sprach. Ich war ausgezogen, um die Welt zu verändern. Heute bin ich überglücklich, wenn ich einem Hund das Leben ein wenig leichter machen kann. Man wird eben bescheiden.

Das bedeutet aber nicht, daß man sich bescheidet mit dem, was ist, sondern daß man gerade deshalb das, was man gelernt und erfahren hat, einsetzt. Das bin ich meinen Lehrern schuldig, aber vor allem jenen Geschöpfen, die »nur« Hunde – die aber auch meine Lehrer sind – ohne Doktorat, Professur oder Nobelpreis.

Nobelpreis – hat nicht der Erfinder des Dynamits diese Stiftung begründet für Forscher und Kunstschaffende, die dem Frieden unter den Menschen durch ihre Erkenntnisse dienen? Wenn ich an meine vierbeinigen »wilden Freunde« denke – sie müßten ihn eigentlich auch bekommen. Sie sind friedlicher als wir Menschen. Oder hat man schon einmal gehört, daß sie mit Fahnen und Trompeten gegeneinander in den Krieg gezogen sind, um sich gegenseitig zu vernichten? Natürlich – das können sie nicht – es sind ja nur Tiere. So ähnlich drückte das vor rund dreißig Jahren der Wiener Philosophiehumorist Heinz Konrads aus, als er von einem Hund und einer Katze erzählte, die gute Freunde waren.

Je länger ich mit Hunden, vor allem mit »wilden« Hunden zusammenlebe, um so mehr wird mir bewußt, daß sie uns Menschen in einigen Elementen ihrer psychischen Grundstruktur nicht bloß ähnlich sind, sondern uns sogar da und dort übertreffen: sie sind oft sozialer als wir.

Hundeforschung ist daher in meinen Augen nicht nur ein Anliegen für Hundefreunde. Es ist ein Anliegen für jeden Menschen, der aus den Vorbildern der Natur lernen will, wie man sein Menschsein realisieren kann, wie man hierfür als soziales Lebewesen dem eigenen Geschlecht dienen sollte. Vergessen wir eines nicht: Wölfe zum Beispiel hat es schon gegeben, als der Mensch noch nicht wußte, daß er Mensch ist. Ihr Sozialverhalten war es, das ihnen das Überleben bis heute gewährleistet hat – oder zumindest bis dahin, als der Homo sapiens in der Lage war, sie mit Schußwaffen und Hubschraubern systematisch als lästiges »Raubwild« zu vernichten.

Die immer brutaler werdende Technisierung und die damit verbundene Kommerzialisierung der Menschheit erfordert aber, daß wir die Beziehung zur Natur, der wir entstammen, wieder suchen und unser eigenes Sozialverhalten überprüfen, wenn wir nicht zerstörende Feinde der eigenen Art und damit zur Spezies »Homo non-sapiens stupidus criminalis« werden wollen.

Die Hundeforschung hat also auch hier einiges zu bieten, woran ich selber gar nicht dachte, als ich damit angefangen habe. Mir jedenfalls wurde das immer deutlicher, je länger ich mich damit befaßte; die Faszination dieser Forschung liegt darin, daß man die Maximen des eigenen Handelns immer besser durchschaut – was nicht immer besonders beglückend ist.

Aber wenn mir dann so ein lächerlich kleines Windspiel namens Uschi auf den Schoß springt und mir meine ewig tropfende Nase sorgfältig ausschleckt – wenn mein Husky Iwan wie ein gelernter Wundarzt mit seiner Zunge eine stark blutende Wunde mit aller Sorgfalt so behandelt, daß die Blutung aufhört, die Wunde in kürzester Zeit verheilt – ohne andere Maßnahmen! –, wenn mein Wolf Schah vertrauensvoll in meinen Armen liegt, wenn man Tag für Tag, Stunde für Stunde daran erinnert wird, Wildhunde, Rassehunde und Bastarde erwarten von einem, daß man mehr ist, daß man über den Dingen steht, daß man alles meistert, Schutz und Nahrung, vor allem aber Freundschaft bietet – was soll man denn da machen? Es gibt kein größeres »Sklaventum«, als die Zuneigung, das Vertrauen anderer zu haben – ob sie zwei- oder vierbeinig sind –, weil

dadurch die Verpflichtung wächst zu dienen, die Zuneigung und das

Vertrauen nicht zu enttäuschen. Anders ausgedrückt: weiterlernen, dazulernen. Das ist eigentlich der Inhalt unseres Lebens. Auch hier besteht eine frappierende Ähnlichkeit zwischen Mensch und Wildhund. Beiden Lebewesen ist schon vieles angeboren, das wichtigste aber ist die Fähigkeit zu lernen, aus Erfahrungen klüger zu werden und damit das Leben zu meistern im Dienste der Arterhaltung.

Ein Kind, das nicht gelernt hat, bei Rotlicht nicht über die Straße zu gehen, hat geringe Überlebenschancen. Einem Wolf, der von seinen Eltern nicht gelernt hat, wie man Tiere erbeutet, geht es ähnlich. So ergeht es aber auch einem Hund, der in seiner Jugend das Lernen nicht gelernt hat – er wird als »unbrauchbar« abgeschoben, abgewertet, und wenn er Glück hat, eingeschläfert.

Aber jetzt kommt die Kardinalfrage. Menschen guten Willens wollen doch nicht mit Wildhunden, sondern mit ihren Rasse- oder auch Bastardhunden zurechtkommen. Wozu also Forschung an Wildhunden?

Diese Frage wurde mir häufig gestellt. Vor allem die skrupellosen Hundevermehrer versuchen, die ihnen so peinliche Hundeforschung, die Forschung an Wildhunden vor allem, als belanglos abzuwerten.

Ich bin mir aber auch bewußt, daß ich meinen »wilden Freunden« als auch allen Menschen gegenüber, die Hundefreunde und nicht Hundehändler sind, eine Verpflichtung habe. Ich bin eben kein Fürst, sondern nur ein kleiner Sklave dessen, was ich 1966 begonnen habe: Hundeforschung. Ein römischer Patrizier konnte einem verdienten Sklaven die Freiheit schenken. Meine Hunde schenken sie mir nicht – und ich will es auch gar nicht. Ich möchte ihnen dienen, wie ein Rudelführer letztlich dem Rudel – und damit der Erhaltung der Art dient.

Ein Rudelführer ist kein böser Tyrann – auch dann nicht, wenn er ab und an sein Gebiß vorweist, die Nackenhaare, das Rückenfell sträubt, die Rute hochhält und die Beine steift. Es geht nicht immer nur mit liebenswürdigen Gesten. Aggressions-Androhungen können manche Sachlage ins Lot bringen. Dazu ist ja das angeborene Aggressionsverhalten da – eine unglaublich praktische Einrichtung der Natur im innerartlichen Verkehr. Wer mehr Mut zur Aggressions-Drohung hat, setzt sich durch – oder wird wegen Beamtenbeleidigung vor Gericht zitiert. Man muß eben abwägen, wo das Aggressionsverhalten anwendbar ist.

Ich kann mir gut vorstellen, daß so mancher Leser dieser und vieler vorangegangener Zeilen langsam an meinem Verstand zu zweifeln beginnt. Es wird Zeit, daß ich die Karten auf den Tisch lege. Fast alles, was in diesem Kapitel steht, ist eine Antwort auf die Frage »Warum Wildhundforschung«. Ich getraue mir alle diese teils ironischen, teils aggressiven, teils ein wenig sentimental klingenden Sätze einzig und allein zu schreiben, weil mir meine »wilden Freunde« über so vieles im Leben die Augen geöffnet haben – was ihnen vielleicht nicht so gut gelungen wäre, wenn ich nicht auch das große Glück gehabt hätte, die bereits genannten und vielfach auch nicht genannten zweibeinigen Lehrer zu haben.

Warum Wildhundforschung? Eben darum: diese Hunde sind alle noch unverbildete Geschöpfe der Natur, in ihre natürlich gebliebenen Lebensräume eingebettet, an sie angepaßt. Die Wildhunde haben dazu beigetragen, das biologische Gleichgewicht der Natur zu erhalten, ohne sie hätte sich die Menschheit nicht weiterentwickeln können. Hätte sich die Menschheit mit diesen Tieren nicht auseinandersetzen müssen, wäre ihr ein wichtiger Antrieb zu ihrer Weiterentwicklung versagt gewesen. Schließlich: hätte der Mensch nicht entdeckt, daß das friedliche »Raubwild« Wolf zu einem brauchbaren Partner werden kann, der Lasten zu ziehen imstande ist, der vor Feinden warnt, der bei der Jagd hilft, der Säuglinge bewacht – und wenn's not tut, auch säubert – der die Herden bewacht, der – der – der eigentlich alles für den Menschen getan hat, was man sich nur ausdenken kann, und es in Form vielgestaltiger Hunderassen bis heute tut ... unausdenkbar, was ohne dieses böse »Raubwild« geworden wäre.

Ich denke daran, daß im Reich des »Homo sapiens« alljährlich zehntausend Kinder in der Bundesrepublik Deutschland von Hunden gebissen werden; durchschnittlich zwölf davon sterben daran. Briefträger, tausende andere Erwachsene werden von Hunden gebissen, getötet. Was müssen das für Menschen sein, die behaupten, daß wir alles über den Hund wissen, daß wir keine Hundeforschung mehr brauchen?

Da sagen dann manche einsichtigen Mitbürger: Gut – wenn das so ist, wird es doch ganz nützlich sein, Hundeforschung zu betreiben. Nur – warum ausgerechnet an Wildhunden? Warum nicht an unseren bewährten Rassehunden? Auch hier ist die Antwort leicht: Unsere Rassehunde und deren Bastarde können so lange keine Forschungsobjekte sein, so lange wir nicht alles über ihre Ahnen wissen. Das ist eine Behauptung, der selbst aufgeschlossene und lernbegierige Hundefreunde häufig genug kopfschüttelnd gegenüberstehen.

Wie lange – ja, bald dreißig Jahre habe ich mich mit den Problemen der Haustierwerdung auseinandergesetzt. Wenn nicht Konrad Lorenz dies vor mir längst getan hätte und in seinen Schriften und in persönlichen Gesprächen hier grundlegende Erkenntnisse vermittelt hätte, würde ich an dieser Stelle unsicher sein. Aber auch von ihm habe ich das Schauen, das Vergleichen gelernt. Vor allem habe ich aber von ihm gelernt, daß zu Haustieren gewordene Tiere – also Tiere, die dem »Kampf ums Dasein« nicht mehr unterliegen, weil sie der Mensch erhält, beschützt und nach äußerst unbiologischen Gesichtspunkten weiterzüchtet, in ihrem Erbgut sich Veränderungen leisten können, die in der Natur, in jenem von Malthus formulierten und von Darwin übernommenen »Struggle for Existence« – dem Ausleseprinzip der Evolution des Lebens erliegen würden. Sie würden also auf freier »Wildbahn« zugrundegehen, ehe sie über die Fortpflanzung dieses negative Erbgut weitervererben könnten.

Der Begriff »negatives Erbgut« kann für die Wünsche des Menschen durchaus positive Bedeutung erhalten. Ein Wildrind, das kein Kalb mehr aufzieht, dafür aber fast das ganze Jahr über Milch produziert, ist in der Natur eine absolute Fehlerscheinung. Im Stall des Landwirtes ist sie aber eine wirtschaftlich ungemein wertvolle Kuh. Der Bauer bekommt durch sie seine Milchprämie vom Staat. Diese Milch macht man zu Butter, aus dieser Butter wird ein Butterberg. Aber wir Menschen sind ja nicht dumm. Also macht man aus dem Butterberg ein prächtiges Futter für jene Kälber, die nicht mehr von der Mutter ernährt werden. So einfach läuft das alles. Der Bauer verdient, die Industrie verdient, der Staat verdient, und die Kälberchen kriegen am Ende doch noch ihre Nahrung – aus Plastikeimern mit einem künstlichen Schnuller, von Experten feinsinnig durch wissenschaftliche Forschung ausgedacht.

Nichts gegen wissenschaftliche Experten. Aber ich muß nur immer müde – bereits übermüdet – lächeln, wenn an Haustieren Verhaltensforschung getrieben wird ohne die leiseste Ahnung vom Grundverhalten ihrer »wilden« Ahnen.

Konrad Lorenz hat auf mindestens fünfhundert Seiten seines gedruckten Lebenswerkes klargestellt, daß durch die Haustierwerdung – zu deutsch: Domestikation – sich so das Verhalten unserer Haustiere undurchschaubar verändert hat – undurchschaubar, solange wir nicht die Basis bei deren »wilden« Vorfahren vollständig kennen.

Aber jeder Tiermedizinmann, der nur gelernt hat, welche Tabletten man da und welche Spritzen man dort anwendet, fühlt sich heute berufen, auch in Sachen Verhaltensforschung wie ein imponierender Gorilla mit den Fäusten auf seine Brust zu trommeln. (Jene von mir namentlich genannten sowie mein alter Freund Klaus Zeeb aus Freiburg sind hier nicht gemeint! Selbstverständlich auch andere liebe Freunde aus dem Bereich der Veterinärmedizin, die sich ehrlich bemüht haben und vorbildliche Leistungen hervorbrachten – wie etwa Anton Grauvogel, der das Paarungsverhalten eines Ebers viel anschaulicher demonstrieren kann als ein echter Eber – ein Kompliment, das ihn sicher freuen wird!)

Glücklicherweise wissen wir heute mit in der Zoologie seltener Sicherheit, daß alle – aber auch alle – Haushunde auf den Wolf zurückgehen. Er ist ihr Stammvater, der »wilde« Ahne. Davon wird später noch mehr zu sagen sein. Wir haben es also ziemlich leicht. Wissen wir, wie die Grundveranlagungen des Wolfes sind, was ihm angeboren ist, was er in seiner Jugend dazulernen muß, um überleben – im Dienste der Arterhaltung – zu können, dann werden wir auch unsere Hunde – Haushunde – besser verstehen. Leider liegen die Dinge so, daß wir zwar viel – aber noch lange nicht alles über die Wolfsahnen unserer Hunde wissen. Dazu kommt, daß die Forschung über die Rolle des Wolfes im Naturhaushalt aus guten Gründen im Vordergrund steht. Auch hierüber wird noch einiges zu sagen sein.

Man muß das so sehen, daß Politiker gelegentlich daran denken, Naturschützer könnten auch Wähler sein und deshalb ökologische Forschungen unter dem Druck der öffentlichen Meinung gutheißen. So konnten etwa Murie im Gebiet des Mount Mc Kinley in Nordamerika, Mowat in Kanada oder Freund Zimen in den Abruzzen unsere Kenntnis über die ökologische Bedeutung des Wolfes erweitern und vertiefen. Hundert oder mehr Forscher kommen dazu – die Auswahl der Namen hier ist nur so hingesagt, ganz aus dem Augenblick heraus. M. Fox könnte mir ebenso böse sein wie all die anderen, die ich nicht genannt habe – aber ich habe nicht vor, ein Buch über Wolfsforscher zu schreiben.

Aber was jene Forscher zu diesem Thema geleistet haben, muß noch deutlich vermerkt werden. Wölfe in Alaska oder Sibirien auf freier Wildbahn zu beobachten, Goldschakale in Ostafrika, wie das Forscher-Ehepaar Lawick-Goodall, Kojoten in unzugänglichen Gebieten der USA, Dingos in Australien, Pariahunde im Orient – was wurde und wird da alles geleistet! Auf Hundeschlitten durch die Polarnacht zu fahren, in

Iglus im beißenden Rauch des offenen Feuers zu kampieren oder in Zelten zu hocken, in Geländewagen durch Steppengebiete zu holpern, in langen Fußmärschen mit schweren Filmkameras als Handgepäck – nein! Das alles für »Raubwild« aufzubringen, dessen Decke man nicht an der trophäengeschmückten Wand hängen hat, das können doch nur Irre tun. Hundehändler würden für derartiges noch Verständnis aufbringen, wenn man dabei Welpen einsammelt, um sie an Tiergärten zu verkaufen oder an Leute, die meinen, daß Wildhunde wie Dackel oder Pudel gehalten werden können.

All diese Strapazen und Mühen auf sich zu nehmen, um keinen geschäftlichen Gewinn zu erzielen, keine Trophäe an die Wand hängen zu können – das mag den meisten Mitbürgern durchaus albern erscheinen. Genau diese werden es auch nicht verstehen, daß ihre Steuergelder für solche Zwecke »vergeudet« werden. Noch weniger werden sie verstehen, daß Menschen ihre Gesundheit, ihr Leben aufs Spiel setzen, um solche Forschungen anzustellen. Man kann doch in Fabriken, in Büroräumen, hinter dem Ladentisch so viel gemütlicher leben!

In England gab es einmal einen Mann, der hat sich gewisse Nervenbahnen durchschnitten, um herauszufinden, welche Bedeutung sie für den Körper haben. Er starb daran. Sir Henry Head (1861–1940) hat er geheißen. Was wären ohne ihn die Neurologie und die Chirurgie heute?

In Deutschland lebte ein Mann, Wilhelm C. Röntgen (1845–1923), der entdeckte die nach ihm benannten Röntgenstrahlen und deren Anwendbarkeit. Durch seine vielen Experimente starb er an deren Auswirkung. Aber können wir uns Medizin und Technik heute ohne jene Entdeckung überhaupt noch vorstellen?

Übrigens – war es nicht ein gewisser Giordano Bruno, der im Jahre 1600, im Alter von zweiundfünfzig Jahren, nach siebenjähriger Kerkerhaft in Rom lebendigen Leibes am Scheiterhaufen verbrannt wurde, weil er nicht die Erde als gottgewollten Mittelpunkt des Weltalls betrachtete? Mußte nicht dreiunddreißig Jahre später vor der römischen Inquisition Galileo Galilei (1564–1642) dem Weltbild des Kopernikus abschwören, um dem gleichen Schicksal zu entgehen?

Nun ja – heute braucht kein Forscher mehr den Scheiterhaufen zu fürchten, auch wenn ihn kirchliche oder weltliche Fürsten nicht mögen. Er hat nur eines zu fürchten: die Mißachtung all jener Mitbürger, die

Forschung als unbequem betrachten, da sie eingefahrene Denkgewohnheiten oder kommerzielle Interessen stören.

Alle, die Freilandbeobachtungen an Wildhunden geleistet haben und leisten, werden niemals so bekannt werden wie die ersten Raumfahrer oder Neil Armstrong, der am 21. Juli 1969 als erster Mensch seinen Fuß auf den Mond setzte. Fernsehen und Presse berichten kaum etwas über sie. Es ist publikumswirksamer, Wildhunde als menschenmordende Bestien auftreten zu lassen, wofür ausgerechnet der Deutsche Schäferhund mißbraucht wird.

Ich würde ihnen hier gern ein Denkmal setzen, aber ich fürchte, es wäre nur ein einziges Lorbeerblatt aus dem Lorbeerkranz, den sie verdienen würden. Die Bedeutung ihrer ökologischen und verhaltenskundlichen Forschungen kann nur der ermessen, der weiß, wie notwendig es in unserer Zeit ist, die Rolle der beutejagenden Tiere im Naturhaushalt sorgfältig zu studieren und zu beschreiben; und wie notwendig es ist, aus allen diesen Studien die Konsequenzen zu ziehen, nämlich zumindest Reste unserer fast gänzlich zerstörten Natur zu retten.

Für einen, der die biologischen Zusammenhänge auch nur ganz oberflächlich kennt, muß es unfaßbar sein, daß man »Raubwild« planlos tötet. Daß man es da und dort tun muß – nämlich dann, wenn aus der Naturlandschaft eine noch nicht richtig regulierte Kulturlandschaft geworden ist – kann nicht geleugnet werden. Wenn die Erforschung der Wildhunde in freier Wildbahn aber weiter betrieben wird, muß die Erkenntnis kommen, daß mit ihrer Hilfe jene aus dem Gleichgewicht geratene Kulturlandschaft als Basis zum Überleben der Menschheit wieder in das richtige Lot zu bringen ist. Wer dies nicht begreift, der muß sich fragen lassen, ob er über das Leben und die Lebensentfaltung seiner Mitmenschen bestimmen darf. Es ist geradezu kriminell, wenn biologisch uninformierte Mitbürger über die Gestaltung unserer Welt entscheiden. Sie können durch ihr beschränktes Denken in der Zukunft mehr Menschen töten als alle großen und kleinen Feldherrn der Weltgeschichte. Wer kein profundes biologisches Wissen hat, ist nicht berechtigt, über Lebensfragen zu entscheiden.

Er ist auch nicht berechtigt, über das Leben von Tieren zu bestimmen. Er ist nicht einmal geeignet, Verhaltensforschung an Tieren zu betreiben. Das Lebenswerk von Konrad Lorenz beruht darauf, daß er vergleichende Anatomie weiterentwickelt hat zur vergleichenden Lehre von den

Bewegungen der Tiere – zur Ethologie, zur Vergleichenden Verhaltensforschung. Das war ihm nur möglich, weil er biologisch denken gelernt
hat. Daher versuchen nur Leute, die keine Ahnung von den Zusammenhängen des Lebens, von der Evolution und deren Gesetzen haben, sein
Lebenswerk zu bezweifeln. An seinem siebzigsten Geburtstag sagte
Konrad Lorenz: »An der Zahl meiner Feinde erkenne ich meine
Bedeutung!«

Nichtverstehen ist keine Charakterschwäche, sondern ein Bildungs-
oder Wissensmangel. Ein anständiger Mensch wird sich bemühen, diesen
Mangel zu beseitigen. Das ist auch – verbunden mit einer jugendlichen
Neugier – die Grundlage allen Forschens. So kenne auch ich Hundebesit-
zer, die sagen, daß sie ohnehin alles wissen und es nicht notwendig hätten,
sich von neuen Forschungen belehren zu lassen. Gott erhalte ihnen ihre
Naivität.

Vor einigen Jahren schrieb mir die bekannte Tierbuch-Autorin Leni
Fiedelmeier: »Das finde ich ja überhaupt immer so herrlich an unserer
Beschäftigung mit lebenden Wesen: man lernt immer noch wieder hinzu
und bleibt in der Werkstatt der Natur immer ein Lehrling«. Ich habe ihr
zurückgeschrieben, daß dieser Satz von Goethe sein könnte. Er erinnert
mich auch an das bescheidene Bekenntnis von Wilhelm von Marinelli.
Nur dumme Menschen können glauben, daß sie ohnehin schon alles
wissen. Natürlich haben sie einen Vorteil – sie schlafen gut in ihrer
kleinen, begrenzten Welt. Eigentlich beneidenswert.

Glücklicherweise kenne ich aber viel mehr Hundefreunde, Leute, die
mit Freude und Begeisterung jeden neuen Gedanken aufgegriffen haben
oder immer noch aufgreifen. Sie wissen, daß man niemals auslernen kann
– Hundefachleute, die fünfzig oder mehr Jahre Erfahrung haben und
dennoch der Meinung sind, daß Hundeforschung notwendig ist. Gerade
das macht Mut, trotz vieler Schwierigkeiten weiterzumachen.

Ein Zoologischer Garten hält Löwen, Tiger, Leoparden und viele
andere »wilde, gefährliche Tiere« im Sinne des Gesetzes. Unsere
Tiergärten haben in Europa vor rund zweihundert Jahren als »Menage-
rien« angefangen. Da waren stabile Eisenkäfige, in denen man die »wilden
Tiere« zur Belustigung des Volkes gehalten hat. Sie hatten meist kein
langes Leben in einer solchen artfremden Umwelt. Fürsten, Könige und
Kaiser konnten dafür sorgen, daß der Bestand immer wieder ergänzt
wurde. Aber mehr und mehr kam es den Menschen des vorigen

Jahrhunderts zu Bewußtsein, daß es so einfach nicht weitergehen kann. Bis der große Carl Hagenbeck aus Hamburg einen ersten, sehr entscheidenden Schritt tat. Er errichtete 1907 in Hamburg den ersten »Tierpark«, in dem die Tiere nicht mehr in Käfigen untergebracht waren, und später in Paris den »Bois de Vincennes« – als Gegenstück zu dem alten »Jardin des Plantes«, dem Botanischen Garten im Herzen von Paris, der eine Menagerie besitzt – übrigens, mit einigen Verbesserungen, bis heute.

Inzwischen hat diese bahnbrechende Arbeit mehr und mehr Früchte getragen. In zunehmendem Maße rücken die Tiergartendirektoren von dem »Einsperren« der Tiere ab, versuchen – soweit der Etat die Mittel hierfür gewährleistet – neue Ideen zu entwickeln, den Lebensraum der Zootiere natürlicher, deren Lebensraum angepaßter zu gestalten. Wenn ich das so aus der Ferne beobachte, bekomme ich fast den Eindruck, daß so eine Art Wettrennen unter den Zoodirektoren im Gange ist, es immer noch besser zu machen.

Nur wenige Stadtverwaltungen lassen ihren Zoo-Direktoren einen geeigneten finanziellen Spielraum. Wenn man Mißstände in einem Zoo sieht, schimpfe man nicht auf den Direktor, sondern wende sich an die zuständigen Verwaltungen! Das Übel liegt oft dort.

Aber ich kenne auch einen Tiergarten recht gut, der auf die Gründung der weltberühmten Tierhändler-Familie namens Ruhe zurückgeht. Ich nenne diesen Namen schon deswegen sehr gern, weil gerade dort ein ganz entscheidender Beitrag geleistet worden ist, aus der einstmals »wilden« Dressur die heute übliche »zahme« Dressur von Raubtieren im Zirkus zu machen. Vor der Zeit des Begründers dieser Dynastie wurde den Löwen, Tigern usw. mit brutaler Gewalt das »Rückgrat gebrochen«, wie man so sinnig sagte. Übrigens – haben sie gewußt, daß es Hundeausbilder gibt, die diesen mittelalterlichen Standpunkt immer noch vertreten? Tatsächlich – ich habe schon Sätze gehört wie: »Dem Schweinehund habe ich das Rückgrat gebrochen – der spurt jetzt! Einwandfrei!«

Nun – wie die maßgeblich auf Ruhe zurückgehende »zahme« Dressur – oder besser: Ausbildung – aussieht und was man von ihr lernen kann, habe ich einleitend schon erwähnt und in meinem Buch »Mit dem Hund auf du« näher ausgeführt.

Es ist daher eigentlich kaum erstaunlich, daß gerade in jenem Tiergarten – es ist der von Hannover – ein Direktor sitzt, der sich die Erfahrungen der Verhaltensforschung zunutze gemacht hat, um zukunftweisende Wege der Tierhaltung zu entwickeln. Direktor Dittrich hat das System der gitterlosen Tierhaltung zu einer Höhe entwickelt, die sich ein Zoomann vor fünfzig Jahren nicht hätte träumen lassen. Ich weiß nicht, ob ihm alle Anwesenden am Welttierschutztag 1978 im Schloß Charlottenburg in Berlin mit so atemloser Spannung folgen konnten wie ich. Tierschutz und Zootierhaltung gehen ja nicht immer von denselben Kenntnissen aus.

Dittrich zeigte in überzeugenden Dias, daß Wassergräben – ich greife hier nur ein Detail heraus – gar nicht so breit sein müssen. Es genügt, daß sie da sind – die hinter ihnen lebenden Tiere könnten zwar mit Leichtigkeit darüber gehen. Sie tun es aber nicht – weil sie das gar nicht wollen. Das Territorium, das sie bewohnen, die Nahrungsversorgung, das Zusammenleben mit ihren Artgenossen gefällt ihnen so gut, daß sie lieber dableiben, als sich in ungewisse Gefilde zu begeben.

Das ist das offene Geheimnis aller Tierhaltung. Man gebe den Tieren einen geeigneten Bewegungsraum, in dem sie umhertollen können und die Sicherheit, daß sie von keinem Feind bedroht werden. Außerdem – und das ist noch viel wichtiger, wenn es sich um soziale Tiere handelt – die notwendigen Partnerschaften. Ist das vollkommen gegeben, kann man alle Zäune niederreißen!

Viele Erlebnisse haben mitgeholfen, mir diese Dinge noch mehr zu verdeutlichen. Ich werde davon vor allem im Wolfskapitel noch überzeugende Beispiele bringen. Was ich mit all dem sagen will: man muß die natürlichen Lebensansprüche eines Tieres beachten, die sogar gelegentlich individuell verschieden sein können. Wolf ist nicht gleich Wolf, und Hund ist nicht gleich Hund, selbst der Dobermann A kann andere Ansprüche stellen als der Dobermann B. Warum und weshalb – das ist immer die Frage, mit der wir uns als Hundehalter auseinandersetzen müssen. Daher auch dieser Exkurs in Zoologische Gärten.

Wie benimmt sich ein Wolf in einer antiquierten Menagerie? Der Zoo in Brüssel war eine Menagerie. Heute ist er ein Tierpark, so schön, wie man es sich wünscht. Aber er hat noch einige Reste der Altmenagerie, die offenbar unter Denkmalschutz stehen, wie einige derartiger Ungeheuerlichkeiten des theresianischen Zeitalters im Tiergarten Schönbrunn zu Wien oder im Jardin des Plantes zu Paris. In einem solchen Käfig sahen wir einen Wolf, der allein lebte – eine Gefährtin hätte in so einem Gebilde keinen Platz mehr gehabt. Unentwegt lief er am Gitter auf und ab.

Ich habe auch einen Wolfsrüden, der allein in einem ganz kleinen

Dominanzverhalten eines Wolfes

Gehege leben muß, da man mir in Sulzfeld das Halten solcher wilden Bestien nicht erlaubte. Ich brachte ihm eine läufige Hündin. Sie war am nächsten Tag totgebissen.

Wer meint, daraus Schlüsse über das Verhalten eines Wolfes ziehen zu können, irrt sich.

Ebenso geht der in die Irre, der viele Wölfe aus verschiedenen Tierhandlungen oder Tiergärten, dazu noch unterschiedlicher Rasse, in einem relativ kleinen Gehege eines Tiergartens verhaltenskundlich analysiert; es spricht für die Wölfe, daß man trotzdem recht gute Entdeckungen macht, wie das etwa Rudolf Schenkel in Basel zustandegebracht hat – man kommt unweigerlich zu dem Schluß, daß es die »Hauptbeschäftigung« des Wolfes ist, Aggressionsverhalten zu zeigen.

Auch mein Freund Erik Zimen hatte bei seinen Gefangenschafts-Beobachtungen sehr viel über Aggression erlebt und geschrieben. Der

Ausbruch seiner acht Jungwölfe wäre nie erfolgt, wenn nicht eine unbedarfte Verwaltung den Wunsch gehabt hätte, den Besuchern im Bayerischen Wald für ihr Geld möglichst viele Wölfe zu zeigen. Wie ich schon sagte – wenn man sich nicht wohl fühlt, dann versucht man auszubrechen. Und da hilft kein noch so hoher und stabiler Zaun! Wären sie nicht ausgebrochen, wären sie doch eines Tages totgebissen worden, weil ein Rudel nun einmal keine Fremdlinge mag – es ist ein Familienverband. Mögen Sie es, wenn einige fremde Leute in Ihre Wohnung kommen und sagen, daß sie die Absicht haben, hier wohnen zu bleiben? Ich nicht, bei aller Gastfreundschaft. Ja – und so sind diese Ausreißer eben bloß totgeschossen worden...

Der Zaun also macht es nicht. Es gibt naive Gemüter, die meinen, daß man Wölfe nur hinter doppelt-verzinktem Maschendraht halten kann, der zwei Meter hoch ist und einen sogenannten »Überhang« hat und der außerdem vierzig Zentimeter tief im Boden versenkt sein muß, wegen des Untergrabens. Diese Leute können sich – noch aus der alten Menagerie-Schule kommend – nicht vorstellen, daß die Tiere keinen Zaun, sondern ein Territorium brauchen. Die Umfriedung kann aus einer Andeutung bestehen – etwa Weidestrom-Zäune, die aus rund zwanzig Drähten gebaut sind, nicht nur aus einem wie bei Kuhweiden. Es geht darum, daß sich die Tiere in diesem ihnen bezeichneten und damit abgegrenzten Territorium wohlfühlen.

Wer also vier Wölfe, die sich nicht kennen, in so ein Gehege setzt, wird erleben, daß mindestens zwei ausbrechen werden. Aber mit den zweien, die »daheim« bleiben, kann er dann tatsächlich Verhaltensforschung betreiben. Sie haben die anderen vertrieben, bleiben, wo sie sind und werden Kinder bekommen. So wächst ein friedfertiges Rudel heran, an dem sich kaum Aggressionsverhalten studieren läßt.

Darauf wollte ich hinaus: Das Aggressionsverhalten unserer »wilden Freunde« ist bis zum Überdruß studiert worden. Ihre Rolle im Ökosystem der Natur ist weitgehend erforscht. Aber nur wenig – viel zu wenig! – ist über das Friedverhalten, über die wahren gruppenbindenden Verhaltensweisen bekannt.

Jene gruppenbindenden Verhaltensweisen, die es überhaupt möglich gemacht haben, daß es zu der Partnerschaft Mensch-Wolf gekommen ist. Eine für die zivilisatorische und kulturelle Entwicklung so wichtige Partnerschaft, die wir heute vernachlässigen, indem wir den vielgestaltigen Wolfsnachfahren zum Handelsobjekt gemacht haben, zum Ausstellungsobjekt.

Oft werde ich, als ständiger Gast von Hundeausstellungen, gefragt, ob ich das gutheiße. Meine Antwort ist immer: »Ja – wenn es um die Erhaltung des typischen Aussehens der letztlich in langer Züchterarbeit geschaffenen Rassen geht. Aber es sollte uns auch um die psychische und physische Gesundheit unserer Gefährten gehen – und dazu kann eine Ausstellung kaum etwas beitragen. Hier müssen neue Wege gefunden werden, um Tierquälerei zu vermeiden.« Gerade da glaube ich aber nach langjähriger Erfahrung mit innerer Überzeugung sagen zu können: Das Studium der Wildhunde – oder besser: der nicht vom Menschen umgezüchteten Naturhunde – ist eine entscheidende Voraussetzung dafür, daß wir dem ältesten und bedeutendsten Gefährten des Menschen das danken können, was er uns gegeben hat und uns heute noch gibt. Wir müssen sein ursprüngliches Wesen genau ergründen, um ihm gerecht zu werden.

Wer meine früheren Hundebücher kennt, merkt bestimmt, daß ich mich – wenn auch mit anderen Worten – in diesem Kapitel vielfach wiederhole. Aber es ist mein Anliegen, daß es jeder Hundehalter wirklich ganz begriffen hat. Ich kenne die Denkbarrieren mittlerweile schon ziemlich gut, die beim Problem »Wildhunde« auftreten. Ich weiß aber auch, daß man sie abbauen kann, und dieses Buch soll – zugunsten unserer Rassehunde ebenso wie der Bastarde – wie immer ein neuer Beitrag dazu werden.

2. Die Stammesgeschichte der Wildhunde

Wenn ein Besitzer eines Rassehundes vom »Stammbaum«, der »Ahnentafel« oder dem »Pedigrée« seines Hundes spricht, dann denkt er nicht an mäusegroße Insektenfresser, die irgendwann am Ausgang der Kreidezeit zwischen den Füßen mächtiger Saurier umhergehüpft sein mögen. Er denkt nur einige Hundegenerationen zurück. Bei manchen Rassen kann man sogar die Ahnen mehr als hundert Jahre zurückverfolgen!

Daß es aber den Pudel, den Bernhardiner, den Zwergspitz nur gibt, weil irgendwann einmal in der Welt Wölfe entstanden sind, daß diese Wölfe auf andere hundeartige Vorfahren zurückgehen und diese ihrerseits auf kleine »Urraubtiere« – in Anführungszeichen deswegen, weil kein Tier raubt, sondern nur Beute fängt, um sich zu ernähren. Diese wieder gehen auf Insektenfresser zurück – übrigens genau wie die Menschen auch. Wenn man das alles überblickt...

Ich glaube, die höchste Achtung vor allem Lebendigen kann man nur dann haben, wenn man diese heute schon weitgehend durchschaubare Evolution der Lebewesen kennt. Was war das für ein unglaublicher Weg, aus einem spitzmausartigen Lebewesen Wölfe und Menschen zu evolutionieren. Was für ein unglaublich langer Weg, aus Reptilien jene Ursäugetiere zu schaffen. Unfaßbarer noch, daß aus Fischen Lurche wurden, aus den Lurchen Reptilien. Und so geht es weiter und weiter zurück – zu den Urwirbeltieren bis zu jenem Anfang im Abkühlungsprozeß unserer Erde, als erste biochemische Verbindungen in die Lage kamen, Substanzen ihrer Umwelt aufzunehmen, zu wachsen, sich danach zu teilen und diesen Vorgang zu wiederholen, bis später diese mikroskopisch kleinen Gebilde sich zu vielzelligen Geschöpfen zusammenschlossen, die der Anfang allen höheren Lebens wurden – der Pflanzen- und der Tierwelt, die in bis heute erhaltener Wechselwirkung einander ergänzen.

Zuletzt kam der Mensch als »Krone der Schöpfung« und tat bis heute alles mit einer geradezu bewundernswerten Energie, das Ganze wieder zunichte zu machen. Er zerstört das Millionen Jahre alte Gleichgewicht

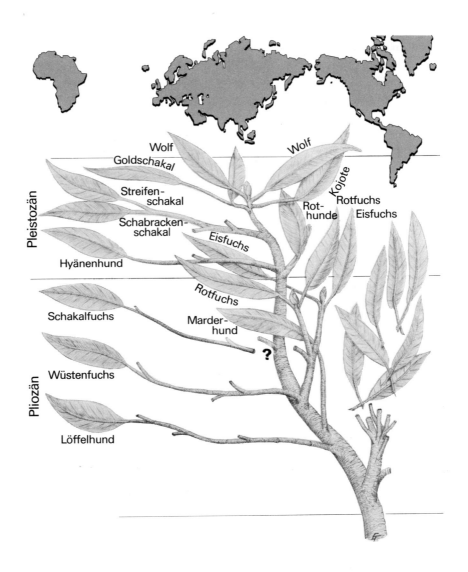

Wolf
Goldschakal
Wolf
Streifen-
schakal
Kojote
Schabracken-
schakal
Rotfuchs
Rot-
hunde
Eisfuchs
Eisfuchs
Hyänenhund
Rotfuchs
Schakalfuchs
Marder-
hund
?
Wüstenfuchs
Löffelhund

Pleistozän

Pliozän

Stammbaum der heutigen Hundeartigen (Canidae), deren gemeinsamer Vorfahre
Tomarctus *im späten Miozän in Amerika gelebt hat. Zu Beginn des Pliozäns, vor*
etwa 15 Millionen Jahren, begann die Aufsplitterung der einzelnen Gattungen in
Zeit und Raum. Die älteste Gruppe blieb auf Südamerika beschränkt (Waldhund,
Waldfuchs, Kurzohrfuchs, Kampfüchse, Brasilianischer Kampfuchs, Mähnen-

zwischen Pflanzen- und Tierwelt, er zerstört mit Chemikalien die fruchtbarsten Böden, das Überleben der pflanzlichen und tierischen Regulatoren des biologischen Haushalts, und damit am Ende – sich selbst. Hauptsache, der Rubel rollt.

Der rollt auch bei unseren Hunden in vieler Hinsicht. Hundehandel, Massenzucht, Zubehör-Industrie: Futtermittel, Halsbänder, Leinen, Körbchen, Hütten, Hundekalender, Abziehbilder, schicke Mäntelchen, Schühchen – und so weiter. Der Rubel rollt auch da, wo unsere Hunde ohne die Hilfe von Pülverchen und Spritzen nicht mehr am Leben erhalten werden können – bis hin zur Abdeckerei oder, wer es sich leisten kann, zum Hundefriedhof.

Es mag erstaunlich klingen – ich habe nichts gegen Hundefriedhöfe. Sie sind durchaus ein Ausdruck von Menschlichkeit, die ich achte. Auch ich kann um einen Hund trauern, wie ein Hund über den Tod, den Verlust seines zweibeinigen Freundes trauern kann. Nicht jeder Hund tut das übrigens – das tun nur Hunde, denen der verstorbene Mensch wirklich ein echter, verständnisvoller Freund war. Leider muß man feststellen, daß nur ganz wenige Hunde diese Trauer erkennen lassen. Ich glaube nicht, daß das an diesen Hunden liegt...

Es liegt auch nicht an den Hunden, wenn sie früher sterben, als es notwendig gewesen wäre. Ich weiß von einer Dingo-Hündin, die vierundzwanzig Jahre alt geworden ist. Einer Dogge gibt man das durchschnittliche Lebensalter von acht Jahren.

Schlußfolgerung: Wir haben die Lebenserwartung unserer Hunde herabgesetzt. Wodurch, ist für jeden Biologen klar: weil wir die Gesetze der Natur mißachten oder sie nicht kennen.

Die Evolution konnte nur unter dem Prinzip der Auslese erfolgen, um

wolf und der auch in Nordamerika weit verbreitete Graufuchs, siehe S. 47ff.). Die stammesgeschichtliche Verwandschaft dieser Gattungen ist kaum rekonstruierbar, sie wurden daher in dem Schema in Form loser Blätter angedeutet. Ob der Schakalfuchs Ostafrikas zu den eigentlichen Füchsen gehört, oder aus dem Hauptstamm abzuleiten ist, bleibt unentschieden (siehe »?« in der Graphik). Im Pleistozän (»Eiszeit«), das vor 2 Millionen Jahren begonnen hat und vor fünfzehn- bis zwanzigtausend Jahren endete, erfolgte die Trennung von Goldschakal, Kojote und Wolf, die alle der Gattung Canis angehören. – In dem Stammbaumschema sind nur die abzweigenden Äste zeitlich getreu dargestellt, die Blätter sind den Kontinenten zugeordnet und als gegenwärtige Situation zu verstehen.

zum Erfolg zu kommen. Bei unseren Rassehunden mißachtet man das, weil sie ein gutes Geschäft sind. Wenn ich es recht überlege – je eher ein Hund stirbt, um so eher kann man einen neuen verkaufen. Also mißachten wir die Gesetze der Natur, drehen wir sie in das Gegenteil – und der Rubel rollt. So einfach geht das!

Gehört das wirklich in ein Kapitel über die Abstammung der Wildhunde? Ich glaube, ja. Nur, wenn wir uns immer vor Augen halten, wie die Natur mißachtet wird, werden wir dazu angeregt, danach zu fragen: was muß man wissen, um das richtig zu verstehen? Eigentlich ist das gar nicht soviel. Die entscheidende Frage ist doch: wieso hat es in der Steinzeit, als der Mensch begann, die Natur sich untertan zu machen, Wölfe gegeben?

Gehen wir also siebzig oder mehr Millionen von Jahren zurück. Da gab es Reptilien, die in jener Zeit die »Krone der Schöpfung« waren. Vermutlich in Südafrika kam so ein Reptil auf einen Trick: wenn man ein Blutgefäßsystem entwickelt, das von der Sonneneinstrahlung unabhängig macht, dann hat man bessere Überlebens-Chancen, als wenn man riesige Körperdimensionen entwickelt, die soviel Nahrung brauchen, daß man nicht mehr weiß, wo man sie hernehmen soll. Dieses Riesenwachstum – bei Dinosauriern von der Schnauze bis zur Schwanzspitze bis zu fünfundzwanzig Metern – hatte einen gewissen Vorteil des Körperhaushaltes. Je größer das Volumen, um so kleiner die Körperoberfläche. Das klingt komisch, ist aber so. Je kleiner die Körperoberfläche, um so geringer der Wärmeverlust. Deswegen sind die nordischen Säugetiere in der Regel viel größer als ihre südlicheren Artverwandten. Der größte Bär lebt auf Kamtschatka, wo es ziemlich kalt ist, die kleinsten Braunbären leben in Syrien und Umgebung, wo es viel wärmer ist. Die größten Wölfe gibt es in Alaska, die kleinsten in Texas und in Indien.

Aber was sollten nun die kleinen Reptilien machen? Sie hörten also auf, wechselwarm zu sein, was bedeutet, daß sie von der Umwelttemperatur unabhängig wurden. Sie konnten allmählich durch Umwandlung ihres Blutkreislaufes Eigenwärme erzeugen. Derartiges kann nur in tropischen Gebieten möglich sein, weil die Eigenwärme bei so kleinen Tieren im kalten Klima rasch verlorengeht. Um das zu verhindern, war es notwendig, einen besseren Hautschutz als Reptilienschuppen zu entwikkeln. So wurde das Haarkleid, das lufthaltige Fell, entwickelt. Luft ist bekanntlich ein schlechter Wärmeleiter – und schützt sowohl vor Kälte als auch vor zu großer Hitze. Letzteres erfahren auch die Halter nordischer Hunderassen.

Noch heute kann man das ursprüngliche Schuppenkleid in der Anordnung der Haarstruktur selbst beim Menschen erkennen. So sagen es jedenfalls die subtilen Untersuchungen des Wiener Anatomen Toldt.

Nun waren aber diese ersten Warmblüter darauf angewiesen, eine Unmenge an Nahrung aufzunehmen, um ihrem Körper genügend »Treibstoff« zuzuführen. So eine kleine Spitzmaus braucht – trotz ihres samtenen Felles – ein Vielfaches des eigenen Körpergewichtes an Nahrung, um den Körperhaushalt in Gang zu halten. Das hängt wieder mit dem europäischen Klima zusammen, das doch wenig Wärme hergibt.

Nahrung muß erbeutet werden. Pflanzennahrung war offenbar nicht so ganz das Richtige – es mußte tierisches Eiweiß sein. Da es noch keine Insektizide gab und die Insektenwelt damals großartig gedieh, hatten sich unsere Tiere wohl aus praktischen Gründen darauf verlegt und ein prächtiges, aus zweiundvierzig Zähnen bestehendes Gebiß entwickelt. Es war so vollkommen für diese Zwecke, daß es die Insektenfresser bis heute beibehalten haben. Möglicherweise hatten manche sich sogar vierundvierzig Zähne geleistet, was zwar nicht beweisbar ist, weil entsprechende Funde aus der Spätkreidezeit und nachfolgenden Zeitaltern fehlen – man könnte das vermuten, weil es einen Hund gibt, der tatsächlich so viele Zähne besitzt. Ich meine den Löffelhund aus Afrika, der deswegen so heißt, weil er riesige Ohren besitzt und kein Hund ist, sondern nur so als fuchsähnlicher Außenseiter in die Familie der Hundeartigen gehört – von ihm noch mehr im dritten Kapitel.

Diese Story ist natürlich nur oberflächlich und lückenhaft. Aber sie stimmt trotzdem und gibt uns nun auch Anlaß, einmal darüber nachzudenken: wie konnte das geschehen? Wie konnte es zustandekommen, daß aus beschuppten Reptilien felltragende, warmblütige Säugetiere wurden, die allmählich aufhörten, ihre Eier im Sand zu vergraben, die Milchdrüsen bekamen, die ihren Nachwuchs lebend zur Welt brachten, um ihn mit Milch aufzuziehen?

Diese Frage in allen Einzelheiten wirklich erschöpfend zu beantworten, wird wohl niemand in der Lage sein. Aber eines wissen wir: die Wandlung von einer Lebensform zur anderen ist ein unendlich langer Prozeß, der auf dem Prinzip zufälliger (oder nicht so ganz zufälliger?) Erbsprünge – Mutationen geheißen – beruht, also kleinen Veränderungen körperlicher und verhaltensmäßiger Merkmale. Die Anforderungen der Umwelt bewirken die Erhaltung der Erbfaktoren, das betreffende Individuum hat bessere Chancen zum Überleben.

Wir Menschen können vieles, auch in der Tierzucht, wenn wir an die mindestens vierhundert Hunderassen denken, die man aus dem Wolf durch Zuchtauslese zustandegebracht hat. Aber was ist diese »künstliche Zuchtwahl« gegen die »natürliche Zuchtwahl«, um mit Darwins Worten zu reden? Nichts! Chihuahua oder Irish Wolfshound sind immer noch im wesentlichen Wölfe – nur Größe und Form, Haarstruktur und andere Merkmale sind verändert. Unbestritten enorme züchterische Leistungen, aber kein Mensch wird es jemals fertigbringen, eine eierlegende, von der Umweltwärme abhängige Eidechse in eine Spitzmaus umzuwandeln, die lebendgebärend ist, mit der eigenen Körperwärme und mit Milch ihre Jungen aufzieht. Eine Eidechse, die ihre Eier vergraben hat, verläßt das Gelege. Kommt ihr später ein frisch geschlüpftes Jungtier über den Weg, wird sie es zu fressen versuchen.

Eine Spitzmaus-Mutter dagegen führt die Jungen, sobald sie groß genug, spazieren, wobei sich das erste am Schwanz der Mutter mit dem Mäulchen festhält, die anderen jeweils am Schwanz des vor ihm laufenden Geschwisters. Welcher Verhaltens-Unterschied!

Unser beliebter und heute sorgsam gehegter Igel hat keinen langen Schwanz. Er wäre beim Einrollen hinderlich. Dennoch folgen der Igelmutter die Jungen wie die winzigen Spitzmäuse im Gänsemarsch. Hier sieht man schon, wie Verhaltensweisen innerhalb einer Tier-Ordnung sich ähneln. Wenn wir dann beobachten, daß Hundewelpen das Bedürfnis haben, der Mutter oder ihrem menschlichen Betreuer nachzufolgen, dann können wir unschwer darauf schließen, daß der Schwanzhalte-Marsch der Spitzmaus zu einem Grundprinzip geworden ist, die Jungen zusammenzuhalten. Naturgemäß im Dienste der Arterhaltung, denn die Kleinen werden in ihrer Unerfahrenheit leicht das Opfer von Freßfeinden. Was also zuerst als direkter körperlicher Kontakt begonnen hat, wird zu einem von diesem Kontakt unabhängigen Folgetrieb. Wobei zu beachten ist, daß nur der Folgetrieb ohne körperliche Berührung weiterentwickelt wurde – ohne Körperkontakt im Wurflager käme er nicht zustande.

Reptilien-Kenner mögen einwerfen, daß Körperkontakt bei diesen Tieren weit verbreitet ist. Eine Eidechse denkt sich nichts dabei, ihren

Ängstliche Goldschakalwelpen drängen sich zusammen

Leib über eine andere zu schieben, und die nimmt das gelassen hin. Sogar Lurche verschiedener Art liegen zumindest in ihren Winterquartieren dicht an dicht und übereinander.

Dieses »Kontaktliegen« kennen wir bei Säugetieren auch noch. Ich erinnere mich dabei an die Jungkatze, die grundsätzlich nur im dicken Fell meiner langstockhaarigen Schäferhündin Rana geschlafen hat.

All das hat aber mit dem Folgetrieb der Säugetier-Jungen kaum etwas zu tun. Er ist erst eine »Erfindung« dieses Stammes, die die Überlebenschancen der Jungtiere erhöht. Bei den Beuteltieren ist das nicht anders. Das im Beutel der Mutter aufgewachsene Känguruh-Junge flüchtet bei Erschrecken in deren Beutel, auch dann, wenn es dafür eigentlich schon zu groß ist. Die Jungen des Opossum – der Beutelratte Südamerikas – reiten am Rücken der Mutter, wobei sie sich mit ihren Greifschwänzen an dem der Alten anhalten. Deswegen braucht man aber nicht gleich an eine engere Verwandtschaft mit den Spitzmäusen zu denken. Es gibt nun einmal »Analogien« und »Homologien«. Daran muß man immer denken, 33 wenn man ähnliche Verhaltensweisen oder ähnliche Körperformen sieht. Wenn also ein tertiärer Saurier, eine Robbe oder ein Wal eine ausgeprägte Fischgestalt zeigt, dann sind das Analogien, Ähnlichkeiten, die nichts mit Abstammung zu tun haben, sondern mit der Anpassung an den Lebensraum Meer.

Eine der aufregendsten Analogien bietet der leider ausgerottete Beutelwolf aus Australien und Tasmanien. Man könnte sich leicht vorstellen, daß aus diesem Beuteltier tatsächlich der Wolf, wie wir ihn kennen, geworden ist. Die Beuteltiere mußten sich auch an alle möglichen Lebensräume anpassen. Da gibt es ein Beutelhörnchen, einen Beutelmarder, einen Beutel-Maulwurf usw. Obgleich die Beuteltiere zu den ältesten Säugetieren der Erdgeschichte gehören, sind ihre einzelnen Anpassungsformen trotz enormer Ähnlichkeiten keine Vorfahren der heutigen Eichhörnchen, Marder oder Maulwürfe; ebensowenig, wie der Beutelwolf Vorfahre unserer heutigen Wölfe ist. Die Anpassung an bestimmte Lebensräume, an bestimmte Formen des Nahrungserwerbs und andere Notwendigkeiten bedingt immer wieder, daß körperbauliche und verhaltensmäßige Ähnlichkeiten entstehen. »Konvergenz« nennt man das. Mit der Fischgestalt schwimmt man besser, mit der Wolfsgestalt kann man besser flüchtige Beutetiere erjagen. Möglicherweise hatte der Beutelwolf deswegen auch schon soziale Verhaltensweisen, die denen unserer Wölfe ähnlich waren.

»Wie das Verhalten der Beutelwölfe allerdings wirklich war, werden wir Menschen wohl nie mehr erfahren«, so Bernhard Grzimek in seinem großen Werk »Tierleben«. Immerhin – über das, was uns hier besonders interessiert, weiß man schon wenigstens eine Kleinigkeit, und ich zitiere wieder Grzimek: »Beutelwölfinnen hatten bis zu vier Junge, die ihre Mutter später auch eine Zeit lang bei der Jagd begleiteten.«

Nun, unsere Wölfe leisten sich zwei oder drei Junge mehr, aber auch sie werden »später« von den Nachkommen bei der Jagd begleitet. So dürfen wir ruhig darauf schließen, daß auch beim Beutelwolf ein analoges Sozialverhalten vorgegeben sein mußte, denn gemeinsame Jagd ohne Sozialverhalten ist undenkbar. Warum, soll bei den rudelbildenden Wildhunden noch erzählt werden.

Was uns hier allein wichtig ist: die Wolfs-, Schakal- oder Kojotengestalt (sie ist zum Verwechseln ähnlich) ist keine einmalige Erfindung der Natur. Die große Ähnlichkeit von Beutelwolf und jenen ist ein Resultat der

Anpassung, gemeinsam größere Beutetiere zu erjagen. Das heißt, daß eben für eine gewisse Lebensweise eine bestimmte Körperform unabdingbar ist.

Noch etwas soll uns hier beschäftigen. Die Gehirnentfaltung der Beuteltiere ist nicht so hochstehend wie die der höheren Säugetiere. So ähnlich auch der Schädel des Beutelwolfes dem des echten Wolfes ist – in der Gehirnkapsel befand sich ein Gehirn, dessen Leistung in einer Umwelt wie Australien oder Tasmanien vor der Besiedlung durch Europäer durchaus ausreichend gewesen sein muß. In Australien gibt es keine Bären, keine Rentierherden, keine Elche oder Rothirsche. Zur Zeit der Evolution des Wolfes gab es aber noch viele andere Großtiere, vor denen er sich hüten oder die er jagen mußte. Er mußte dazu sehr viel »Köpfchen« haben und sich so zu einem außerordentlich intelligenten Säugetier entwickeln.

Für den Beutelwolf war diese Entwicklung nicht im selben Maße erforderlich, denn Känguruhs zu jagen und zu erbeuten, bedarf keiner besonderen Intelligenz. Auch mit der ersten Besiedlungswelle von Menschen – den schwarzhäutigen Tasmaniern – wurde er offenbar leicht fertig, denn die hatten noch recht primitive Jagdwerkzeuge. Als dann vor acht- bis zehntausend Jahren die zweite Besiedlungswelle kam, nämlich die technisch weiterentwickelten, in kleinen Resten bis heute erhaltenen Ur-Australier (Aboriginals), mußten zunächst die Tasmanier in schweren Kämpfen erliegen und konnten sich nur auf der tasmanischen Insel bis in die Neuzeit erhalten; genau wie der Beutelwolf, den es dort zumindest in den dreißiger Jahren unseres Jahrhunderts noch gegeben hat (Gerüchte gehen um, daß es ihn immer noch geben könnte!).

Die dritte Besiedlungswelle – nämlich die der Europäer – zerstörte dann vieles. Beinahe hätte man die Aboriginals ausgerottet, wenn nicht Regierungsmaßnahmen das verhindert hätten.

Allerdings stellten die Naturforscher des vergangenen Jahrhunderts fest, daß es auf dem australischen Kontinent keine Beutelwölfe gibt. Ebenso stellten sie fest, daß es ihn gegeben haben muß. Knochenfunde, Felsmalereien der Ur-Einwohner bewiesen das. Sogar auf Neu-Guinea hat man Knochenfunde von ihm gemacht.

Daß er auf Neu-Guinea nicht überleben konnte, ist gut verständlich. Die »Wilden« dort, die Papuas, hatten längst eine Zivilisationsstufe erreicht, die weit über der der Aboriginals liegt. Sie sind großartige

Tierzüchter – Schweine, Hühner und Hunde. Hunde, die ihnen auch bei der Jagd helfen. Es ist fast erstaunlich, daß es nicht längst einen »VPH« (Verband papuanischer Hundezüchter) dort gibt. Nun – für den Beutelwolf bedeutete das allerdings den Tod, man läßt sich schließlich keine Schweine oder Hühner reißen.

So wie viele Hunde des Hasen Tod sind, müssen auch die Hunde der Aboriginals der Tod des psychisch unterlegenen Beutelwolfes gewesen sein. Der Hund – uns heute als »Dingo« bekannt – war das erste Haustier, das in Australien verwilderte. Die Australier sind – ganz im Gegensatz zu den Papuas – keine Tierzüchter, und so hatten sie weder den Dingo weiterdomestiziert, noch Interesse daran gehabt, Haustiere vor dem Beutelwolf zu schützen.

Man kann durchaus die Theorie aufstellen, daß es der dem Beutelwolf psychisch hoch überlegene Dingo war, der diesen Nahrungs-Konkurrenten den Lebensraum abgejagt hat. Kräftemäßig dürften sie sich ebenbürtig gewesen sein. Aber soweit ich Dingos kenne, haben sie sich wohl kaum auf einen Kampf eingelassen. Sie werden sich einfach die Welpen aus dem Lager geholt haben, wenn die Alten auf Jagd waren. Beutelwölfe trugen ihre Jungen drei Monate im Beutel, dann kamen sie in ein ausgepolstertes Lager. Beutelwolfjunge waren also leichter zu erbeuten als flüchtige Känguruhs.

Noch etwas: Der Beutelwolf war kein besonders schneller Läufer. Dingos sind außerordentlich schnelle, wenn auch nicht sehr ausdauernde Läufer. Sie kamen also besser an das Jagdwild heran.

Wenn das alles auch heute nicht beweisbar ist – daß es so gewesen sein könnte, liegt auf der Hand.

Noch hypothetischer ist es, wie aus einem Ur-Beuteltier eine Spitzmaus, aus ihr ein hundeartiger Beutetierjäger geworden sein mag. Immerhin – bei den heutigen Hundeartigen blicken wir schon ganz gut durch, dank zahlreicher Ausgrabungen in aller Welt, die uns viele Knochenfunde beschert haben. Ein lückenloses Bild läßt sich nicht entwerfen – aber eines, das recht akzeptabel ist. Wer es kennenlernen will, betrachte das Schaubild aufmerksam – es zeigt mehr, als es langatmige Erklärungen tun könnten.

Ich habe versucht, in dieser Übersicht alles unterzubringen, was notwendig ist, um die schrittweisen Veränderungen vom Ursäuger bis zur Familie der Hundeartigen übersehen zu können. Betrachtet man die

Jahreszahlen, überkommt einen ein ehrfürchtiges Staunen. Wie viele tausende winzige Entwicklungsschritte im Körperbau und Verhalten hat das Geschlecht der Ahnen unserer Hunde hinter sich gebracht, ehe der Mensch am Ende jener letzten Eiszeit beginnen konnte, sich mit dem bösen, wilden Wolf so anzufreunden, wie das wahrscheinlich nur »Wilde« können. Wilde unter sich.

Wild kann ich werden, wenn ein Forscher gelegentlich nicht begreift, daß es Verhaltensanalogien, also Konvergenzen, geben kann, die einfach umweltbedingt sind. Oder, umgekehrt, aus den gleichen Gründen starke Abweichungen im Verhalten – man muß sich eben anpassen! Gewiß – es gibt viele Beispiele dafür, daß die Verhaltensforscher gescheiter waren als jene Anatomen, die zu wenig auf anatomische Analogien geachtet haben. Hinterher stellten sie dann fest, man muß diesen Verhaltensforschern recht geben – jeder kann mal was übersehen. Tiere, die einander ungemein ähnlich sind, so ähnlich, daß man die Unterschiede gar nicht gleich bemerkt, können in ihrem Verhalten so unterschiedlich sein, daß man es nicht übersehen kann.

Stammesgeschichtliche, verwandtschaftliche Beziehungen zu klären, bedarf also der Berücksichtigung sehr vieler Fakten; auch die Berücksichtigung der Fossilfunde, die man in den letzten hundert Jahren in zunehmendem Maße gemacht oder zu deuten gelernt hat. Einer von diesen Meistern der Deutung solcher Funde ist Erich Thenius – einer meiner ersten Lehrer, damals noch Assistent am Paläontologischen Institut in Wien. Es gibt noch viele sehr berühmte Paläontologen, aber ich habe mich – nach einigem Zögern – doch am Ende seiner Auffassung über die Abstammung und verwandtschaftlichen Beziehungen der heutigen Hundeartigen angeschlossen, weil es keine bessere Darstellung geben dürfte. Vergleichend-anatomische Studien an ausgestorbenen und derzeit lebenden Tieren sind ebensoviel wert wie vergleichende Verhaltensforschung an den heute lebenden Formen. Wobei der Paläontologe im Vorteil ist – das Verhalten ausgestorbener Tiere läßt sich leider nicht mehr erforschen.

Ich finde es aber nicht gut, wenn ein Verhaltensforscher die Ergebnisse der vergleichenden Anatomie ignoriert und übersieht, daß es auch bei nahe verwandten Tieren – eben in Anpassung an die unterschiedliche Umwelt – starke Divergenzen im Verhalten geben kann – so, wie es auch bei nichtverwandten Tieren Konvergenzen des Verhaltens gibt.

Ich spiele hier auf ein Buch von Michael W. Fox an, das auch mir ein unentbehrlicher Ratgeber ist. »Vom Wolf zum Hund«* heißt es.

Es hat lange gedauert, ehe man sich entschließen konnte, den Wolf als einzigen Vorfahren unserer Hunde anzusehen – und das ist sicher beweisbar. Früher – vielleicht auch noch heute – wurden und werden andere Caniden als Hundeahnen in Betracht gezogen. So vor allem der Goldschakal. Auch an eine heute ausgestorbene Wildhundform hat man schon gedacht – Beweise, daß es eine solche gegeben haben kann, waren bis heute unauffindbar. Auch der »Alpenwolf« (s. Kapitel 3) war schon in Verdacht gekommen, daß er mit unseren Hunden etwas zu tun haben könnte. Ich selbst glaubte auch eine Zeit lang an diese Möglichkeit.

Aber so, wie es immer wieder Leute gibt, die fast glaubhaft berichten, sie hätten eine Ziege mit einem Schaf gekreuzt oder einen Feldhasen mit einem Kaninchen, so gibt es immer wieder Berichte, daß man einen Hund mit einem Fuchs zur Nachkommenschaft gebracht hätte.

Versucht man aber, ernsthafte, wissenschaftlich gültige Beweise hierfür zu bekommen, dann müssen jene Leute passen. Sie wissen ja nicht, daß es bei grundsätzlich andersartigen Tierformen unüberbrückbare Fortpflanzungsschranken gibt.

Diese Fortpflanzungsschranken sind freilich nicht gleichermaßen von Art zu Art gegeben. Es soll schon Wissenschaftler gegeben haben, die meinten, daß alle Tierarten der Welt so und nicht anders geschaffen und damit unveränderbar seien. Dazu gehörte der erste Forscher, der die Tiere in unterschiedliche Gruppen aufgeteilt und mit zwei Namen versah – der Schwede Carl von Linné (1707–1778). Die 10. Ausgabe seines grundlegenden Werkes hat heute noch Gültigkeit. Der Wolf zum Beispiel heißt seit damals – und das war 1758 – »Canis lupus«, auf deutsch »Hund

* Ich hatte vor, dieses Buch zu übersetzen, weil es mir gut gefiel. Als ich das Kapitel »Evolution und Klassifikation der Hundeartigen« zu übersetzen begann, »sträubten sich mir die Haare«. Ich rief den Verlag an und sagte, das übersetze ich nicht, der Autor stützt sich nämlich auf eine Klassifikation, die aus dem Jahre 1890 stammt und die längst überholt ist. Der Abschnitt müsse völlig neu gemacht werden. Der Verlag war einverstanden. Ich begann, dieses Kapitel nach dem modernen Stand der Systematik neu zu schreiben. Der Autor lehnte es allerdings entschieden ab, daß dieses Kapitel geändert wird. Da überließ ich die Übersetzung einer engagierten Dame. Dennoch erscheint mein Name in diesem Buch, was mir herbe Kritik von Seiten der Fachwissenschaft einbrachte. Weil ich hier dem Leser einen den neuen Erkenntnissen entsprechenden Überblick über die Verwandtschaftsbeziehungen der heute lebenden Caniden – also Hundeartigen – bieten will, stelle ich am Schluß dieses Kapitels die Dinge so dar, wie ich es für richtig halte.

»Rex«, Wolf-Schäferhund-Kreuzung

Wolf«. Der Goldschakal dagegen »Canis aureus«, auf deutsch »Goldener Hund«.

Man merkt schon – es gibt einen Gruppennamen – nämlich »Canis«, und einen Nachnamen. Den Fuchs nannte er nicht so. Er gab ihm den Gruppennamen »Vulpes«, weil er merkte, daß es in der Welt verschiedene Fuchsarten gibt. Er teilte also die Hundeartigen – die Canidae, die Familie der Canidae – in mehrere Gruppen – Gattungen oder Genera (Einzahl Genus) – auf, und innerhalb jeder Gattung unterschied er dann die einzelnen Arten oder Species. Es ist wie im dekadischen System: 1.–=Familie. – 1./1–10, das sind die verschiedenen Gattungen, die dank ihrer Ähnlichkeiten in diese Familie gehören. Und 1./1.–10./1–3, das sind wieder die Arten, die dank ihrer noch größeren Ähnlichkeiten in eine Gattung der Familie gehören.

Man hat dieses System der Klassifizierung verändert, indem man Überfamilien, Unterfamilien, Gattungsgruppen oder Artgruppen bzw. Untergattungen geschaffen hat. Das war notwendig, um mit der Formenfülle der Tierwelt – die Linné seinerzeit noch nicht überblicken konnte – in die richtigen Schubladen der Systematik einordnen zu können. Sogar die einzelnen Arten – Species – hat man noch aufgeteilt, und zwar in Unterarten oder Subspecies. Ganz klar – ein Europäischer Goldschakal ist ziemlich anders als einer aus Ost-Afrika oder aus Indien. Also muß ihnen zur besseren Verständigung ein dritter wissenschaftlicher Name verpaßt werden, was zwar den Tieren nicht weh tut, aber oft ganz heftigen Streit unter den Forschern hervorruft. Hat nämlich einer von ihnen eine neue Unterart gefunden – oder meint er, daß es eine sei –, dann darf er ihr den dritten Namen geben; er muß das aber unter Wahrung gewisser Regeln in wissenschaftlicher Form veröffentlichen. Von da ab heißt die neue Unterart so, wie er sie benannt hat, und außerdem – und das ist ja das Schöne daran! – muß dann für alle Zeiten der Name dieses Erstbeschreibers sozusagen als vierter Name angeführt werden, dazu noch die Jahreszahl seiner Entdeckung. Würde ich also in einem bislang unerforschten Gebiet unserer Erde eine neue Wolfsform finden, sie in einem Museum abliefern und wissenschaftlich exakt beschreiben – was jetzt natürlich nur eine Phantasie ist – und sie deswegen »phantasticus« nennen, müßte diese Wolfsform für alle künftigen Zeiten in der wissenschaftlichen Literatur »Canis lupus phantasticus TRUMLER, 1980« heißen. Man beachte, daß der Name des Forschers dabei in Großbuchstaben geschrieben werden muß – ein internationales Abkommen.

Aber da kommt dann auch schon der nächste Zoologe, betrachtet das neue Museumsstück und stellt fest, das ist gar keine neue Unterart, das ist ganz eindeutig nur eine individuelle Variante einer bereits längst bekannten Unterart. Er schreibt dann eine wissenschaftliche Arbeit darüber, in der er diesen leichtfertig gewählten Namen wieder einzieht. Macht gar nichts – er muß dennoch in den wissenschaftlichen Kompendien weitergeführt werden – er ist unvergänglich! Er läuft dann unter der Liste der »Synonyma«, also aller ungültig gewordenen Namen, die jener Tierform gegeben worden sind.

Das ist nun mal so Sitte – aber es geht einfach nicht anders. Es muß schon deswegen sein, weil ein späterer Forscher zunächst einmal wissen will, wer sich mit der ihm vorliegenden Art oder Unterart befaßt hat. So, mit den Namen der Erst-, Zweit-, Dritt- und Mehr-Beschreiber ist er in der Lage, auf Grund der Namen und der Jahreszahl in den wissenschaftlichen Werken nachzuschlagen und zu vergleichen, wie sie der Reihe nach diese Tierform charakterisiert haben. Für manche Forscher ist das ein eigenes Forschungsgebiet. Die schreiben dann darüber neue wissenschaftliche Arbeiten – auch das muß sein, wenn wir über alles Klarheit haben wollen. Man muß solchen »Zoo-Bürokraten« dankbar sein, daß sie diese Schreibtischarbeit übernehmen. Es ist zumeist ein unerfreuliches, geradezu kriminalistisches Aufspüren fast verschollener Werke, ein mühsames Zusammentragen des Schrifttums – ich habe mich darin auch schon versucht, und ich muß sagen: bei schönem Wetter auf dem Bauch zu liegen und darauf zu warten, ob sich die müden Hunde endlich entschließen, sich auch einmal zu verhalten – eigentlich gefällt mir das besser. Nur bei Schlechtwetter, wenn ich zitternd und frierend darauf warte, daß die Hunde was tun – da sehne ich mich manchmal nach der anheimelnden Wärme der Museen und Bibliotheken, den süßlich duftenden Knochen und den muffigen Wälzern...

Zweifellos ist die Systematik eine wichtige wissenschaftliche Aufgabe. Nur mit ihrer Hilfe kann man die Zusammenhänge des Lebens, seine mannigfachen Formen, klar durchschauen. Der Systematiker, will er ernstgenommen werden, muß die ihn interessierenden Tierformen nicht nur untereinander vergleichen – er muß auch eine gute Kenntnis anderer Tierformen haben. Wenn man die Springfähigkeit eines Hundes beurteilen will, muß man einmal wissen, warum ein Frosch, ein Känguruh so toll springen kann, und warum ein Maulwurf oder Plumplori (ein langsamer Baumsteiger aus der Gruppe der Halbaffen) das nicht kann.

Um das vergleichen zu können, muß man also wieder genau über den anatomischen Bau der einzelnen Tiere informiert sein.

Nicht anders ist das bei den übrigen anatomischen Merkmalen, etwa dem Bau und der Feinstruktur des Gebisses. Der Paläontologe hat oft nichts anderes in der Hand als ein paar Zähne, wobei er schon froh ist, daß es nicht bloß einer ist. Ohne profunde Kenntnis der ausgestorbenen Vorfahren der Tiergruppe bleibt eine Systematik bei Säugetieren Stückwerk.

Auch die genaue Kenntnis des Lebensraumes gehört dazu, damit man die körperlichen und die verhaltensmäßigen Anpassungen abschätzen kann. Also ist auch Verhaltensforschung eine Grundlage des Systematikers.

Aber das ist lange noch nicht alles! Eine vollständige Aufzählung würde zu viele Seiten füllen; ich beschränke mich deshalb auf die Genetik und die Immun-Biologie, die modernsten und erfolgreichsten Forschungsrichtungen.

Aus dem Bereich der Genetik will ich nur wieder einen Spezial-Bereich herausgreifen. Die Untersuchung der Chromosomenzahl und -form. Da hat es sich gezeigt, daß zum Beispiel Wolf, Schakal, Kojote und Haushund in dieser Hinsicht nicht zu unterscheiden sind. Andere bislang untersuchte Hundeartige unterscheiden sich deutlich. Derartiges kann dem Systematiker natürlich eine gute Handhabe geben, ebenso wie jüngste immunitäts-biologische Studien, die zeigen, daß Wolf, Dingo und Haushund fast identisch sind, der Goldschakal aber weit absteht.

Dabei fällt auf, daß der nordische Wolf etwas anders reagiert als der Dingo, der mit den Haushunden absolut identisch ist.

Ein Indischer Wolf wurde bislang in dieser Richtung nicht untersucht. Da es aber den Dingo in Form von Pariahunden im ganzen orientalischen Raum gibt – und Haushunde sind diesbezüglich identisch – und da die frühesten Kulturen der Menschheit dort entstanden sind, dann kann man wohl schließen, daß unsere Hunde im Orient entstanden sind, wofür ja noch einiges andere unübersehbar spricht. Diese Schilderungen sollen uns vor Augen führen, wie vielseitige Informationen der Systematiker benötigt. Eine nur nach einem einzigen Merkmal aufgebaute Systematik erschließt – zumindest bei höheren Tieren – nicht die Wirklichkeit.

Unrealistisch ist auch die auf Carl von Linné zurückgehende Meinung, daß alle Tierarten von Gott geschaffen und unveränderlich sind. Da heißt es dann: Arten einer Gattung unterscheiden sich dadurch, daß sie keine fruchtbaren Nachkommen erzeugen können, sondern höchstens unfruchtbare.

Denken wir an Pferd und Esel. Ein Pferdehengst kann mit einer Eselstute, ein Eselhengst mit einer Pferde-Stute Nachkommen erzeugen. Die sind tatsächlich unfruchtbar. Obgleich es auch da Ausnahmen geben soll.

Löwe und Tiger sind doch gewiß zwei Arten. Kreuzen sie sich, gibt es Nachkommen, die bei Rückkreuzung mit der einen oder anderen Elternart wieder Junge bekommen – und die sind wieder fortpflanzungsfähig.

Ein ganz anderes Beispiel: Bei uns gibt es zwei Mäusearten, die Gelbhalsmaus und die Waldmaus, ziemlich ähnlich – aber sie verpaaren sich nicht miteinander. Im Kaukasus gibt es diese beiden Arten auch – und dazu ungezählte Mischlinge zwischen beiden. Auch in Frankreich hat man derartiges entdeckt.

Man denke darüber nach: da geht es – dort geht es nicht –, was mag die Ursache sein? Die Ursache ist, daß Gott nicht nach dem Willen Linnés die einzelnen Arten fix und fertig für alle Zeiten erschaffen hat, sondern daß es seit dem Beginn der Erdabkühlung eine ständige Evolution gegeben hat. Damit ist es ganz erklärlich, daß sich eng verwandte Arten da nicht, anderswo aber doch verpaaren. Hier nur bedingt fruchtbare, dort völlig fruchtbare Nachkommen zeugend. Manche Leute übersehen offenbar, daß es Arten geben kann, die sich erst vor erdgeschichtlich kurzer Zeit auseinanderentwickelt haben, und andere, bei denen das noch viel länger zurückliegt. Je älter eine Art im Vergleich zu der verwandten Art ist, um so geringer die Wahrscheinlichkeit, daß es hier zu Nachkommen oder wenigstens zur Paarung kommen kann. Je jünger verwandte Arten sind, um so eher besteht die Möglichkeit, daß man Nachkommen, Bastarde, erzeugen kann – und, wenn diese beiden Arten noch jünger sind, Nachkommen, die sogar untereinander noch fruchtbar sind.

Die »Abgrenzung«, wo eine Art anfängt und eine andere aufhört, ist fließend und kann, wie das Mäusebeispiel lehrt, sogar regional verschieden sein. Das muß man wissen, wenn man an die drei wichtigsten Verwandten unserer Haushunde denkt. Daß sie dieselbe Chromosomenzahl – nämlich 39 Paare – haben, weist auf eine enge Verwandtschaft hin, daß diese Chromosomen nicht von Art zu Art unterscheidbar sind, habe ich auch schon erwähnt. Außerdem kann man sie alle untereinander verkreuzen, und die aus solchen Verkreuzungen entstandenen Nachkommen sind wieder fruchtbar.

Also müßten wir Wölfe, Kojoten und Goldschakale einer einzigen Art zurechnen – ein Vorschlag, den übrigens Hans von Lengerken vor vielen Jahren schon gemacht hat. Er ist aber nicht realisierbar, denn die drei Arten sind nun einmal in vielen Merkmalen unterschiedlich. In Europa und Asien fressen die Wölfe ihre nächsten Verwandten, die Schakale. In Nordamerika fressen die Wölfe ihre dortigen nächsten Verwandten, die Kojoten. Nur ganz im Süden, in Texas und Umgebung, da fressen die

Wölfe die Kojoten nicht, sondern verpaaren sich mit ihnen, und diese Bastarde bekommen auch wieder Junge. So ist dort, im Süden Nordamerikas, eine undurchschaubare Mischpopulation entstanden, ähnlich wie bei den erwähnten Mäusen im Kaukasus.

Im vorigen Jahrhundert hat man im Haustiergarten Halle a. d. Saale Goldschakal mit Haushund verkreuzt; Wolf Herre tat dasselbe – Goldschakal mit Königspudel – in seinem Haustiergarten in Kiel; ich machte dasselbe mit einem europäischen, aus dem Donau-Delta stammenden Goldschakal und einer Mischlingshündin, die das Blut des Norwegischen Elchhundes und des australischen Dingos führte. Alfred Seitz – seinerzeit Direktor des Tiergartens Nürnberg – kreuzte Goldschakal mit Kojoten, verpaarte hintereinander deren Nachkommen – es klappte.

Wölfe mit Haushunden zu verpaaren, ist ein beliebter, aber sinnloser Sport seit mindestens hundert Jahren. Auch deren Nachkommen sind fruchtbar.

Farmer in Nordamerika binden ihre Jagdhündinnen irgendwo im Gelände an, um sie von freilebenden Kojoten decken zu lassen. Genaue Untersuchungen haben ergeben, daß in den nordamerikanischen Jagdhunden Kojotenblut vorhanden ist.

Frei streunende »Coy-dogs« haben einigen Zoologen und der auf Sensationen ausgehenden Presse der USA lange Zeit Rätsel aufgegeben, weil sie es – wie auch manche deutsche Forscher – nicht glauben wollten, daß sich Haushund und Kojote vermischen können.

Der Kreis rundet sich ab, wenn wir an die Wolf-Kojoten-Bastarde im Süden der Vereinigten Staaten denken. Er schließt sich ganz, wenn wir berücksichtigen, daß sich Dingos sowohl auf freier Wildbahn als auch in Gefangenschaft unbegrenzt mit Haushunden fortpflanzen.

Und trotzdem – kein Zoologe wird es wagen, Wolf, Kojote und Goldschakal als Unterarten einer Art zu bezeichnen. Es geht nicht.

Wir können nur sagen: es muß sich um eine noch sehr junge, das heißt erst in oder vor der letzten Eiszeit, kaum früher, auseinanderentwickelte Artengruppe handeln, von denen sich Vertreter da und dort weiter, andere an anderen Orten weniger weit voneinander differenziert haben. Der Prozeß zur definitiven Artbildung ist noch nicht ganz abgeschlossen. Mag sein, daß sich durch die zunehmende Besiedlung der ursprünglichen Lebensräume dieser Tiere und der damit verbundenen Zurückdrängung auf relativ kleine Territorien die Artausbildung weiterentwickelt – sofern man wenigstens kleine Bestände von ihnen überhaupt am Leben läßt. »Raubwild« ist schließlich »Freiwild«.

Um aber die Evolution gerade dieser unseren Hunden so nahverwandten Angehörigen der Gattung »Canis« im engsten Sinne verständlicher zu machen, möchte ich nun ganz kurz ihre näheren und entfernteren Verwandten vorstellen, weil sie uns auch einen Einblick verschaffen, was es heißt, an besondere Lebensumstände »angepaßt« zu sein. Man muß sich einfach damit auseinandersetzen, wenn man unsere so unterschiedlichen Hunderassen und deren Ahnherren besser verstehen will.

3. Die Gattungen der Hundeartigen

Halten wir zunächst fest, daß die Füchse, Wölfe, Mähnenwolf, Waldhund, Marderhund und all die anderen, die wir jetzt kennenlernen werden, eine ziemlich junge Gattungsgruppe sind, deren Aufspaltung am Beginn des Pliozäns begonnen haben muß. Dieser erdgeschichtliche Abschnitt begann vor rund zehn Millionen Jahren und wurde von der Eiszeit abgelöst.

Mit der ersten Aufspaltung aus den eigentlichen »Vorhunden« (vertreten durch Cynodesmus aus dem Miozän) begann auch die Verbreitung der Hundeartigen über die Alte Welt – denn ihr Entstehungsgebiet war bekanntlich Nordamerika.

Der erste unter ihnen, der über die Beringbrücke Asien erreicht haben dürfte, war der heute noch wegen seiner Wanderfreudigkeit bekannte **Marderhund** (Nyctereutes procynoides), ein drolliges Tierchen, das so halb wie ein Dachs, halb wie ein Waschbär aussieht. Mit dem Dachs verbindet ihn vor allem die schwarz-weiße Kopfzeichnung und die meist schwarze Unterseite, ein wenig auch die Färbung der Decke. Der Kopf mit seinen winzigen, runden Ohren sowie die lange, buschige Rute und die doch ein wenig längeren Beine – für einen »Hund« immer noch kurz genug! – kommen dagegen eher an den genannten Kleinbären heran. Es sieht ungemein drollig und überraschend aus, wenn der Rüde, genau wie jeder unserer Hunde auch, zwecks Markierung sein Beinchen (und hier paßt diese Verniedlichung wirklich!) an einem Baum oder großen Stein hebt. Da glaubt man es erst, daß man einen Hund vor sich hat. Wenn der behende Buschschlüpfer – der höchstens zehn Kilogramm erreicht, bis zu achtzig Zentimeter lang und fünfundzwanzig Zentimeter hoch werden kann – gelegentlich einmal einem Jäger unserer Lande zu Gesicht kommt, weiß der wohl kaum, wie er dieses Wild ansprechen soll. Freilich gingen heute schon soviele Berichte durch die Presse (in der übrigens auch schon ein erlegter Steinmarder als Marderhund bezeichnet worden ist) und durch die Fachzeitschriften, daß es nicht mehr viele Jäger geben wird, die nicht zumindest ein Bild dieses Tieres gesehen haben.

Umstritten ist jedoch die Frage, ob man diesen aus dem Osten eingewanderten »Wildhunden« Heimatrecht bei uns geben soll oder nicht. Schaden können sie eigentlich nur beim Niederwild anrichten, vor allem werden sie wohl die Fasangelege plündern, ebenso die anderer Bodenbrüter. Sie sollen aber auch als gute Schwimmer in Teichen und Tümpeln nach Fröschen suchen, sogar Fische erbeuten und auch Muscheln fressen. Ein großer Teil ihrer Nahrung besteht aus Pflanzenkost, wie herabgefallenes Wildobst und Beerenfrüchte. Sehr großen Schaden würden sie kaum anrichten, aber sie gehören nun einmal nicht in unsere von Menschenhand gepflegte Landschaft.

Eine ungewöhnliche Eigenschaft des Marderhundes ist es übrigens, eine Art von Winterschlaf zu halten, der aber mehr eine Winterruhe ist, von gelegentlichen Aktivitäten unterbrochen. In strengen Wintern dürfte er bei uns nur sehr geringe Überlebenschancen haben, weil er zu wenig Nahrung findet, um sich seinen Winterspeck anzumästen, überdies durch tieferen Schnee in seiner Fortbewegung behindert ist.

Der Marderhund kann zu den »ganz Alten« seines Geschlechtes zählen und hatte schon im mittleren Pliozän Europa erreicht. Er lebte in zwei weit voneinander getrennten Verbreitungsgebieten, nämlich in Ostasien sowie in einem westlichen Areal, dessen Ostgrenze etwa von Norden des kaspischen Meeres bis zum finnischen Meerbusen reicht. Von da aus scheint er immer weiter nach dem Westen – eben bis zu uns – vorgerückt zu sein.

Eine andere, noch ursprünglichere Gattung, wohl dem frühen Pliozän entstammend, ist der

Graufuchs (Urocyon cinereoargenteus), der die größten Teile Nordamerikas, Zentralamerikas und das nördlichste Südamerika besiedelt. Mit unseren heimischen oder anderen Fuchsformen ist er überhaupt nicht verwandt. In seiner Lebensweise ähnelt er ein wenig den Wolfsartigen, da er paarweise lebend gemeinsam bis zu sieben Junge aufzieht, mit denen die Alttiere dann ein kleines Jagdrudel bilden. Im Herbst verlassen diese die Eltern. Graufüchse sind praktisch Allesfresser, die sich freilich auf Kleintiere beschränken, wie Nagetiere und Vögel; auch Insekten gehören zu ihrer Jagdbeute, die durch Pflanzennahrung ergänzt wird.

Ungewöhnlich ist ihre Kletterfähigkeit, weswegen man sie gelegentlich auch Baumfüchse nennt, da sie oft beim Umherklettern in Baumkronen beobachtet werden und, verfolgt, notfalls auf Bäume flüchten. Auch das ist – wie die Winterruhe beim Marderhund – für echte Hundeartige ein ungewöhnliches Verhalten, das mich an den Lundehund (siehe Seite 208, Farbtafel 16) erinnert, der zwar nicht auf Bäumen, wohl aber auf Felsklippen umherklettern kann.

Dieser dunkelgraue, silbriggesprenkelte, teilweise rötliche Wildhund wird höchstens dreißig Zentimeter hoch, bei einem Maximalgewicht von sieben Kilogramm. Seine Gestalt erinnert, wie sein Name sagt, weitgehend an einen Fuchs.

Eine der originellsten Figuren aus der Caniden-Gruppe, dabei auch sicher von hohem stammesgeschichtlichen Alter, stellt der **Waldhund** (Speothos venaticus) dar. Hätte er anstelle der kurzen, abgerundeten Ohren einen langen Behang und statt des sehr kurzen Schwänzchens eine lange Rute, könnte man ihn für einen Dackel halten. Ich bin in »Hunde ernstgenommen« schon näher auf diesen fünfundzwanzig Zentimeter hohen Südamerikaner eingegangen, weil er eine extreme Anpassung an das Leben im Wasser und dichtem Ufergebüsch darstellt. Da er im Oberkiefer auf beiden Seiten nur einen, im Unterkiefer zwei Backenzähne hat, hat er im Gegensatz zu den vorgenannten Hundeartigen, die wie unsere Hunde zweiundvierzig Zähne haben, nur achtunddreißig Zähne.

Wenn man das Gebiß eines gutbezahnten Haushundes oder eines Wolfes ansieht, fällt auf, daß die letzten Backenzähne hier sehr klein, fast kümmerlich sind, oftmals nur kleine Stiftchen. Da ein Hund nicht kaut, sondern schlingt, braucht er diese auch nicht. Es ist also bei den Beuteverzehrern, die relativ große Bisse bewältigen, die Ausbildung der letzten Backenzähne unnötig geworden. Der kleine Waldhund ist da noch einen Schritt weitergegangen und hat diese Zähnchen ganz aufgegeben. Er hat sich auf eine kräftige Brechschere spezialisiert, die dazu dient, Muschelschalen und Krebspanzer zu zerknacken. So hat er auch einen kurzen, recht robusten Gesichtsschädel. Man nimmt übrigens an, daß er sich in Anpassung an seine Lebensweise von einer größeren zu einer kleineren Hundeform entwickelt hat. Sein derbes, massiv-knochiges Skelett wird hier als Beweis für diese Theorie angeführt. Ob das so ist, mag offenbleiben.

Sehen wir von solchen Anatomie-Exkursen aber ab und wenden wir uns der Lebensweise des in verschiedenen Abstufungen unscheinbar braun gefärbten Waldhundes zu. Man weiß, daß auch er paarweise lebt

Der Beutelwolf (Thylacinus cynocephalus) weist als Beutegreifer Ähnlichkeiten mit den Hundeartigen (Canidae) auf, die als konvergente Anpassungserscheinungen zu deuten sind (siehe Seite 34).

Der Goldschakal (Canis aureus) hat in seinem weiten Verbreitungsgebiet (Kartenskizze Seite 81) verschiedene Unterarten entwickelt. Hier ist die ostafrika- nische Form dargestellt.

und die sechs Jungen sorgsam aufzieht, mit denen die Alten dann auf Rudeljagd gehen. Auch größere Rudel hat man schon gesehen. Diese Rudelbildung ist vor allem bei der Jagd auf die großen, kräftigen »Wasserschweine« oder Capybaras nötig, denn diese sehr wehrhaften Nagetiere können ganz schön gefährlich werden, wie ich aus eigener unangenehmer Erfahrung weiß.

Im Frankfurter Zoo konnte ich einmal sehr schön beobachten, wie der Vaterrüde mit seinen Welpen spielte. Er hatte einen größeren Fleischfetzen aufgenommen und ihn den Jungtieren vorgehalten. Er ließ sie daran zerren, entzog ihn wieder, rannte davon, ließ sich verfolgen – genau, wie das unsere Hunde auch tun. Nur – bei diesen drolligen Geschöpfen wirkt das ausgesprochen heiter, wenn der Vater im Schweinsgalopp abhaut.

Der Waldhund ist sicherlich eine hochspezialisierte Form, die wahrscheinlich mit zwei weiteren Südamerikanern nahe verwandt ist. Die eine hiervon ist der

Waldfuchs (Maikong) (Cerdocyon thous) oder Krabbenfresser-Hund, weil er sich in manchen Gegenden gern von Krebsen ernährt. Das ist aber nicht seine Hauptnahrung – er ist wie die meisten Hundeartigen praktisch allesfressender Kleintierjäger, der auch Pflanzenkost aufnimmt. Dieser fuchsähnliche Hund wird von den Indianern seiner mehr im Westen Südamerikas liegenden Heimat gern gehalten, was für seine Zähmbarkeit spricht.

Wie Waldhund und der nun folgende Kurzohrfuchs hat er gewöhnlich schwärzliche Beine, sonst ist seine Fellfärbung recht verschieden. Seine Schulterhöhe wird mit rund fünfzig Zentimeter angegeben – er ist also schon ein recht stattlicher Hund.

Der Dritte im Bunde dieser Verwandtschaftsgruppe, die zur ersten Einwanderungswelle Hundeartiger nach Südamerika gehört, ist der **Kurzohrfuchs** (Atelocynus microtis). Er bewohnt die tropischen Regenwälder Südamerikas und wird wegen seiner sehr dunklen, meist schwarzen Färbung auch Schwarzfuchs genannt. Sein Name Kurzohrfuchs oder -hund nennt ein weiteres typisches Merkmal, und sein derber Kopf, seine etwas gedrungene Gestalt sowie seine kräftigen, mittellangen, fast kurz wirkenden Beine lassen ihn körperbaulich eine Mittelstellung zwischen Maikong und Waldhund einnehmen, aber er hat im Gegensatz zum Waldhund noch eine lange Rute. Auch in der Schulterhöhe nimmt er mit fünfunddreißig Zentimeter eine Mittelstellung ein. Über seine Lebensweise ist kaum etwas bekannt, es liegen auch nur wenige Tiergartenbeobachtungen vor.

Wir haben in Südamerika also zunächst drei näher verwandte Gattungen, die als erste diesen Subkontinent erreicht haben. Und eine vierte Gattung, den Graufuchs, der wohl der jüngste Einwanderer ist – wie seine Verbreitung im nördlichsten Bereich und sein Hauptverbreitungsgebiet in Nordamerika erkennen läßt. Die Vorfahren der bislang geschilderten drei alten Einwanderer sind in Nord- und Mittelamerika nicht mehr vorhanden, ebensowenig die Vorfahren von drei weiteren Einwanderern, die nicht näher mit jenen verwandt sind und nach Erich Thenius zur »zweiten Einwanderungswelle« gehören.

Hier treffen wir auch zum ersten Mal eine Gattung, die sich durch einen größeren Artenreichtum auszeichnen dürfte. Bis jetzt bestand jede der hier angeführten Gattungen nur aus einer einzigen Art, wenn auch da und dort noch Unterarten zu unterscheiden sind. Das sind die Pampas- oder Kampffüchse (Dusicyon), eine Gruppe, deren Abstammung niemand so richtig kennt.

Zwei Arten können zunächst als gesichert gelten, die man neuerdings sogar in zwei Untergattungen aufteilt. Da ist zunächst der **Falklandfuchs** (Dusicyon australis), auch als Falklandwolf bezeichnet, der allerdings 1876 ausgerottet worden ist. Wie der Name sagt, lebte er auf den vierhundertfünfzig Kilometer von Patagonien entfernten Inseln; man nimmt an, daß es im Pleistozän (unserer Eiszeit) eine Landbrücke dorthin gegeben hat und daß sich in der Isolation diese Splittergruppe entwickelte. Es müssen kräftige Tiere gewesen sein, mindestens fünfundfünfzig Zentimeter Schulterhöhe. In Grzimeks Tierleben fand ich einen interessanten Absatz, den ich dem Leser an dieser Stelle nicht vorenthalten möchte:

»Nach früheren Berichten sollen die Falklandwölfe so zahm gewesen sein, daß sie auf jeden Menschen zuliefen, den sie erblickten. Sie kannten den Menschen ja noch nicht als tödlichen Gegner. So konnte man den Tieren ohne weiteres Fleischbrocken vorhalten; während sie das Futter aus der Hand nahmen, schlug man sie tot.« So einfach ging das also!

Der Falklandfuchs war sicher ein unmittelbarer Abkomme der in der Untergattung der eigentlichen Kampfüchse zusammengefaßten Arten. Wenn man sich auch noch nicht in der Zahl der hier zu vereinigenden

Arten einig ist, so sollen doch hier wenigstens drei genannt werden, als erstes der

Magellanfuchs (Dusicyon culpaeus), auch Culpeo geheißen. Er könnte der Urvater für die bereits genannten Füchse gewesen sein. Sein Lebensbereich erstreckt sich von Feuerland und Patagonien bis hinauf nach Ekuador, im wesentlichen dem Verlaufe der Anden folgend, wo er auch in großen Höhen (bis fünftausend Meter) angetroffen wird. Als Bewohner so kalter Gebiete ist er ein großes, vierzig bis fünfzig Zentimeter Schulterhöhe aufweisendes Tier. Er ist aber dennoch kein Großtierjäger, sondern auf Kleintiere spezialisiert. Im Aussehen ist er einem großohrigen Schakal oder auch einem Kojoten ähnlich, natürlich gibt es da keine verwandtschaftlichen Beziehungen.

Kleintiere bilden auch die Nahrung eines ziemlich hochbeinigen Verwandten, der Bewohner offenen Geländes ist und unter dem Namen **Pampasfuchs** (Dusicyon gymnocercus) als eigene Art aufgefaßt wird. Er ist gewissermaßen die Steppenform des Vetters aus den Anden; er erreicht eine Schulterhöhe von vierzig Zentimeter. Ob der ihm sehr ähnliche **Azarafuchs** (Dusicyon azarae) wirklich als eigene Art anzusehen ist, ist unsicher, muß uns hier aber auch nicht weiter beschäftigen. Eine wirklich andere »Gattung« vertritt der

Brasilianische Kampfuchs (Lycalopex vetulus). Er unterscheidet sich durch Schädelmerkmale und durch sein graues Fell von den anderen Fuchsgattungen. In der Größe ähnelt er den Kampfüchsen der Ebenen. Über die Lebensweise dieser Tiere weiß man nicht viel, wohl aber, daß sie gelegentlich Hühner stehlen.

Der dritte Südamerikaner aus jener »zweiten Einwanderungswelle« ist entschieden der »Beste« – und auch der »Größte«, denn der **Mähnenwolf** (Chrysocyon brachyurus) erreicht eine Schulterhöhe von mitunter mehr als fünfundsiebzig Zentimeter – vor allem wegen seiner endlos langen Beine. Er ist das Gegenstück zum dackelbeinigen Wald-hund, und genau wie dieser eine hochspezialisierte Sonderform einer stammesgeschichtlich alten Hundegruppe. Sozusagen ein weitläufiger Verwandter des Waldhundes, aber auch des Kurzohrfuchs' und des Graufuchs'. Wer mein Buch »Hunde ernstgenommen« gelesen hat, wird sich an diesen langbeinigen Leisetreter erinnern, der zwar beim ersten Hinschauen wie ein Windhund aussieht, der aber weit davon entfernt ist, seine Beute als Hetzhund zu jagen. Er macht es wie der Storch, der vorsichtig und bedächtig über die Sumpfwiesen schreitet, um Kleintiere zu überraschen. Der Mähnenwolf läuft dabei im Paßgang, genau wie die hochläufigen Giraffen und Kamele.

Die Farbe des Mähnenwolfes ist bestechend schön: rötlich-gold schimmert sie in der Sonne, Nacken und Rücken sind mit einem schwarzen Haarkamm versehen. Die Beine sind im unteren Drittel schwarz. Es fällt auf, daß alle Tiere, die auf feuchtem Untergrund leben, zu schwarzen Beinen neigen, und, wenn sie niederläufig sind wie der Dachs, auch zu einer schwarzen Körperunterseite. Das hat mit dem Wärmehaushalt zu tun, bekanntlich absorbiert Schwarz die Wärmestrahlung. Sicher ist der Mähnenwolf ursprünglich ein Sumpfbewohner; das zeigt sich auch daran, daß – wie beim Waldhund – die Ballen der Mittelzehen teilweise verwachsen sind.

Heute ist er vor allem ein Jäger von Meerschweinchen und anderen Nagern, aber er nimmt alles an, sogar Insekten, Schnecken und auch Früchte. Er jagt keine größeren Tiere, macht also auch keine Rudeljagd. Das hat zur Folge, daß Mähnenwölfe zum Einzelgängertum neigen und normalerweise nur zur Paarung zusammenkommen. Wir haben hier wieder ein interessantes Beispiel für die Abhängigkeit des Verhaltens von den Lebensumständen. Wenn man wie ein Storch langsam durch das hohe Gras schleicht und blitzschnell (auch wie ein Storch) nach einem Insekt, einer Eidechse oder einer Maus stößt, kann man – genau wie der Fuchs beim Mäusefang – keinen Partner brauchen.

Betrachten wir nochmals diese südamerikanischen Caniden: Da sind zunächst die Kampfüchse, oder, wie ich sie lieber nennen würde, »südamerikanischen Füchslinge«, da sie mit unseren heimischen Füchsen nichts gemein haben. Sie haben als ursprüngliche Caniden zunächst die wolfsartigen Anpassungsformen in den Kaltgebieten – den Hochanden, Patagonien bis zu den Falklandinseln – hervorgebracht, dann aber auch die hochläufigeren Formen der Grasländer. Hochläufigkeit bis zum äußersten Extrem begegnen wir dann beim Mähnenwolf in Anpassung an den Lebensraum, verbunden mit Einzelgängertum.

Genau umgekehrt, als anderes Extrem in Anpassung an den Lebensraum, der fast otterartige Waldhund, der sich aus Überlebensgründen vergesellschaftet und offenbar sehr sozial ist. Aus diesen Divergenzen des äußeren Erscheinungsbildes und Verhaltens aber darauf zu schließen, daß diese Formen nicht verwandt sein können, ist genauso ein Trugschluß, als wenn ich behaupten würde, der Waldhund muß mit Wölfen näher verwandt sein, weil er einige gemeinsame Verhaltensweisen mit diesen Caniden hat. Nur der Paläontologe kann in solchen Fällen aufzeigen, wie es aus gemeinsamen Vorfahren zu großen Divergenzen gekommen sein mag, genauso, wie er uns zeigen kann, daß aus nordamerikanischen Ur-Kamelartigen einerseits die südamerikanischen Lamas, Guanacos usw., andererseits die Trampeltiere und Dromedare geworden sind. Ethologie, Physiologie, Genetik, Anatomie, Tiergeographie, Paläontologie und was es sonst noch alles gibt, müssen einander ergänzen, und zwar auf der Basis unserer Kenntnis stammesgeschichtlicher Grundlagen, wie Anpassung an bestimmte Lebensräume durch Selektion.

Ich halte diese Gedankengänge deswegen für so wichtig, weil man auch in unserer Hundezucht allzugern äußere Ähnlichkeiten zu wilden Spekulationen über Abstammungsverhältnisse verwendet und Unähnlichkeiten manchmal zu ebenso wilden Spekulationen über getrennte Abstammungen von anderen Wildahnen anführt. Ich kann da mitreden – auch mir ist es früher so ergangen, und ich schäme mich nicht einmal. Warum sollte es mir besser ergehen, als es vor vielen Jahren Konrad Lorenz ergangen ist, als er auf Grund vereinzelter Verhaltensmerkmale noch an »lupus-Hunde« und »aureus-Hunde« geglaubt hatte, also an Hunde, die vom Wolf, und Hunde, die vom Goldschakal abstammen. Irren ist menschlich.

Nach diesem Exkurs sollten wir uns wieder den bislang noch nicht geschilderten Hundeartigen zuwenden. Sehen wir also nach, wer dem eingangs geschilderten Ersteinwanderer nach Eurasien mehr oder weniger dicht auf den Fersen gefolgt ist.

Der Marderhund hat nämlich schon in allen möglichen Formen im Pliozän Eurasien besiedelt, mit denen in engster Verwandtschaft eine asiatische Form aus den Sivalik-Hills im Süden des Himalayas und eine weitere aus Ostafrika stammt – so in den Anfangsepochen der Eiszeit. Diese wieder können in den weiteren Verwandtschaftskreis eines im Osten und Südwesten Afrikas lebenden Hundeartigen gestellt werden. Das ist der

Löffelhund (Otocyon megalotis). Ich habe ihn schon im vorigen Kapitel wegen seiner abwegigen Zahnzahl erwähnt. Die dort angedeutete Spekulation kann einen versierten Paläontologen gewiß nicht beglücken, trotzdem glaube ich, daß einstige – inzwischen aufgegebene – Merkmale   53

gewissermaßen »re-mobilisiert« werden könnten. Nur eine Hypothese, auf der Vorstellung beruhend, daß einstige Erbanlagen nicht gleich verloren gehen müssen, sondern nur von neu hinzugekommenen in ihrer Wirkungsweise unterdrückt werden. Jedenfalls nimmt man heute an, daß es zu Verdoppelungen der Backenzähne gekommen ist – was so oder so nicht zu bestreiten ist. Dieser als Anpassung an die Lebensweise aufzufassende biologische Prozeß scheint noch nicht einmal zum Stillstand gekommen zu sein, denn es gibt hier Schwankungen. Manche Exemplare haben im Oberkiefer jederseits drei bis vier, im Unterkiefer vier bis fünf Molaren, so daß sie dann insgesamt sechsundvierzig, achtundvierzig oder gar fünfzig anstelle der üblichen zweiundvierzig Zähne aufweisen.

Mit der Ausgestaltung der übrigen Zähne, also ziemlich kleine Fangzähne, gering entwickelte Brechschere und den spitzhöckerigen Backenzähnen haben wir hier das Modell eines Insektenfressergebisses. Ist es wirklich eine Neubildung aus dem ursprünglichen Gebiß der Hundeartigen, erworben im Sinne der Anpassung?

Die Nahrung der Löffelhunde ist nämlich nicht auf Insekten beschränkt, ebensowenig wie die Ernährung von echten Insektenfressern, wie z. B. dem Igel, der ja auch Mäuse und andere kleine Wirbeltiere (Eidechsen, Schlangen, Frösche) genau wie der Löffelhund als Beutetiere verzehrt. Ebenso schmecken den meisten Insektenfressern wie auch dem Löffelhund weiche Früchte und Beeren. Man sieht – mit der Anpassungserklärung wird es schwierig, zumal der Löffelhund immerhin eine Schulterhöhe von vierzig Zentimeter erreichen kann, allerdings bei einem Leichtgewicht von maximal viereinhalb Kilogramm.

Eines ist aber bei diesen sehr großohrigen, sonst fuchsähnlichen, ziemlich hochbeinigen Caniden besonders erstaunlich: sie leben nämlich paarweise und ziehen gemeinsam die maximal fünf Welpen auf, die offenbar noch längere Zeit gemeinsam mit ihren Eltern zusammenleben. Hier könnte man nun wieder denken, daß dieses auch sonst in vieler Hinsicht sehr ausgeprägte Sozialverhalten als »Verhaltens-Relikt« gedeutet werden müßte. Das würde bedeuten, daß sie damals, als sie sich nicht auf Kleintiernahrung spezialisierten, daher auch noch ein normales zweiundvierzigzähniges Canidengebiß hatten und die Rudelstruktur zur Erbeutung größerer Tiere gebraucht haben. Seltsam – der doppelt so große Mähnenwolf ist weitestgehend Einzelgänger und hat ein eindeutiges Canidengebiß mit Brechschere – die er bei seiner Ernährungsform eigentlich gar nicht benötigen würde – der Löffelhund lebt aber familienweise und hat sich für seine Kleintiernahrung ein insektenfresserartiges Gebiß zugelegt.

Da soll sich noch einer auskennen. In solchen Fällen pflegte der Botaniker Otto Schmeil zu sagen: »Die Natur kann so – sie kann aber auch anders…« So ist es wohl. Als Studenten grinsten wir meist über diesen immer wiederkehrenden Satz in seinen Vorlesungen. Dieses Grinsen ist uns sicher allen in der Zwischenzeit vergangen, wenn man merkt, daß manche Nüsse ziemlich harte Schalen haben.

In diesem Sinne möchte ich nun einen Caniden vorführen, der als sehr alte, aber hochspezialisierte Form der eigentlichen Füchse gilt und uns drastisch beweist, daß ein insektenfresserartiges Gebiß völlig unnötig ist, auch wenn man in erster Linie von Insekten, ja sogar von Schnecken lebt und der kleinste und zierlichste der lebenden Caniden ist. Ich meine den **Fennek** (Fennecus zerda) oder Wüstenfuchs. Er hat im Verhältnis zur Körpergröße noch größere Ohren als der Löffelhund, mächtige Schallfänger, die ihm bei seiner nächtlichen Lebensweise das leiseste Geräusch eines krabbelnden Insektes wahrnehmen lassen. Er erreicht bei einem Gewicht von eineinhalb Kilogramm eine Schulterhöhe von zwanzig Zentimeter, wobei er bei weitem graziler ist als ein gleichhoher Chihuahua (bekanntlich die kleinste unserer Hunderassen).

Seine Heimat sind die Wüsten- und Halbwüstengebiete des nördlichen Afrika, Sinai und Arabiens. Dort stehen dem Fennek außer Heuschrecken und anderen Insekten auch kleine Echsen und Mäuseartige als Nahrung zur Verfügung. Bei einem so kleinen Fuchs wird dann vielleicht wieder verständlich, daß er ein normales Hundegebiß mit Brechschere braucht – die meisten in Wüstengebieten lebenden Käfer haben sehr harte Panzer, die Schnecken widerstandsfähige Gehäuse, und das Rückgrat einer Wüstenmaus ist auch nicht so einfach zu knacken. Dafür ist der Fennek weitgehend Einzelgänger, wenn er in Gefangenschaft auch leicht in vielköpfigen Gruppen zu halten ist. Fenneks werden zwar außerordentlich zahm, bedürfen aber einer äußerst sorgsamen und gekonnten Pflege, die sehr aufwendig ist. Auch ihre Weiterzucht war bislang nur sehr versierten Fachleuten vorbehalten. Ich erwähne das, weil sie jedem Zoobesucher als ideale Spiel- und Streicheltiere erscheinen müssen, die man gern mit nach Hause nehmen möchte.

Der Wüstenfuchs hat runde Pupillen, die eigentlichen Füchse, wie unser Rotfuchs, haben ovale Pupillen. Es gibt aber eine sicherlich auch sehr alte Fuchsgattung, bei denen dieses Merkmal nicht so ausgeprägt ist wie bei den echten Füchsen. Das will nicht bedeuten, daß hier eine Verwandtschaft zum Wüstenfuchs besteht, sondern mag nur darauf hinweisen, daß vor der Ausformung der eigentlichen Füchse das Auge noch – wie bei den anderen Caniden – eine runde Pupille haben mußte, die sich vor der Abtrennung hier ein wenig, dort weitaus mehr zur ovalen Form umgewandelt hat. Diese Abzweigung hat am Ende des Pliozäns, also noch vor der Eiszeit, stattgefunden. Es handelt sich um eine Gattung, die aus zwei Arten besteht: dem Eis- und dem Steppenfuchs.

Es gibt wenige Säugetiere, die sich so dem Leben im äußersten Norden, in den Eiswüsten Eurasiens und Nordamerikas – der sogenannten zirkumpolaren Region – angepaßt haben, wie der **Eisfuchs** (Alopex lagopus). Je nach dem Verbreitungsgebiet schwankt die Schulterhöhe der Rüden zwischen achtundzwanzig und zweiunddreißig Zentimeter, das Körpergewicht zwischen zweieinhalb bis acht, sogar bis neun Kilogramm in Ausnahmen. Eisfüchse zeigen ein interessantes Phänomen: es gibt sie in zwei Farbschlägen, die sich vor allem im Winterfell deutlich voneinander unterscheiden. Die einen haben ein weißes, die anderen ein dunkles Fell in verschiedenen Tönungen, wie schwarz, blaugrau, hell- oder dunkelbraun oder einfach grau. Ähnlich sehen sie auch im kürzeren Sommerfell aus. Die weißen Eisfüchse haben im Sommer ein bräunliches bis graues Fell.

Das heißt aber in diesem Fall nicht, daß es sich um verschiedene Unterarten handelt – obgleich etwa zehn solcher Unterarten unterschieden werden –, sondern sie kommen im selben Trupp in diesen unterschiedlichen Färbungen vor, sogar im selben Wurf. Das ist den Panthern, Leoparden oder Jaguaren vergleichbar, wo innerhalb eines Wurfes neben den normalgefleckten auch schwarze Junge auftreten können. Die vielbejagten – aber wegen ihrer oft unzugänglichen Lebensräume und ihrer Wanderlust nicht so leicht ausrottbaren Polarfüchse werden im Pelzhandel deswegen als Weiß- und Blaufüchse unterschieden.

Ich habe diese reizvollen Füchse selber eine Zeit lang gepflegt und hätte sicher viel über sie erzählen können, wenn mir nicht eine verständnislose Umwelt die weitere Haltung dieser Tiere unmöglich gemacht hätte. So währte die Freude nur kurz, aber ich kann doch sagen, daß sie ganz raffinierte Frechdachse sind und äußerst respektlos. Das stimmt ganz mit dem überein, was der bekannte Polarforscher Alwin Pedersen und andere Forscher auch von den freilebenden Eisfüchsen berichten – sie benehmen sich auf freier Wildbahn nicht anders. Also kein Fuchs für den »Hausgebrauch«, was sehr bedauerlich ist. Übrigens soll es in Rußland – wie ich in einer Zeitungsmeldung gelesen habe – gelungen sein, durch Auswahl besonders zahmer, freundlicher Eisfüchse, ausgewählt aus vielen Tausenden, einen leicht lenkbaren, gehorsamen »Haus-Eisfuchs« herauszuzüchten. Etwa gleich groß ist der ebenso wanderfreudige **Steppenfuchs** (Alopex corsac) oder Korsak, der zweite Gattungsvertreter. Auch er lebt vorwiegend in offener Landschaft wie in Wüsten- und Halbwüstengebieten, vor allem in Steppen. Er ist in Zentralasien zu Hause, vom Kaspischen Meer bis zum nordöstlichen China. In diesen meist warmen Gebieten kann er sich weitaus größere Ohren »leisten« als der sehr kurzohrige Eisfuchs, und gemäß der von ihm bevorzugten Landschaftsformen trägt er einen wenig auffallenden, ziemlich hellen, sandfarbenen, verschieden getönten gelblichgrauen Pelz. Er ist ein schneller Läufer, der allerlei Kleinsäuger, Vögel, aber auch Insekten erbeutet. Eine Rudeljagd kennt er ebensowenig wie der Eisfuchs, kommt aber da, wo sich reichlich Beute findet, oft in Gruppen vor – etwa an Aas. Diese Eigenschaft teilt er offenbar auch mit dem Eisfuchs.

Damit können wir uns der zentralen Gruppe der Füchse im engsten Sinne zuwenden, die in neun Arten Eurasien, Nordamerika und Afrika bewohnen. Da man den Rotfuchs außerdem in Australien angesiedelt hat, kommt diese Gattung Vulpes praktisch auf allen Kontinenten vor, außer in Südamerika.

Eigentlich muß man von Rotfüchsen sprechen, denn außer unserem Meister Reineke, dem Schlauen, gibt es drei weitere Arten in Asien.

Aber auch unser Rotfuchs hat eine so weite Verbreitung, daß man ihn schon in siebenundvierzig Unterarten aufgespalten hat – was natürlich mehr der Neubeschreibungswut einiger Forscher, weniger wohl den Tatsachen entspricht. Doch darf man nicht bezweifeln, daß es beim **Rotfuchs** (Vulpes vulpes) sicher eine größere Zahl von Unterarten gibt, da er relativ standorttreu ist, was in voneinander isolierten Großpopulationen naturgemäß zu Sondermerkmalen führen kann. Ganz Europa mit einigen küstennahen Gebieten Nordafrikas, ganz Asien mit Ausnahme der hocharktischen sowie der tropischen Gebiete und schließlich weite Teile Nordamerikas (mit Ausnahme der Hochgebirgsregionen und der wärmeren, subtropischen Gebiete) sind die Heimat des Rotfuchses.

Die Körperhöhe schwankt zwischen dreißig und vierzig Zentimetern. Ich habe einmal aus Berlin einen Fuchs erhalten, den Urlauber als Souvenir aus Nordafrika mitgebracht hatten, als süßen kleinen Welpen. Sie gaben ihn dann, als er größer wurde und nach echter Fuchsmanier die ganze Wohnung verstänkerte, in eine Zoohandlung, und von dort erhielt ich ihn als »Sandfuchs«. Eine Weile habe ich das geglaubt, weil er wirklich von meinen anderen aus Bayern stammenden Rotfüchsen abwich. Nun war es eine Fähe, wie man bei Füchsen die weiblichen Tiere nennt, und die sind ohnehin etwas zierlicher. Das fällt dann besonders auf, wenn es sich um einen nordafrikanischen Vertreter der Art handelt, bei dem die Rüden bestimmt an der Untergrenze des geschilderten Schultermaßes bleiben. Auch der Fang wirkte sehr schmal, und die Ohren mochten eine Spur größer als bei unseren Mitteleuropäern sein – jedoch niemals so groß wie beim Sandfuchs.

In den Haßbergen Unterfrankens bauten ihm meine Mitarbeiter ein wohldurchdachtes, großes Gehege auf, dessen Boden durch ein versenktes Gitter keine Grabetätigkeit zuließ – Füchse gehören nämlich zu den geschicktesten Ausreißern unter den Hundeartigen.

Aber was hilft ein Gitter, wenn irgend jemand die Tür offen läßt – wir sahen ihn noch einige Male –, dann war unsere Afrikanerin für alle Zeiten verschwunden. Kann sein, daß die Füchse in den Haßbergen nun kleiner werden, es kann aber auch sein, daß des Jägers Blei das Tier getroffen hat. Ob der Schütze sich über das etwas abweichende Aussehen gewundert hat?

Wenn man die Gazetten liest, scheint der Fuchs eine besondere Eigenart zu haben: er gilt als »Erfinder« der Tollwut. Wer das glaubt, versteht wie auch viele der Verantwortlichen nichts von den biologischen Zusammenhängen. Fest steht, daß die sinn- und planlose Abknallerei und Vergasung der Füchse bislang nicht den geringsten Einfluß auf das Fortbestehen der Tollwut gehabt hat. Daraus hat man aber nichts gelernt. Man infiziert in den Laboratorien alljährlich Tausende und Abertausende Mäuse mit Tollwut – aber in der freien Natur kommen Mäuse als Tollwutüberträger natürlich nicht in Frage! Leicht passiert es aber einem Fuchs, daß er von einer Maus in die Lefzen gebissen wird. Der berühmte

Mäusesprung des Fuchses hat nämlich – bei ganz geringer Verfehlung des Zieles – nicht dieselbe Wirkung, wie wenn eine Katze die erschlichene Maus mit den Krallen schlägt, ihr tiefe Wunden beibringend. Im geeigneten Augenblick beißt sie die Maus ins Genick. Ist der Fuchs aber ungeschickt gewesen, drückt er der Maus nur mit den Pfoten den Hinterleib zu Boden, dann kann sich die Maus vorne aufrichten und ihn, wenn er sie packen will, beißen. Ich habe das bei meinen Füchsen – und bei Hunden – schon gesehen.

Wir wissen natürlich, daß nur der Biß bzw. Speichelfluß in eine offene Wunde die Tollwut übertragen kann. Tollwutkranke Mäuse kann der Fuchs hingegen ohne weiteres verschlingen – seine Magensäfte sorgen dafür, daß diese Viren nichts anrichten.

Bleibt die Frage: Welche Füchse lassen sich beißen, weil sie ungeschickt sind, und welche nicht; und könnte es denn nicht sein, daß es sogar Füchse gibt, die eine natürliche Immunität gegen diese Viren haben?

Es gibt heute schon – dank höchst unbiologischer Hege – beim Jagdwild viele Degenerationserscheinungen. Das mitteleuropäische Wild ist zum Haustier geworden, das der natürlichen Selektion nur noch fallweise unterliegt. Auch beim Fuchs – der sich immerhin lange einer solchen »Pseudo-Hege« entziehen konnte, ehe man mit dem Giftgas begonnen hatte, zeigt heute schon da und dort Teilalbinismus – das erste Anzeichen, daß im Gefüge etwas wackelt (siehe dazu mein Buch »Mit dem Hund auf du«).

Es sind übrigens dieselben Erscheinungen, die bei vielen unserer Rassehunde als »Standard« sorgsam gehegt und gepflegt werden, so etwa das Auftreten eines weißen Streifens, der von dem Nasenschwamm aufwärts zieht und – bei fortschreitender Zunahme – schließlich, wie beim Bernhardiner, zu einem breiten Band wird, das bis zum Nacken reicht. Weiße Pfoten gehören dazu, die bis zur Weißbeinigkeit führen, weiße Ruten, und schließlich kommt es zur Plattenscheckung. Schwerhörigkeit bis Taubheit kommen im Gefolge, andere Erscheinungen, wie Bindehautschwächen, kurz, die Degeneration nimmt ihren unaufhaltsamen Lauf.

Solche Domestikationserscheinungen haben nichts damit zu tun, daß sich beim Fuchs – ähnlich wie beim Polarfuchs geschildert – unterschiedliche Farbschläge herausbilden können. So unterscheidet man den »Birk- oder Goldfuchs«, der sehr hell, fast gelb- oder lehmfarben ist, dann den braunen »Brandfuchs«, den »Kreuzfuchs«, der sich durch ein dreieckiges Schulterband auszeichnet, und schließlich noch den Schwärzling, eine melanotische Form, aus der man in Nordamerika den in Farmbetrieben gezüchteten »Silberfuchs« entwickelt hat. Ebenso gelang es dort, aus dieser Variante eine helle, blaugraue Mutation zu erzielen, die als »Platinfuchs« im Pelzhandel begehrt ist.

Über das Verhalten des Rotfuchses sind wir sehr gut informiert. Freiland- und Gefangenschaftsbeobachtungen, alle zusammengenommen, würden ein zweibändiges Werk umfassen. Hier kann natürlich nur einiges angedeutet werden. Zunächst müssen wir davon ausgehen, daß der Rotfuchs kein Rudeljäger ist. Das wäre auch überflüssig, denn Kleingetier gibt es überall, das man am besten im Alleingang erjagt. Also ist das Sozialverhalten nicht so hoch entwickelt wie bei Wölfen – es reicht aus, um das Überleben der Nachzucht zu gewährleisten. Soweit bekannt, hilft zu dieser Zeit – die Welpen kommen ab März bis Mitte Mai zur Welt – der Rüde mit. Die Welpen werden von beiden Alttieren versorgt. Nach fünf bis sechs Monaten verlassen die Jungfüchse ihre Eltern.

Vieles im Verhalten des Kleintierjägers Fuchs erinnert übrigens an die Katze, was mir besonders bewußt wurde, als ich einmal einen Jungfuchs mit einem Wildkater gleichen Alters zusammen in der Wohnung aufzog. Das an jenen Nahrungserwerb angepaßte Spielverhalten war bei beiden so ähnlich, daß sie sich ausgezeichnet verstanden.

Verlassen wir den Reineke und wenden wir uns den zu den Rotfüchsen zählenden Asiaten zu. Da ist zunächst der

Tibetfuchs (Vulpes verrilatus), ein hübsches, unserem einheimischen Fuchs ähnliches Tier, mit dreißig Zentimeter Schulterhöhe dessen südlichsten Lokalformen gleichend. Seine Fuchsfarbe geht an den Seiten in ein Grau über. Das Fell ist sehr dicht, was nicht verwunderlich ist, lebt er doch in Höhen von viertausend Metern in Tibet und Nepal.

Etwas kleiner, da in den warmen Gebieten Indiens lebend, ist mit sechsundzwanzig bis achtundzwanzig Zentimeter Schulterhöhe der **Bengalfuchs** (Vulpes bengalensis). Eine schwarze Schwanzspitze sowie ein schwarzer Fleck an den Mundwinkeln zeichnen ihn aus. Seine Färbung ist dem Tibetfuchs ähnlich, doch etwas heller und mit mehr Grau im Fell. Er paßt sich jeder Landschaftsform an. Diese Anpassungsfähigkeit mag auch bewirken, daß er sich leichter als seine Verwandten dem Menschen anschließt.

Der Kleinste aus der Gruppe der Rotfüchse ist der offenbar nur auf den Iran, auf Afghanistan und Pakistan beschränkte

Afghanfuchs (Vulpes canus), auch Canafuchs geheißen. Es ist nicht sicher erwiesen, ob er auch weiter nördlich, also in Turkmenien und Tadschikistan vorkommt oder dort nur »Irrläufer« ist. Am Rücken dunkler, an den Seiten heller ist seine ziemlich veränderliche Färbung im allgemeinen graubraun bis grauocker, mit silbrigem Anflug. Auffallend sind die großen Ohren, die neun Zentimeter lang werden. Das ist viel für einen Fuchszwerg von höchstens achtundzwanzig Zentimeter Schulterhöhe, die die Folge seiner Kurzbeinigkeit ist – der Afghanfuchs hat die kürzesten Beine unter allen Rotfüchsen.

Diese drei Arten haben vor allem eines gemeinsam: man weiß, daß es sie gibt und wo sie leben – aber wie sie leben, weiß man nicht. Es ist jedoch nicht anzunehmen, daß sich ihre Lebensweise wesentlich von der unseres Rotfuchses unterscheidet.

Hier kann man nun weitere vier kleine, ebenfalls großohrige Füchse anreihen, von denen drei in Afrika leben. Von Norden nach Süden gehend, ist der erste Afrikaner der

Sandfuchs (Vulpes rueppelli), der außerdem noch Sinai, ganz Arabien, Iran und die angrenzenden Teile von Afghanistan und Pakistan bewohnt – also den ganzen afroasiatischen Wüstengürtel, der einstmals fruchtbares Steppenland gewesen ist. Besonders Steinwüsten mag dieser kleine, oberseits zimtfarbene, an den Körperseiten gelblichgraue Großohrfuchs, der dem Fennek ähnelt, aber anderen Merkmalen nach eher an die asiatischen Rotfüchse anschließen dürfte. Seine helle Färbung ist als Anpassung an den Lebensraum zu verstehen, ebenso seine geringe Größe, mit fünfundzwanzig bis achtundzwanzig Zentimeter Schulterhöhe, bei einem Gewicht von drei Kilogramm, was einen zierlichen Körperbau verrät. Wieder ein Fuchs, von dem man nicht viel mehr weiß, als daß es und wo es ihn gibt. Wie schade, daß mein Fuchs kein Sandfuchs gewesen ist!

In den Savannengebieten südlich der Sahara bis in den Sudan lebt die kleinste afrikanische Form der Großohrfüchse, der

Blaßfuchs (Vulpes pallida). Er unterscheidet sich vom vorigen, der eine weiße Schwanzspitze hat, durch sein schwarzes Luntenende und ist außerdem wesentlich heller, sandfarben.

Der dritte im Bunde ist schließlich wieder ein Bewohner von Wüsten-

und Savannengebieten, diesmal aber im Westen des südlichen Afrikas. Es ist der etwa dreißig Zentimeter hohe

Kamafuchs (Vulpes chama), etwas dunkler als seine Vettern, ausgezeichnet vor allem durch den silbergrauen Rücken. Alle diese afrikanischen Großohrfüchse – wie auch der mitunter ihnen zugerechnete Fennek – zeichnen sich vor allem dadurch aus, daß sie die unwirtlichsten Gebiete des Kontinents – ähnlich wie die drei asiatischen Rotfüchse – bewohnen. Sie sind allesamt vorwiegend Einzelgänger, auf der Jagd nach Kleingetier, wie Insekten, Echsen, Mäusen. Die Afrikaner sind dabei vorwiegend Nachttiere – womit auch die großen Ohren zu erklären sind. Sie besiedeln also jene »ökologische Nische«, jenen Leerraum, der für größere Caniden wie die Schakale und die Hyänenhunde, aber auch für größere Beutetiere wie die Großkatzen, die mehr und größere Beute brauchen, uninteressant ist.

All diese »Großen« gehören in die fruchtbaren Gebiete Afrikas, wo es Wild in Hülle und Fülle gibt – beziehungsweise einstmals gegeben hat, ehe der Mensch das Gleichgewicht störte.

Nun bleibt uns noch ein »Großohrfuchs« übrig, der aber ein Nordamerikaner ist und sicher keine engere Verwandtschaft zu den Afrikanern besitzt. Vielleicht ist er eher der Gattung der Fennek zuzurechnen. Gemeint sind die Kittfüchse, von denen es zwei Arten gibt. Die erste ist der

Swift-Fuchs (Vulpes velox) aus dem östlichen Teil Nordamerikas, im Norden bis nach Südkanada gehend. Sehr nahe verwandt ist mit ihm der **Großohr-Kittfuchs** (Vulpes macrotis), so daß man neuerdings allenthalben bezweifelt, daß es sich wirklich um zwei Arten handelt und meint, besser daran zu tun, sie als geographisch getrennte Unterarten einer Art aufzufassen.

Zusammengenommen, werden etwa zehn Unterarten, je nach dem Lebensraum, unterschieden, wobei hier wieder Färbungsunterschiede auftreten – rötlichgelb, graugelb, hell-isabell- und sandfarben. Die südlichsten Kittfüchse – in Mexiko etwa – sind entsprechend der warmen, trockenen Lebensräume die hellsten.

Die Kittfüchse verbringen die Zeit der Helligkeit untertags, das heißt in Erdlöchern. Sie sind Nachttiere. Ihr Bau kann mehrere Ausgänge haben. Wird ein Kittfuchs dennoch aufgestöbert, soll er im Zick-Zack-Lauf flüchtend auf kürzere Distanzen zu den schnellsten Hundeartigen gehören. Säugetiere bis Hasengröße, aber auch sonst alles Kleingetier bis herab zum Insekt gehören zu ihrer Nahrung, sicher auch Pflanzenkost.

Damit haben wir die acht bis neun Vulpes-Arten aufgezählt und beschrieben. Alles in allem sind sie sehr anpassungsfähige Arten mit nur geringer Radiation – das bedeutet, daß ihre sicherlich gemeinsame Stammform wohl auch nicht viel anders ausgesehen hat und sie sich alle ziemlich ähnlich geblieben sind – nicht nur hinsichtlich des Körperbaues, sondern auch hinsichtlich ihrer Lebensgewohnheiten und ihrer Verhaltensweisen. Wichtig erscheint mir dabei, daß die Welpen keine eigentliche »Erziehung« als Vorbereitung für das Leben genießen – wozu auch? Sie verlassen, kaum halbjährig (Ausnahmen mögen vorkommen) ihre Eltern, um, jeder für sich, eigene Wege zu gehen.

Wenn Fuchswelpen vor dem Bau spielen, tun sie das nur untereinander, gewöhnlich unter Aufsicht eines Alttieres. Das Auffinden und Erbeuten der Nahrung, die ja nur aus Kleintieren besteht, bedarf keiner besonderen Anleitung. Was genießbar ist, erfahren sie aus der von den Alttieren eingetragenen Nahrung. Der Mäusefangsprung – das wichtigste, was sie können müssen – ist eine angeborene Verhaltensweise. Das braucht man also nicht zu lernen, ebensowenig, wie das unsere Hunde lernen müssen, die das freilich nicht so elegant können wie der viel geschmeidigere, katzengleiche Fuchs. Und alles andere, was freßbar ist, findet man ohnehin unterwegs. Strenge Rudeldisziplin erübrigt sich. So sind die Füchse ein Modell eines prä-sozialen, also ursprünglichen Verhaltensmusters. Dank ihrer hohen Intelligenz können sie im Laufe des Lebens, je nach Örtlichkeit, dazulernen, was es noch für Möglichkeiten gibt, den Lebensunterhalt zu bestreiten. So sah ich einen Fuchs nachts ziemlich regelmäßig um dieselbe Zeit eine Müllhalde absuchen. Andere Füchse lernen, daß die Hühner eines Bauernhofes am Ortsrande leichter zur Beute werden als die mitten im Dorf, wo die Hunde Alarm schlagen.

In der Grubmühle hatte ich einen »Hoffuchs«, der allnächtlich an den Hangzwingern vorbeiwanderte. Infolge des abschüssigen Geländes rollte so mancher brauchbare Futterbrocken bis an das Gitter – den holte sich der Fuchs heraus. Meine Hunde kannten ihn offensichtlich und schlugen nie an. Bei Neuschnee, in einer mondklaren Nacht konnte ich vom Fenster aus beobachten, wie er mit einem fünfköpfigen Trupp halbwüch- 63 siger Hunde, die freilaufen durften, sehr vergnügt spielte, wobei es ihm eine besondere Freude zu machen schien, über den Rücken einzelner Hunde zu springen – also, der hatte keine Tollwut!

Wir sind noch nicht ganz am Ende mit den »Fuchsartigen«. In Afrika, und zwar an einigen Stellen des Hochlandes von Inner-Äthiopien, lebt noch ein Canide, dessen Stellung in der Systematik bis heute umstritten ist. Ursprünglich hatte man ihn für einen hochspezialisierten Vertreter der Füchse gehalten, heute neigt man mehr dazu, in ihm eine Übergangsform zur Gruppe der »Wolfsartigen« zu sehen, oder für eine durch besondere Anpassungen abgewandelte Schakalform. So findet man dementsprechend im Schrifttum verschiedene Gattungsnamen oder stellt ihn in den Rang einer Untergattung von Canis. Solange das nicht geklärt ist, will ich hier seinen vielfach im Schrifttum zu findenden Gattungsnamen belassen und ihn als

Abessinischer Schakalfuchs (Simenia simensis) bezeichnen. Das läßt alle Möglichkeiten offen, auch wenn nur wenig Hoffnung besteht, daß man diese von der Ausrottung bedrohte Tierart genauer wird erforschen können. Einige Schädel und Felle gibt es in den Museen, aber kaum die Möglichkeit, den Schakalfuchs im Freileben und in Gefangenschaft zu beobachten. Gerade darüber wissen wir kaum etwas; angeblich soll er sich von kleinen Nagern ernähren, die er anspringt – wie das jeder Hund im Prinzip tut. Dazu dient ihm wohl auch der ungewöhnlich lange und schmale Fang, der ihm ein fuchsartiges Gepräge verleiht. Als Kleintierjäger weist ihn auch die nur schwach entwickelte Brechschere aus. Der Abessinier ist ein ungewöhnlich schöner Canide. Mit fünfzig Zentimeter Schulterhöhe (anderen Angaben nach sogar 60 Zentimeter) ist er recht stattlich, dabei schlank und hochbeinig, wenn auch nicht so extrem wie der südamerikanische Mähnenwolf, mit dem er eine gewisse äußere Ähnlichkeit zeigt. Wie jener ist auch er leuchtend rotgold gefärbt (weswegen sein Fell sehr geschätzt wird!), und ebenso zeichnen ihn sehr große Ohren aus. Hier haben wir also gewisse Konvergenzen, offenbar entstanden aus gleichartigen Anpassungen, wie Leben im Grasland und Erbeuten von Kleinsäugern. Zwei besonders auffallende Unterschiede gibt es: der Mähnenwolf hat eine weiße, der Schakalfuchs eine schwarze Schwanzspitze; und ferner, er hat keine schwarzen Beine wie der Südamerikaner, sondern eher aufgehellte Beine – was schließen läßt, daß seit langer Zeit Trockengebiete seine Heimat sind. Sicherlich hatte er

Der europäische Goldschakal zeichnet sich vor allem durch die kurzen Ohren und den abgestumpften Schwanz aus. Er dürfte weitgehend ausgerottet sein.

»Balthasar« wurde 1974 in der Forschungsstation der Gesellschaft für Haustierfor-
schung als Sohn eines europäischen Goldschakals geboren; seine Mutter war ein
Mischling zwischen einem Dingo und einer norwegischen Elchhündin.

einmal eine viel weitere Verbreitung gehabt und ist erst in jüngerer Vergangenheit auf die Hochländer abgedrängt worden.

Hier müßten nun die Schakalartigen angereiht werden, ich möchte zunächst aber noch zwei Gattungen anführen, die wahrscheinlich zueinander in engerer Beziehung stehen.

Die erste ist wieder in Afrika zu Hause, und zwar in sämtlichen Savannen- und Steppengebieten dieses Kontinents. Es ist der **Hyänenhund** (Lycaon pictus), so geheißen, weil er einen verhältnismäßig gedrungenen, kräftig erscheinenden Kopf hat, der entfernt etwas an den einer Hyäne erinnert. Ein kurzer Fang mit kräftigen Fangzähnen, großen, dicht gestellten Vorbackenzähnen, eine mächtige Brechschere – das alles deutet darauf hin, daß wir es hier mit einem Beutejäger zu tun haben, der sich auf Großwild mit starken Knochen spezialisiert hat. Ich möchte wirklich nicht meine Hand zwischen diese gewaltigen Kiefer legen – ein Hundebiß muß das reinste Vergnügen dagegen sein.

Dabei sind diese gelegentlich bis siebzig Zentimeter hohen »wild hunting dogs« recht friedliche Tiere. Natürlich erzählt man sich an den Lagerfeuern ähnlich blutrünstige Geschichten von ihnen wie bei uns von den Wölfen. Für Wildbeuter und Viehtreiber sind eben alle Tiere, die sich auch von Fleisch ernähren, von Natur aus böse.

Dazu sei die Lektüre des Buches »Unschuldige Mörder« von Hugo und Jane van Lawick-Goodall dringend empfohlen. Das auch aus einem anderen Grund: Das Sozialverhalten dieser »Bestien« ist so hoch entwickelt, daß selbst die von mir in dieser Richtung so gepriesenen Wölfe noch davon lernen könnten! Sie sind gewissermaßen in diesem Punkt noch »fortschrittlicher«, noch höher spezialisiert – genau wie ihr hyänenstarker Schädel gegenüber dem eines Wolfes. Hierzu Konrad Senglaub: »Das Rudel bildet eine enge Gemeinschaft, und alle erwachsenen Tiere beteiligen sich an der Fütterung der Jungen mit vorgewürgter Nahrung, auch die Rudelmitglieder, die an der Jagd nicht teilnahmen, erhalten Futter. Offensichtlich werden neben Jungtieren auch geschädigte und alte Tiere von den Rudelmitgliedern unterstützt.«

Natürlich gibt es das auch bei Wölfen. Doch sind diese nicht ganz so erfolgreiche Beutetierjäger wie die Afrikaner, die gewissermaßen aus dem Vollen schöpfen können, wenn man an die großen Pflanzenfresserherden der Zebras oder Gnus denkt. Für den Wolf ist der Tisch karger gedeckt, und so sind seine sozialen Rudelbeziehungen von strengerer Disziplin und teilweise größerer Härte geprägt, wie wir noch sehen werden. Aber grundsätzlich treffen wir auf sehr gleichartige Verhaltensweisen, was einerseits auf einer näheren Verwandtschaft beruhen wird (beide Gattungen dürften sich an der Wende vom Pliozän zum Pleistozän getrennt haben), andererseits auch in manchen Punkten als konvergente Entwicklung gedeutet werden kann. Auffallend ist, daß das Mienenspiel des Wolfes bei weitem ausdrucksvoller ist als die Mimik des Hyänenhundes.

Es sei noch nachgetragen, daß die individuelle Variation beim Hyänenhund alles übertrifft. Jedes Tier eines Trupps ist anders gefärbt als das andere, wobei hinzukommt, daß die meisten von ihnen ein mehr oder weniger stark ausgeprägtes Muster aufweisen, und zwar vor allem in Form weißer Flecken. Es kann angenommen werden, daß sich die einzelnen Tiere daran erkennen, zumal, wenn man bedenkt, daß der Afrikaner im Gegensatz zum Wolf und dessen nächsten Verwandten vorwiegend optisch orientiert ist. Daher sucht er auch die Beute niemals mit der Nase, sondern mit den Augen. So kann man sich auch vorstellen, daß der individuelle Körpergeruch eine geringere Rolle spielt als die individuelle Färbung und Musterung.

Etwa zur selben Zeit, als sich die Hyänenhunde von den Schakalartigen und Wolfsartigen abspalteten, also im Übergangsbereich vom Pliozän zum Pleistozän, zweigten auch die in drei Arten erhaltenen Rothunde Asiens von dem gemeinsamen Stamm ab. Wie erwähnt, werden sie auch als die nächsten Verwandten der Hyänenhunde angesehen, doch sagt man ihnen nach, daß sie anstelle von zweiundvierzig nur vierzig Zähne aufweisen. Theodor Haltenorth hat bereits 1958 in seinem Büchlein über Rasse- und Wildhunde angegeben, daß die Rothunde zweiundvierzig Zähne haben. Ich habe selbst zwei einwandfrei beschriftete Schädel der Zoologischen Staatssammlung aus Java in der Hand gehabt und -zigmal nachgezählt. Irrtum ausgeschlossen – es waren zweiundvierzig. Da die Rückbildung des dritten unteren Molaren wohl erst sehr spät eingesetzt hat, wäre denkbar, daß er bei der am wenigsten spezialisierten Form der Rotwölfe aus dem äußersten Süden des Verbreitungsgebietes bisweilen noch erhalten geblieben ist.

Dieses Verbreitungsgebiet umfaßt von Indien bis China den größten Teil Asiens und reicht, wie erwähnt, bis Java einschließlich Sumatra. Elf Unterarten unterscheidet man heute – früher teilte man die Rotwölfe in drei Hauptarten auf: den »Alpenwolf« der zentralasiatischen Hochlän-

der, den »Kolsun« Indiens und den »Adjak« in Hinterindien und den genannten Sunda-Inseln. Diese drei Grundformen sind im Aussehen so verschieden, daß man sie nicht gemeinsam schildern kann. Ich stelle hier also
kurz die Unterarten einzeln vor, wobei ich unterstelle, daß die übrigen Unterarten einmal mehr dieser, einmal mehr jener »Leitform« ähnlich sehen. Als Unterarten führen sie drei Namen, das liest sich dann so:
Java-Rothund (Cuon alpinus javanicus). Das ist also die südlichste
Form, die heute wahrscheinlich ausgerottet ist. Der Adjak, wie er in seiner
Heimat genannt wurde, ist wohl die kleinste Rothundform mit etwa
vierzig Zentimeter Schulterhöhe. Der Brehms-Tierleben-Illustrator Müt-
zel hat nach einem Exemplar, das einst im Zoo von Amsterdam gelebt hat,
eine Zeichnung angefertigt, die eine derartige Dingo-Ähnlichkeit zum
Ausdruck brachte, daß ich hätte schwören wollen, es müßten hier
verwandtschaftliche Beziehungen bestehen. Aber schon der Vergleich der
Schädel erweist, daß dies nicht der Fall sein kann, auch wenn man die
Färbungsgleichheit – beide gelb- bis roströtlich – einbezieht. Noch
stärker überzeugt von der Unhaltbarkeit einer solchen Annahme war ich,
als ich vor wenigen Jahren erstmals lebende Rothunde sah, offensichtlich
von der Form des
Kolsun (Cuon alpinus dukhunensis). Schon beim ersten Anblick konnte
es für mich keinen Zweifel mehr geben, daß dies kein engerer Wolfsver-
wandter sein kann, eher wirkten diese Tiere wie Hyänenhunde auf mich.
Alle Bewegungen, der kaum einen Ausdruck zeigende Gesichtsteil des
Kopfes und manches andere – wie etwa die Ohrform – zeigten, daß es sich
um keinen Angehörigen der engeren Wolfs-Schakal-Gruppe handeln
kann. Solche Dinge können oft mehr sagen als die subtilsten Schädeluntersuchungen.
   Wie man schon behauptet hat, daß der Adjak mit Eingeborenenhunden
verkreuzt worden sei, so hat man auch gemeint, daß gewisse zentralasiati-
sche Hirtenhunde mit dem
Alpenwolf (Cuon alpinus alpinus) verkreuzt worden seien. Als Forscher
fällt man auf solche Dinge immer gern herein, weil es doch außerordentlich interessant ist. Aber es kann nicht sein, auch wenn der wegen seiner
Schulterhöhe von fünfzig Zentimeter »Wolf« genannte Rothund ein an
Hirtenhunde erinnerndes zottiges Fell aufweist. In seiner Färbung ist er
wesentlich heller als die zuvorgenannten Formen, mehr fahlgelb als
rostfarben, teilweise graugelb. Er ist ein Bewohner der Bergländer

Zentralasiens, mit seinem Fell besonders durch die starke Ausbildung der Unterwolle gut angepaßt.

Die Rothunde sind ausgeprägte Rudeljäger und haben damit – soweit das bekannt ist – ein hochentwickeltes Sozialverhalten. Natürlich erzählt man sich über sie wieder die gleichen Schauergeschichten, die sich alle größeren Rudeljäger gefallen lassen müssen. Dabei verschonen sie die Nutztierherden des Menschen, weil sie um die vom Menschen okkuppierten Lebensräume einen großen Bogen machen. Sie scheinen noch scheuer zu sein als alle anderen Caniden. Bemerkenswert ist noch, daß die Rothunde, anders als die Hyänenhunde, ihre Beute mit der Nase suchen und so auch am Boden verfolgen, was sie nicht gerade zu den Schnellsten macht. So sollen sie auch keine überwältigenden Jagderfolge haben. Es heißt, daß von zwanzig Jagdversuchen nur vier erfolgreich sind.

So haben wir nun die ganze Formenfülle der Hundeartigen aufgezeigt, mit Ausnahme derer, die wir an den Schakalfuchs als »Schakalartige« und »Wolfsartige« anreihen können. Diese beiden Gruppen haben sich wahrscheinlich erst im Pleistozän soweit getrennt, daß sie heute nicht mehr verbastardierbar sind, offenbar auch untereinander nicht mehr, da sich doch ihr Verbreitungsgebiet stellenweise überschneidet.

Auch der zu den Wolfsartigen zählende Goldschakal – ebenfalls benachbart mit den Schakalartigen – ist mit ihnen nicht verkreuzbar. So scheint es gerechtfertigt, die Schakalartigen Afrikas als eigene Gattung anzuführen, wenngleich mit dem Vorbehalt, daß dies eine mehr künstliche als stammesgeschichtlich richtige Gruppierung sein könnte.

Als ersten nehmen wir uns den in Afrika am weitesten verbreiteten **Streifenschakal** (Thos adustus) vor. Dieser fünfundvierzig Zentimeter Schulterhöhe messende Wildhund kommt in den Savannen südlich der Sahara vom westlichen bis zum östlichen Ende Afrikas vor, geht dann durch die Steppengebiete des Ostens südwärts und, nördlich der Kalahari, westwärts bis Angola und Südkongo. Er zieht deckungsreiches Gelände der offenen Grassteppe vor, wobei er als ausgeprägter Kleintierjäger ein vorwiegend nächtliches Leben führt und nur selten in kleinen Familienverbänden anzutreffen ist. Auch Pflanzenkost gehört zu seinem Speisezettel. Ein deutlich abgesetzter schwarzer Seitenstreif – individuell mitunter aufgeblaßt – gibt ihm seinen Namen. Die Grundfärbung ist bräunlichgrau, ziemlich hell.

68

Der andere Vertreter dieser Verlegenheitsgruppierung ist der **Schabrackenschakal** (Thos mesomelas), mit zwei getrennten Verbreitungsgebieten. Das eine umfaßt Abessinien und Ostafrika, das andere Südafrika, dort im wesentlichen – von Überschneidungszonen abgesehen – südlich vom Verbreitungsgebiet der vorigen Art bleibend. Er ist etwas kleiner und weniger hochläufig, außerdem noch großohriger. Sein unverwechselbares Hauptmerkmal ist aber die »Schabracke«, eine weit auf den Rumpf herabreichende schiefergraue Rückenfärbung, die scharf von der rötlichen Färbung des übrigen Körpers abgesetzt ist. Diese Art ist nicht so ausgeprägt nachtaktiv wie der Streifenschakal, sondern auch tagsüber oft zu beobachten. Überreste von Löwenmahlzeiten sucht er ebenso auf, wie er sich mit Kleintieren begnügen kann. In kleinen Verbänden jagt er gelegentlich auch auf kleine Antilopen, vergreift sich außerdem auch an Haustieren passender Größe – Schafen etwa.

Unterwerfungsverhalten eines untergeordneten Wolfes

Damit sind wir nun ans Ziel gekommen – nämlich zu den allernächsten Verwandten unserer Hunde – Goldschakal, Kojote und Wolf. Das sind die drei Vertreter der eigentlichen Gattung Canis, die uns natürlich vorrangig interessieren müssen und mit denen der Hauptteil dieses Buches im folgenden Kapitel beginnen soll.

4. Die eigentlichen Hunde

Die »eigentlichen Hunde« – also die drei Vertreter der Gattung »Canis« im engsten Sinne – sind eigentlich noch gar keine Hunde. Wir haben uns so daran gewöhnt, daß Pinscher, Dackel, Doggen, Pudel, Münsterländer oder Bernhardiner Hunde sind, daß wir kaum noch begreifen können, daß auch Schakale, Kojoten oder gar Wölfe ebenfalls Hunde sind.

Es ist erstaunlich, daß bereits vor mehr als zwei Jahrhunderten der Systematiker Carl von Linné, der sich seinerzeit Carolus Linneus genannt hat, das erkannte, ehe die Wissenschaft Chromosomen, vergleichende Anatomie oder gar Immunitätsbiologie und Paläontologie kannte. Er aber hat mit scharfem Blick die Ähnlichkeiten erkannt und die drei Formen – zusammen mit unseren Haushunden – in die Gattung Canis gestellt. Dabei muß man bedenken, daß der Carolus Linneus noch der Meinung war, der liebe Gott habe in seinem Sechstagewerk alle Tiere einzeln erschaffen, und extra zum Nutzen des Menschen die einzelnen Haustiere.

Heute wissen wir, daß sich der Mensch seine Haustiere selber gezüchtet hat. Man darf sogar annehmen, daß unsere Vorfahren ganz ungewöhnlich gescheit waren. Wie hätten sie sonst aus dem Ur die Kuh, aus dem Wildschwein das Hausschwein, aus Wildpferden brave Hauspferde und aus Wölfen liebenswerte Hunde machen können?

Diese Veränderbarkeit wird uns noch beschäftigen, und zwar in dem Kapitel über die Entwicklung des Wolfes zum Haushund. Veränderbarkeit aller Lebensformen, ob Pflanze, Tier oder Mensch – Carolus Linneus hat davon noch nichts gewußt. In der Geschichte der Menschheit tauchten zwar schon sehr früh solche ketzerischen Gedanken auf, nach heutigem Wissen noch sehr naiv. Aber erst der Naturforscher Charles Darwin – der auch der erste wirkliche Haustierforscher war – kam in der Mitte des vorigen Jahrhunderts der Veränderbarkeit allen Lebens auf die Spur.

Man ist sich heute einig, daß die Goldschakale, Kojoten und Wölfe ganz eng verwandt sind. Wie eng, ist freilich ein Stückchen des babylonischen Turmes unserer zoologischen Sprachverwirrung. Dazu Hans von Lengerken: ».. . wenn man die Schakale als das betrachtet, was sie in Wirklichkeit sind, nämlich kleine Wölfe ... Ein junger Coyote ... ließ sich bereits nach viertägiger Gefangenschaft streicheln. So schnell gewöhnen sich Wölfe von Natur aus an den Menschen.«

Wenn man alle drei Tierformen gut – aber noch nicht überaus gut – zu kennen meint, möchte man das gern glauben. Lebt man aber kürzere oder längere Zeit mit ihnen zusammen, lernt man sie zusätzlich in Tiergärten kennen, und sieht man brillante Fotos in Farbe aus der Neuzeit, dann glaubt man doch lieber jenen Forschern, die sich mit den drei Canis-Arten intensiver befaßt haben, vor allem auf freier Wildbahn. So wurden in den USA rund neunzig einzelne Verhaltensstudien an Kojoten angestellt – ich komme noch darauf zurück. Es gibt viele Beobachtungen an Goldschaka-len, darunter die von Lawick-Goodall; schließlich die kaum noch übersehbare Zahl der Studien an Wölfen, die in Europa, Asien und Amerika angestellt worden sind.

Grundsätzlich bin ich auch dafür, daß man sich die Dinge nicht zu einfach macht. Ich glaube aber nicht daran, daß man wie die Forscher Stanley P. Young und Edward A. Goldman (1944) allein die Wölfe Nordamerikas in zwei Arten aufteilen kann, um bei der Hauptart Canis lupus gleich einundzwanzig Unterarten zu differenzieren, bei der anderen Art – Canis niger – aber nur drei.

Wäre das richtig, dann müßte man auch die eurasischen Wölfe als ganz andere Art abtrennen und in mindestens fünfzehn Unterarten aufglie-dern. Denn jedermann, der schon einige Male eurasische Wölfe gesehen hat, wird ohne große Mühe einen Wolf aus Nordamerika davon unterscheiden können.

Aber um der Wahrheit die Ehre zu geben: Wenn jemand von mir, der ich Wölfe beider genannten Regionen gehalten habe, verlangen würde, ihm klar zu erklären, wie man sie auseinanderhält – ich käme in Verlegenheit. Meine bescheidene Antwort wäre: »Die Amerikaner sind anders als die Eurasier . ..« Ich könnte zögernd noch hinzusetzen, daß mir das Mienenspiel der Amerikaner nicht ganz so ausgeprägt »vorkommt« wie das der Eurasier. Von den amerikanischen Wölfen kenne ich am besten die schwarzen Timberwölfe – von den eurasischen nur »Wolfsfar-bene«, die so eine hübsche Gesichtszeichnung haben. Vielleicht habe ich mich durch das einfarbig schwarze Gesicht der Timberwölfe zu falschen Schlüssen verleiten lassen.

Wie dem auch sei – ich bin von den oben genannten Autoren und den abgebildeten neunundvierzig Wolfsschädeln nicht sonderlich beeindruckt. Diese Knochen haben zwar keine Mimik, und keiner sieht aus wie der andere – aber das tun Schädel nie, ob sie von Mäusen, Pferden oder eben Wölfen stammen. Der Schädel eines weiblichen Tieres sieht nun einmal grundsätzlich anders aus als der Schädel eines männlichen, der Schädel eines dreijährigen Tieres anders als der eines siebenjährigen gleichen Geschlechts, und der Schädel eines Tieres, das in seinen Wachstumsphasen schlechte Ernährungsbedingungen zu überstehen hatte, sieht trotz gleichen Alters und gleichen Geschlechts wieder anders aus als der eines Tieres, das unter optimalen Lebensbedingungen herangereift ist.

Aber das ist noch lange nicht alles, was man den Schädel-Systematikern ins Stammbuch schreiben sollte. Ich habe in meinem Buch »Hunde ernstgenommen« das Foto zweier Dingo-Geschwister gezeigt. Der linke, der wie ein Baby aussieht, ist unter dem psychischen Druck einer Rudelgemeinschaft und unter anderen Futterbedingungen aufgewachsen als der rechte, der mit fünf Wochen entfernt worden ist. Er wurde im Max-Planck-Institut für Verhaltensphysiologie in Seewiesen bei Wolfgang von de Wall – sozusagen unverklemmt – groß. Wer das Foto genau betrachtet, wird kaum glauben, daß es sich um zur selben Stunde geborene Geschwister vom selben Vater und derselben Hündin handelt.

Nehmen wir an, man könnte mit Dingos auf Hundeausstellungen gehen, um sie dem strengen Richterauge vorzuführen. Wie hätte der Richter wohl nach ein oder zwei Jahren den linken und wie den rechten Dingo beurteilt. Beide hatten sie dasselbe Erbgut. Nur – der eine konnte sich besser entwickeln. Dennoch hat der Kleine genau dasselbe Erbgut – nur ungünstige Umweltverhältnisse.

Erbgut kann nur unter optimalen Lebensbedingungen zur vollen Entfaltung kommen, auch was das Erscheinungsbild des Hundes betrifft, den Phänotypus. Der aber sagt nichts, überhaupt nichts über die Erbanlagen aus, wenn die optimalen Aufzuchtbedingungen nicht gegeben waren.

Genauso ist es bei den Wölfen und jedem Tier. Schon als kleiner Junge zog ich Schmetterlingsraupen mit viel und die anderen mit wenig Futter auf. Erfolg: Die Puppen der einen brachten schöne, große Falter, die anderen kleinere, unansehnlichere.

Wenn ich also den Schädel einer erwachsenen Wölfin aus Tanana (Alaska) mit dem Schädel eines halberwachsenen Rüden aus der Kachemak Bay (auch Alaska) vergleiche, dann schauen die beiden zugegebenermaßen recht unterschiedlich aus. Aber nun deswegen daraus zwei Unterarten (Canis lupus pambasileus Elliot, Canis lupus alces Goldman) zu machen – das ist in meinen Augen naiv. Daran ändert sich auch nichts, wenn zusätzlich noch ein Schädel eines erwachsenen Rüden der ersteren und ein erwachsenes Weibchen der anderen Form zusätzlich abgebildet werden.

Ich werde mich hier deshalb bemühen, soweit vertretbar, unterschiedliche Wolfsformen und unterschiedliche Schakalformen vorzustellen, auch zu zeigen, daß Kojoten anders sind.

Wölfe, Kojoten und Schakale sind drei eng verwandte Arten, die da und dort sicher auch ihre Sonderformen haben.

Halten wir auch fest, daß sie einander viel ähnlicher sind als alle im vorigen Abschnitt genannten Formen ihnen gegenüber. Nur sehr erfahrene Anatomen und Paläontologen können sie in manchen Merkmalen – etwa bei den Zähnen – auseinanderhalten. Überdies können dies die Indianer oder Trapper, die nie in Zweifel kommen, ob sie einen Wolf oder einen Kojoten vor sich haben, und genau so können das die Völker Eurasiens, wenn es um Wolf oder Goldschakal geht. Sie können sie sogar am Klang der Stimme unterscheiden.

Die Lautgebung gehört schon in den Bereich der Verhaltensforschung. Für den Verhaltensforscher offenbaren sich die drei Verwandten recht deutlich in unterschiedlichen Lebensformen, in ihren Bewegungen, ihrem Auftreten, ihrem Sozialverhalten.

Das ist ein wirklich interessantes Phänomen. Da hat z. B. jemand die Lebensgewohnheiten, das Verhalten, eines Insektes beschrieben, das unter dem Namen »Grabwespe« bekannt ist. Ein anderer hat das auch getan, allerdings nicht in Südfrankreich, wie der erstere, sondern in Holland. Es stellte sich heraus, daß beide verschiedene Resultate hatten. Darauf haben Insektenfachleute die Tierchen aus dem Süden und die aus dem Norden noch einmal genau untersucht. Dabei entdeckten sie etwas, daß es auch im Körperbau wichtige Unterschiede gibt, die das Verhalten mitbestimmen. Hier war die Brille der Verhaltensforscher schärfer.

Oder ein anderes Beispiel: Die Systematiker hatten sich oft darüber auseinandergesetzt, ob und wie man den Biber Eurasiens von dem Nordamerikas unterscheiden könne. Man konnte das nie genau definieren. Erst in jüngster Zeit verglich ein Schweizer Gehirnforscher die Gehirne – sie waren eindeutig verschieden! Ich glaube nicht, daß ich die Zähne eines kleineren Wolfes von denen eines Kojoten oder eines großen Goldschakals ohne weiteres unterscheiden könnte. Aber deren drei Gehirne sind, bei aller äußerlichen Ähnlichkeit, in den meisten anatomischen Merkmalen unverwechselbar.

Was heißt das nun? Das heißt, daß die Veränderbarkeit der Lebensformen nicht beim Bau der Krallen, bei der Färbung des Felles oder der Grundform des Herzens beginnt. Sie beginnt in der Verhaltensanpassung an veränderte Lebensbedingungen.

Wir kennen genug Beispiele. Da wurden z. B. Affen auf einer Insel ausgesetzt. Einer von ihnen kam dahinter, daß die Früchte viel besser schmecken, wenn man sie ins Meerwasser am Gestade taucht. Er machte es von da an immer wieder. Die anderen Affen sahen ihm das ab, versuchten es auch, kamen zu demselben Schluß. Es entstand etwas, das wir zunächst als Tradition, als einfache Überlieferung betrachten. Das ist natürlich nicht erblich. Wenn ich hundert aufeinanderfolgenden Generationen von Hunden, deren Ahnen »Sitz« und »Platz« beigebracht bekommen haben, das immer weiter beibringe, wird das nicht erblich, wie das manche Hündezüchter alter Schule gern hätten und immer noch meinen.

Aber etwas anderes geschieht. Ich werde – vielleicht ganz unbewußt – lieber mit jenen Hunden weiterzüchten, die schneller lernen als andere Nachkommen. Das bedeutet, daß ich eine Auslese auf erhöhte Lernfähigkeit betreibe.

So betreibt auch die Natur ihre Auslese – sie bevorzugt jene, die sich besser und schneller anpassen können. Die haben dann eben mehr Fortpflanzungs-Chancen. Nachdem aber alles Lernen eine Funktion des Gehirnes ist, muß das Gehirn dabei mitspielen. Es muß Veränderungen entwickeln, die solche Lernprozesse begünstigen. Zur Fortpflanzung kommen also im verstärkten Maße jene, bei denen solche Gehirnabschnitte, die jenen Lernprozessen dienen, sich stärker entwickeln.

Ich weiß, das rückt mich verdächtig nahe an jene vordarwinistische Vorstellung, die man nach ihrem Begründer Lamarck bis heute »Lamarckismus« nennt. Er meinte nämlich, daß die Giraffe deswegen einen so langen Hals entwickelt habe, weil das die Höhe der Bäume erfordert habe, von denen sie äsen wollte.

So einfach geht das freilich nicht. Aber eines ist wohl sicher: das Gehirn aller Wirbeltiere – auch das des Menschen – hat Reserven, die dem Lernen dienen. Manche Menschen nützen das freiwillig aus, manche Menschen nur unter Zwängen, manche Menschen fast nicht. Das hängt von den Umweltverhältnissen ab und ebenso davon, was sie dazulernen, sobald sie die Zwänge der Schule verlassen haben.

Die intelligenteren, fortschrittlicheren und damit anpassungsfähigeren Tiere haben eine größere Vermehrungsquote. Es vererbt sich also die Veranlagung, leistungsfähigere Gehirnzentren für anpassungsgemäße Lernfähigkeiten zu entwickeln.

So gehen also erste Verhaltensanpassungen und Weiterausbau des Zentralnervensystems Hand in Hand, und ehe sich andere körperbauliche Strukturen verändern, sozusagen nachfolgen, haben Verhalten und Gehirn die ersten Schritte zum Überleben in andersgearteten Lebensräumen getan.

Es ist ja nicht so, daß von einem zum anderen Tag aus einem feuchttropischen Urwald eine trockene, kalte Halbwüste wird. Beispiele beweisen uns, daß bei sehr schnellen Umweltveränderungen – wie sie vor allem der Mensch ganz meisterhaft schafft – die Tierwelt nicht folgen kann und ausstirbt. Man kann einer Fischgeneration nicht »zumuten«, daß sie sich der fortgesetzten Rheinverschmutzung anpaßt. Die Fische können das nicht, auch wenn von Naturkenntnissen unbelastete Politiker glauben, man könne zwischen den vorrangigen Interessen der Industrie und den zweitrangigen Interessen komischer Naturschützer Kompromisse schließen. Also – hier ein wenig Fisch, und da ein wenig Gift...

Nein, es ist vielmehr so, daß unter natürlichen Bedingungen, bei denen der Mensch die Hand nicht im Spiel hatte, die Tierwelt viele Jahrtausende für kleinste Umwandlungsschrittchen Zeit hatte. Um aus Echsen Säugetiere werden zu lassen, mögen das so an die achtzig Millionen Jahre gewesen sein.

Die Aufspaltung der Gattung Canis zu den drei heute bekannten Formen hat nur die geringe Frist von Beginn der Eiszeiten bis in unsere Gegenwart. Große Anpassungsschritte können da noch gar nicht möglich sein – nur kleine, die sich am deutlichsten im Verhalten und in der Gehirnmorphologie äußern.

Fassen wir kurz zusammen: Die Ähnlichkeiten zwischen Schakal, Kojote und Wolf sind ganz allgemein größer als ihre Unähnlichkeiten, aus dem einfachen Grund, weil ihre Evolution aus einem gemeinsamen Vorfahren noch zu kurz – relativ kurz – war, um wirklich einschneidende Artunterschiede hervorzubringen. Da sie in ihren Lebensbedürfnissen einander noch sehr ähneln – was noch zu schildern sein wird –, entwickelten sich keine grundsätzlichen körperbaulichen Umwandlungen. Die umweltbedingte Veränderbarkeit der Lebensformen hat sich bei ihnen erst in kleinen Ansätzen gezeigt.

Würden sie weitere 100 oder 200000 Jahre in von Menschen ungestörten Umwelten leben, hätten es die Systematiker wesentlich leichter, weil sich die drei Arten dann schon weiter auseinander entwickelt haben würden. Natürlich werden sie dazu nicht kommen, weil man ihnen weiterhin die Lebensräume entzieht und sie als »Raubwild« vernichtet, wo immer es geht.

Zum Schluß dieses Kapitels muß ich nochmals auf das Wort »Hund« zurückkommen. Man spricht gern von »Wildhunden«, und niemand kann daraus ersehen, ob es sich um das handelt, was der Zoologe darunter versteht, nämlich die nächsten, nicht haustiergewordenen Verwandten unserer Haushunde, oder um wiederum verwilderte Haushunde, wie die Pariahunde des Orients, die Dingos Australiens oder die verwilderten Hunde der Galapagos- oder anderer Inseln. Das führt zu häufigen Mißverständnissen. So schlage ich vor, daß wir uns auf den Begriff »Wolfsartige« oder auch »Wölflinge« einigen, wenn die drei Arten Goldschakal, Kojote und Wolf gemeint sind. Das Wort »Hunde« beschränken wir auf domestizierte Wölfe, das sind also alle Umzüchtungen durch den Menschen – nicht aber zahme Wölfe, wie manche glauben. Dann haben wir noch die »verwilderten Hunde«, also der Hand des Menschen entglittene Haushunde verschiedener Rassen.

5. Der Goldschakal

»Der *Schakal (Canis/Lupus/aureus, C. barbarus, indicus, micrurus, Sacalius und Oxygoiis indicus)* ist dasselbe Tier, welches die Alten *Thos* und *Goldwolf* nannten... Sein Name rührt von dem persischen Worte *Shigal* her, welches die Türken in *Schikal* umgewandelt haben. Bei den Arabern heißt er *Dieb* oder *Dib*, in Indien *Gidar, Phial, Kola, Nerka, Nari* etc., im Sanskrit *Srigala*, bei den Singalesen *Naria*.«

So erschöpfend führen die alten Ausgaben von Brehm's Tierleben die orientalischen Namen des Schakals auf, zusammen mit den wissenschaftlichen Synonymas aus dem 18. und 19. Jahrhundert. Immerhin erfahren wir dabei, wo das Wort Schakal herkommt. Praktikabler für uns ist allerdings Grzimek's Tierleben, denn kein Inder, der in Deutschland lebt, wird begeistert sein, wenn wir ihn fragen, ob er uns etwas über das Leben der »Diebe« in Indien erzählen kann und ob er schon einen geschossen hat. Wenn wir ihn aber auf gut englisch über den »Common jackal« befragen, wird er uns sicher gern Auskunft geben. Es gibt auch viele Ausländer, die das französische Wort »Chacal Commun« besser verstehen. Am leichtesten haben wir es bei den Russen, die sagen einfach »Schakal«, wobei sie den Beinamen »gewöhnlich« weglassen – nicht aus politischen Gründen, sondern weil es bei ihnen zu Hause keinen anderen gibt.

Interessant ist noch, daß kein afrikanischer Name für den Goldschakal genannt wird. Die Wissenschaftler zu Alfred Brehms Zeiten waren nämlich der Meinung, daß diese Tierart ausschließlich auf den asiatischen Raum beschränkt sei, ausgenommen einige südeuropäische Gebiete – Türkei, Griechenland, Dalmatien. »Wie weit sich sein Verbreitungsgebiet in Afrika erstreckt, ob ausschließlich auf den Norden, ist noch nicht festgestellt«, heißt es im Jahre 1900. Fünfzehn Jahre später, in der sogenannten »wissenschaftlichen Ausgabe« des Brehmschen Werkes, hat man diesen Satz weggelassen. Da wußte man offenbar noch weniger.

Wer also die hier vorliegende Karte der Verbreitung des Goldschakales ansieht, wird sich natürlich wundern. Da ist nämlich Afrika mit enthalten.

Kreuzung: Goldschakal ♂ × Kojote ♀

Die Erklärung finden wir schon in der dritten Brehms Tierleben-Auflage gleich nach den Abschnitten über die einzelnen Wolfsformen: »Nordostafrika beherbergt den *Schakalwolf* oder *Abu el Hossein* der Araber *(Canis/Lupus/anthus, lupaster, variegatus?).* Er ist bedeutend kleiner als unser Isegrim, diesem aber in Gestalt und Verhältnissen ähnlich.« Und noch ein Zitat: »Ehrenberg fand den Schakalwolf, welchen die alten Ägypter sehr wohl gekannt und auf ihren Tempelbauten bildlich dargestellt haben, in Nordostafrika wieder auf; spätere Reisende beobachteten ihn im ganzen Norden, Nordosten und Nordwesten Afrikas, vielleicht auch in Oberguinea. Schon in den Wüsten des unteren Nilthales ist er keine Seltenheit, obgleich man immer nur einzelnen begegnet.« Und noch ein Stück weiter heißt es: »In seinem Wesen erinnert unser Wildhund mehr an den Wolf als an den Schakal.« Schweinfurth, der diese

Tiere in seinem Reisewerk erwähnt, traf sie in Kulongo, spricht aber von Schakalen, nicht von Wölfen.

Weiter lesen wir im Brehm: »Der Schakal in Nordostafrika (*Baschohm der Nubier*) ist eines der häufigsten Tiere des Bongolandes und gleicht in Gestalt einem mittelgroßen Fuchse; er ist hier wolfsfarben mit schwärzlichem Rücken und Schwanze.«

Alfred Brehm pflegte ein Pärchen dieser »Schakalwölfe« und sagt dazu: »Ihr Betragen ist das des Wolfes. Wie dieser anfänglich scheu, ängstlich und reizbar, gewöhnen sie sich doch in nicht allzulanger Zeit an den Pfleger, kommen auf den Anruf herbei und geben sich zuletzt Liebkosungen hin.«

Das wird uns später noch beschäftigen. Hier geht es um die Frage Wolf oder Schakal. 1915 nämlich hat man in der 4. Auflage die Nordafrikaner nicht mehr zu den Wölfen, sondern schon zu den Schakalen gerechnet und drückte sich vorsichtiger aus, indem es da heißt: »Der *Wolfsschakal*, wie man ihn nennen könnte . . .« Man unterschied bereits eine weitere, von Graf von Zedlitz beobachtete algerische Art als die kleinste Nordafrikas, den Wagner als *»Canis algirensis«* beschrieben hat, und die von Schweinfurth beobachteten Schakale Kulongos hatten von dem Zoologen Cretzschmer den Namen *»Canis variegatus«* erhalten. Als erster Name galt aber 1915 der von Ehrenberg gebrauchte Name *»Canis (Thos) lupaster«.* In der 4. Auflage gab es ein Foto von diesem Tier, das im Berliner Zoo gelebt hat. Ein anderes Foto zeigt den Goldschakal, ebenfalls aus dem Zoo Berlin. Auf diesen Aufnahmen entdeckt man doch merkliche Unterschiede, und man hat sogar den Eindruck, daß der »lupaster« eigentlich doch wölfischer wirkt als der »aureus«.

Diesem Gedanken hat sich auch Otto Antonius, einstmals Leiter des Tiergartens Schönbrunn zu Wien, nicht so ganz verschließen können. Zwar nennt er ihn »Grauschakal«, erwähnt übrigens, daß er aus Ägypten stammt, räumt ihm aber eine Sonderstellung ein. Er schreibt nämlich in seinem Haustierbuch von 1922 folgendes: »Als typischen Grauschakal und zugleich als jene Art, die für die Stammvaterschaft des Haushundes am ehesten in Betracht käme – sowohl ihrer morphologischen Charaktere wie ihrer geographischen Verbreitung wegen – müssen wir den *Canis lupaster (sacer)* bezeichnen. Er ist . . . ein ziemlich stattliches Tier von fünfzig Zentimeter Schulterhöhe, schlankem, hochläufigem, aber kräftigem Bau mit verhältnismäßig großem Kopf, der durch einen ziemlich

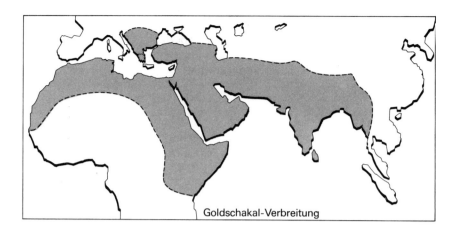

Goldschakal-Verbreitung

Die Verbreitung des Goldschakals (Canis aureus L.). In Südosteuropa dürfte er gänzlich ausgerottet sein. In Afrika kommt er im saharischen Raum gebietsweise noch weiter südlich vor, als auf der Karte eingezeichnet. Von einer detaillierten Abgrenzung der angeblichen neunzehn Unterarten kann hier abgesehen werden. Im Osten Afrikas überschneiden sich die Verbreitungsgrenzen des Goldschakals mit denen des Streifen- und des Schabrackenschakals. In Eurasien gibt es weithin Gebiete, die auch vom Wolf besiedelt sind (siehe die Verbreitungskarte S. 124).

langen und spitzen Fang und große Ohren charakterisiert ist. Die Rute reicht etwas über die Fersen herab.«

Übrigens unterschied man zu Zeiten von Otto Antonius schon eine ganze Reihe von den Nordafrikanern. Folgen wir ihm wieder: »Bei den nordafrikanischen ›Grauschakalen‹ möchte ich mit Studer (er bezieht sich dabei auf eine Veröffentlichung aus dem Jahre 1901!) im wesentlichen drei Typen unterscheiden, von denen der eine in mehreren sehr gut unterscheidbaren Lokalrassen (Anmerkung des Verfassers: Unterarten sagen wir heute dazu) das südlichere Nordostafrika – nach Norden zu bis Nubien, der zweite Senegambien und in einer wenig verschiedenen Form auch das Atlasgebiet bewohnt, während die sehr variable dritte die eigentlich nordafrikanische Form darstellt. Zu diesen drei Formen käme eventuell als eine vierte der von Hilzheimer (1908) aufgestellte *Canis* 81

Döderleini, den ich aber nach dem Eindruck, den das lebende Tier auf mich gemacht hat, eher als kleinen Wolf bezeichnen möchte.«

Einige Seiten später kommt er darauf nochmals zurück. Ich zitiere wieder wörtlich: »Es war ein kleiner, fahl gelbgrauer Wolf mit ziemlich kurzem, spitzen Fang und hohen Beinen; ein auffälliger Gegensatz zu dem neben ihm stehenden syrischen Wolf, mit dem er einen Blendling erzeugt hatte. Er wird wohl der ›*Kelb el Chala*‹, der Wüstenhund der Beduinen Nordafrikas, sein, den Brehm mit dem abessinischen *Canis simensis* verwechselt hat, dessen Vorkommen außerhalb Abessiniens bisher nicht belegt ist.«

Also nochmals zurück zum Brehm, der den uns schon bekannten Abessinier (s. S. 64) gleich an den Grauschakal bzw. »Schakalwolf« angereiht hatte. Er schrieb: »Die Bewohner Kordofans kennen ihn unter dem Namen *Kelb el Chala* oder Hund der Wildnis, Hund der Steppen, und fürchten ihn als argen Feind ihrer Herden noch weit mehr als den dort ebenfalls heimischen Hyänenhund. Keinem der scharf und gut beobachtenden Nomaden fällt es ein, in diesem Tiere einen verwilderten Hund zu erblicken.« Letzteres hat Brehm extra betont, weil der Naturforscher Giebel ihn seinerzeit – nämlich den Abessinienfuchs – für einen verwilderten Haushund gehalten hatte.

Antonius hat recht – außerhalb Abessinien kommt jener nicht vor, aber die Vorstellung, daß in Kordofan eine Wolfsart lebt oder zumindest gelebt haben soll, kann uns heute nicht mehr überzeugen. Es muß also doch so ein Grauschakal gewesen sein, der mit einer syrischen Wölfin Junge bekam – oder soll jene syrische Wölfin am Ende auch ein Schakal gewesen sein? Man überlege einmal, welche Schwierigkeiten die Zoologen noch in den Zwanzigerjahren gehabt haben, was die Schakale (und natürlich auch andere Tierformen) betrifft. Dabei hat man damals noch gar nicht gewußt, daß die Goldschakale südwärts vom Sudan auch noch bis Kenia, ja sogar vereinzelt bis Tansania verbreitet sind, wo sie das Heimatgebiet von *Streifen- und Schabracken-*»*Schakal*« teilen. Also jenen »Schakalartigen«, bei denen noch keiner auf die Idee gekommen ist, sie mit Wölfen gleichzusetzen.

Nun betrachte man den riesigen Verbreitungsraum der Goldschakale in Asien, Europa und Afrika. Man kann geradezu froh sein, daß sich der Forscher Edward A. Goldman nicht mit ihnen befaßt hat. Wir haben heute nämlich nur neunzehn Schakal-Unterarten, also viel bescheidener als die sechsundzwanzig Unterarten des Wolfes in Nordamerika. Eurasien mit seinen acht, höchstens neun Wolfs-Unterarten nimmt sich dagegen überaus bescheiden aus.

Es hat den Forschern offensichtlich Schwierigkeiten gemacht, Schakale von Wölfen zu unterscheiden, was ja zu Beginn dieses Kapitels schon begründet wurde. Das kommt bei Otto Antonius deutlich zum Ausdruck mit seiner Frage, woher die ältesten Haushunde stammen. Er schied zunächst alle die im Kapitel drei erwähnten Hundeartigen aus und schrieb: »Es bleiben somit nur die drei Gruppen der Wölfe, der Grauschakale und der Goldschakale übrig. Alle drei gehen ... mehr oder minder ineinander über, indem einerseits die Wölfe durch kleinere Formen mit den Grauschakalen, diese andererseits aber mit den Gold-schakalen eng verbunden werden.« Trotzdem kommt er zu dem Schluß, daß wir die Ahnen unserer Hunde bei den südlichen Wölfen zu suchen haben.

Aber er stellt auch die Frage, ob nicht da und dort – ganz ungewollt von den ältesten Ahnen unserer Hundezüchter – doch ein wenig Schakalblut dazugekommen sein könnte. Ja, er stellt sogar eine Hypothese in folgender Form auf: »Möglich, wenn auch nicht gerade wahrscheinlich, wäre ... die Einkreuzung des schlanken *ägyptischen Grauschakals (Canis lupaster)* in die ältesten Windhunde. Hier könnte man wirklich annehmen, daß die Blutmischung eine größere Schnelligkeit, Gewandtheit, überhaupt Jagdfähigkeit bezweckte. Die Untersuchung altägyptischer Schädel wird uns diesbezüglich vielleicht noch Aufschlüsse bringen können.«

Windhunde mit Stehohren – allerdings mit Ringelruten – gab es schon vor rund 5000 Jahren, in der sogenannten vordynastischen Zeit Ägyptens. Ähnlich gibt es sie heute noch auf den Balearen, den Kanarischen Inseln und dem angrenzenden Nordwestafrika. Nun wissen wir, daß die alten Ägypter liebend gern Katzen mumifiziert und uns so die Skelettform bis auf den heutigen Tag überliefert haben. Schakale haben sie leider nur wenige erhalten. Max Hilzheimer aus Berlin hat 1908 die Beschreibung eines mumifizierten ägyptischen Schakals geliefert und ihn »Canis lupaster domesticus« genannt. Ein klarer Beweis, daß dieses Tier wirklich domestiziert gewesen ist, steht allerdings aus. Schakale, Wölfe und viele andere Tiere, die in Gefangenschaft aufgezogen werden, können durch die veränderten Lebensbedingungen gewisse Merkmalsveränderungen

Drohmimik einer Schakal-Hund-Kreuzungshündin

annehmen, wie ich das im vorigen Kapitel an einem Dingo-Beispiel erläutert habe. Ein Beweis für eine wirkliche Züchtung und Umzüchtung des Schakals liegt also nicht vor. Aber verwunderlich wäre es doch nicht, wenn Otto Antonius mit seiner Hypothese bezüglich der Windhunde am Ende nicht doch recht hätte.

Die alten Ägypter hatten die Angewohnheit, viele ihrer diversen Götter mit Tierköpfen abzubilden. Darunter Anubis, Gott der Toten und Bewacher ihrer Gräber. Ihm hatte man einen Schakalkopf aufgesetzt, was sicher eine bestimmte Bedeutung hatte. Wollte man sich damit die Schakale zu Freunden machen, die sich bei den Begräbnisstätten einfanden, um die Begrabenen auszuscharren und zu verzehren? Sie müssen recht lästig gewesen sein, weswegen man die Gräber mit Steinen abdeckte; schließlich konnte sich nicht gleich jeder eine Pyramide leisten!

Im übrigen hatte der schakalköpfige Anubis, normalerweise mit Menschengestalt ausgestattet, Träger des heiligen Zepters der Könige und Götter, seinen Anteil an den Mumifizierungsriten. Er hatte, überwacht vom obersten Gott Osiris, die Aufgabe, die Herzen der Toten zu wägen. Wehe, wenn zu leicht befunden – dann durften es wohl die Schakale fressen.

Es gibt aber auch Darstellungen bildlicher Art, die eindeutig auf Schakale in Tiergestalt hinweisen. So gleich in zwei Paaren auf einem Wandgemälde aus dem Grab Ramses des Sechsten, dessen Umrahmung die etwas in die Länge gezogene Himmelsgöttin Nut ist. Die Arme mußte jeden Abend die Sonne schlucken und am nächsten Morgen wieder gebären. Auf dem Bild befinden sich zwischen ihren Beinen, ihrem Leib und ihren zur Erde gestreckten Armen fünf Bildzeilen, auf denen alle Götter in Menschengestalt abgebildet sind. Auch Anubis ist dabei, in der obersten Zeile. Sein Kopf ist identisch mit den Köpfen der vier Schakale, deren Ruten ebenfalls keinen Zweifel daran lassen, daß es sich nicht um Hunde handeln kann.

Zu den schönsten Schakaldarstellungen, die ich kenne, gehört aber ein liegender Schakal mit aufmerksam erhobenem Kopf und aufgestellten Lauschern. Er ist lackiert in den Farben Schwarz und Gelb. Die Schakalfigur befand sich auf einem Schrein, in dem sich Amulette und Juwelen Tutanchamun's befanden. Die Figur, die siebenundfünfzig Zentimeter hoch ist, wird um 1350 v. Chr. datiert. Sie wird im Museum von Kairo ausgestellt.

Diese Plastik dient übrigens vielen Hundevereinen als Beweis, daß ihre jeweilige Rasse die älteste der Welt sei. Die Ägyptologen freilich behaupten, daß er den Gott der Balsamierfachleute und Totenwächter, nämlich Anubis, darstelle und als solcher die Mumie Tutanchamun zu bewachen habe. Wenn man sich in die Stilisierungen anderer Tiergestalten ein wenig hineingesehen hat, muß man den Archäologen schon recht geben – diese absolut einheitliche Form aller Schakaldarstellungen bis zum Kopf des Anubis läßt wohl keinen Zweifel offen, daß es sich hier wirklich stets um Schakale handelt und nicht um Hunde.

Freilich, der Tutanchamun-Schakal hat ein sehr hübsches, doppelt um den Hals gelegtes Band an, vorne verknotet, beide langen Enden fallen über die Vorderbrust herab. Könnte das bedeuten, daß dem Schöpfer dieser schönen Plastik ein zahmer Schakal Modell gewesen ist?

Um Mißverständnissen vorzubeugen – ich glaube den ein wenig zum Mythisieren neigenden Archäologen nicht immer alles, was sie über Tierdarstellungen sagen. Da gibt es zum Beispiel einen Papyrus aus dem Neuen Reiche (1567–1085 v. Chr.), der zeigt, daß die Ägypter auch recht bissigen Humor haben konnten, ein wenig im Sinne der Äsopschen Fabeln. Die Tierdarstellungen sollen angeblich die Umwälzung der sozialen Ordnung jener Zeit verspotten. Man sieht Feinde im trauten Beisammensein, »einen Löwen beim Brettspiel mit einer Gazelle; Wölfe, die Ziegen hüten; und eine Katze, die Gänse bewacht«, wie in einem heutigen Buch dieser Papyrus kommentiert wird.

Dachte der Autor vielleicht an den berühmten »Wolf im Schafspelz«? Oder ist der *Canis lupaster* Ägyptens doch ein Wolf?

Nun, Spaß beiseite – die aufrecht marschierenden Ziegenhüter sind, wenn auch leicht karikiert, nichts anderes als Nubis und seine vierbeinigen Freunde.

Das Bild scheint aber doch auch anzudeuten, daß die Schakale im alten Ägypten nicht nur die Leichen der Toten fraßen, sondern sich auch an den Ziegen der Lebenden vergriffen haben dürften. Daß sie das nicht nur bei den alten Ägyptern getan haben, sondern überall da, wo sie an kleinere Haustiere herankommen, beweist noch nicht ihre Wolfsnatur. Beutefänger ist nun einmal Beutefänger, ob er in der Gestalt eines Schakals, eines Kojoten oder Wolfes auftritt.

Wie schwierig die Abtrennung von Schakal und Wolf ist, mag ein vielfach umstrittenes Kapitel beweisen, das unter der Überschrift »Rohrwolf« immer wieder die Zoologen beschäftigt hat. A. Mojsisovics von Mojsvar hat 1887 in seinem Buch »Das Tierleben der österreichisch-ungarischen Tiefebene« den Schakal damals »*Canis lupus minor*« benannt. Ludwig Fitzinger, ein Wiener Zoologe, hat schon 1832 behauptet, daß diese Form sogar am Neusiedler-See, in den Schilfwildnissen fünfzig bis hundert Kilometer südöstlich Wiens, vorgekommen sein soll.

Leider gibt es keine sicheren Belegstücke in den Museen. Aber möglicherweise hat Eugen Nagy aus Budapest recht, wenn er meint, daß es sowohl eine kleine Wolfsform in Ungarn gegeben hat als auch den Goldschakal. Es gibt Zeugnisse, die einen relativ kurzen, stumpf endigenden Schwanz beweisen. 1941 wurde in der Tiefebene bei Derecske (Komitat Bihar) ein zwölf Kilogramm schwerer Rüde erlegt. Das in Debrecen aufbewahrte Stopfexemplar weist zwar einige präparationstechnische Mängel auf, erinnert mich aber an meine eigenen Schakale, die sich von denen aus Asien und Afrika sosehr unterscheiden, daß auch versierte Zoologen kopfschüttelnd davorgestanden haben. »Ali« und »Ben« hießen die beiden Rüden – was, wie ich später herausbekam, in Anbetracht ihres nicht orientalischen Ursprungslandes ganz unpassend war. Sie hätten nämlich in Rumänien übliche Vornamen erhalten müssen, ihre Eltern stammten aus dem Donau-Delta.

Dort hat es bis vor wenigen Jahren übrigens auch Wölfe gegeben. So las ich in einer Jagdzeitschrift, daß man in einer Großaktion die dortigen »Wölfe« mit Stumpf und Stiel ausgerottet habe. Sollten das nicht doch Schakale gewesen sein? Ich kann mir zumindest nicht vorstellen, daß bei einer solchen Schießerei die Schakale verschont worden sind, auch wenn man wirklich Wölfe gemeint haben sollte. Schließlich erschießen auch deutsche Flintenträger Schakale, wenn sie auf Treibjagd in Unterfranken sind – wie noch näher gezeigt werden soll.

In meinem Buch »Mit dem Hund auf du« habe ich die Portrait-Zeichnung eines Goldschakals gezeigt, und zwar nach einem Foto, das Alfred Seitz von seiner handaufgezogenen Schakalin »Otti« angefertigt hatte. Meine Schakale schauten ganz anders aus! Vor allem waren die Ohren kürzer, ebenso der Fang, und die Rute erschien ebenfalls kürzer als die ohnhin kürzere und stumpfere Rute der orientalischen Schakale, verglichen mit der Rute eines Wolfes.

1969 habe ich im Münchner Tierpark Hellabrunn zwei Schakale aus Senegambien gesehen. Frederic Cuvier hatte ihn seinerzeit als »*Canis anthus*« bezeichnet. Auch diese Schakale hatten größere Ohren als meine.

Nun gibt es eine Regel, die besagt, daß die Formen einer Art oder Artengruppe in kühleren Klimata kürzere, in wärmeren größere Ohren hätten. Das würde in unserem Fall durchaus zutreffen. Dann sah ich eine Zeichnung in einem bereits erwähnten Aufsatz von Hans von Lengerken, einen europäischen Schakal darstellend. Ich weiß nicht, wie genau die Zeichnung gelungen ist – aber sie ist wieder mit meinen Schakalen sehr schön vergleichbar.

Aber es geht noch weiter. In dem großartigen Werk »Lebensbilder aus der Tierwelt Europas« (H. Meerwarth und K. Soffel, 1909–1912 in drei Bänden erschienen) gibt es auch einige Aufnahmen von Schakalen auf freier Wildbahn, natürlich dem damaligen Stand der Fotografie entsprechend; aber sie lassen unschwer die Ähnlichkeit mit meinen einstigen Grubmühl-Schakalen erkennen.

Jedenfalls können wir mit Sicherheit annehmen, daß der kleine, kurzohrige und kurzschwänzige Schakal Südeuropas kein Wolf ist, höchstwahrscheinlich ein Goldschakal, nur eben ein wenig verschieden von seinen Verwandten außerhalb Europas.

Mir ist diese Klarstellung deswegen wichtig, weil einer von meinen beiden Schakal-Rüden, nämlich Ali, eine sehr wichtige Rolle gespielt hat. (Ben ist, mehr als dreijährig, leider tödlich verunglückt.) Ich will zuerst erzählen, wie die Schakale zu uns gekommen sind. In Tiergärten sind ja diese relativ kleinen Tiere leider nur sehr selten zu sehen, da sie ja im Vergleich zu großen Nordlandwölfen keinen »Schauwert« besitzen.

Eines Tages besuchte ich den »Munder-Hof« in Freiburg/Br. Dort hatte der rührige Direktor gerade angefangen, einige Tiere in Koppeln, Gehegen und Käfigen zu halten. Er ahnte wohl selber kaum, daß sich daraus ein von den Freiburgern mit viel Freude besuchter und bereits recht beachtlicher Tierpark entwickeln würde. Nun – dort sah ich ein Schakalpaar. Ich bat sofort den Direktor, vom ersten Nachwuchs ein Pärchen zu bekommen. Das wurde versprochen – es wurden dann leider zwei Rüden geboren.

Trotzdem war ich glücklich – schließlich wollte ich ja keine Schakale züchten, sondern Kreuzungsversuche anstellen.

Am Abend des 11. Mai 1970 kam dann für mich der große Augenblick: Meine Mitarbeiterin Eva brachte die beiden Kerle – sie waren noch keine sieben Wochen alt. Ganz verstört saßen sie in ihrer Transportkiste, dicht an dicht in eine Ecke gedrückt, die Köpfe kaum sichtbar, offensichtlich nach dem Motto: wenn ich dich nicht sehe, kannst du mich auch nicht sehen.

Ich setzte die beiden Welpen auf den Tisch und machte schnell drei Fotos von ihnen, hörte aber mit dem Blitzen auf, weil die kleinen Tierchen – kleiner als die mir bislang bekannten Hundewelpen – entsetzliche Angst hatten. Wir setzten sie in einen im Wohnzimmer vorbereiteten großen Käfig, ich wollte sie stets um mich haben, damit sie auch schön zahm würden.

Daraus wurde aber nichts. Wie ich hörte, lebten die Welpen in einer von ihnen selbst gegrabenen »Röhre« von etwa drei Meter Länge. Sie verließen nur nachts dieses sichere Versteck, um zu der Mutter zu kommen. Der

Tierpfleger in Freiburg mußte die Höhle erst aufgraben. Sie hatten bislang niemals Kontakt mit einem Menschen gehabt.

Das war doch recht erstaunlich. Ich habe bis heute keinen fünfwöchigen Hundewelpen erlebt, der sich eine Höhle gräbt. Diese Schakale aber hatten das im frühen Alter schon gekonnt. Sie waren auch bei weitem nicht so tolpatschig, wie Hundewelpen es sonst auch noch mit zehn Wochen sein können. Ich hatte es offensichtlich nicht mit Hunden zu tun. Was Schädelmessungen und ähnliche Befunde vieler Wissenschaftler nicht gekonnt hatten – die beiden Kleinen zeigten es mir in wenigen Minuten unzweifelhaft.

Umgekehrt haben sie mir aber am nächsten Tag auch gezeigt, daß sie mit Hunden sehr gern zu tun haben. Das war so: Als wir in das Wohnzimmer kamen, lagen die beiden in der uns abgewandten Ecke des Käfigs, Hinterteil zu uns, sie waren vor Schreck ganz starr. Auch wenn wir, einige Meter weit vom Käfig entfernt, mäuschenstill dasaßen, wagten sie es nicht, sich zu bewegen. Es war ein Bild des Jammers, und ich fürchtete, daß es zu einem Herzkollaps kommen könnte – bei eben gefangenen Wildtieren übrigens keine Seltenheit.

Wir stellten Futter in den Käfig, redeten ruhig auf die Tiere ein – es half nichts. Die Welpen rückten, soweit das noch ging, enger zusammen, es war, als wollte sich der eine in den anderen verkriechen.

Am Nachmittag hatte Eva eine Idee. Sie holte ihren langstockhaarigen Schäferhund Sascha ins Zimmer, ein ausgeprägter Welpenfreund, sanfter und geduldiger als manche Mutterhündin. Für diesen Ausbund an Gutmütigkeit war alles Lebensinhalt, was klein und betreuenswert war, egal, ob Hundewelpe oder Katzenbaby. Natürlich hatte er längst bemerkt, daß sich im Wohnzimmer etwas befand, was man ihm vorenthielt. Häufig tief aufseufzend, lag er schon lange vor der Tür. Nun durfte er also herein, sofort schnupperte er am Käfig.

Da passierte das Unglaubliche: Die beiden schreckerstarrten Schakalwelpen kamen urplötzlich hoch und sprangen mit sichtlicher Freude an das Gitter – so, als würde ihre eigene Mutter vor ihnen stehen und als sei kein Mensch weit und breit zu sehen, obgleich wir ganz nahe standen. So machten wir den Käfig auf und zogen uns ein Stück zurück. Sofort umringten die beiden Welpen den mächtigen Hund, dessen Kopf fast so groß war wie so ein siebenwöchiger Schakalwelpe. War das eine Freude! Mitten im Zimmer sprangen sie um Sascha herum, freuten sich offensichtlich und nahmen von uns Menschen kaum Notiz. Nur wenn wir uns bewegten, schielten sie mißtrauisch um die Ecke.

Das ist ein in zweifacher Hinsicht interessantes Erlebnis. Zunächst schienen sich der Hund und die Schakale gewissermaßen als »artgleich« zu betrachten. Gewiß ist wohl, daß Sascha mit Sicherheit nicht den Körpergeruch eines Schakals hat und daß auch für Sascha die Welpen anders rochen als die ihm vertrauten Dingo- und sonstigen Haushunde- welpen. Aber das störte offenbar nicht. Man war ein Herz und eine Seele von der ersten Sekunde an. Wie kann man das erklären? Bei Sascha ist der Fall klar – für den hätten es auch Hühnerküken sein können. Sein »Kindchen-Schema« war praktisch grenzenlos.

Die Schakale aber kannten doch nichts anderes als ihre Eltern. Sie waren bei Tage niemals hervorgekommen und hatten mit Sicherheit niemals einen Hund kennengelernt. Nun wissen wir aber, daß es bei Hunden von der dritten bis zur siebenten Lebenswoche eine »Prägungs- phase« gibt, während der der Welpe lernt, was alles Artgenosse ist. Ich drücke das absichtlich so aus, weil man auch weiß, daß in dieser Zeitspanne – aber nicht später! – auch der Mensch oder eine Katze zum Artgenossen werden kann, weil der Welpe kein angeborenes Bild vom Aussehen eines Artgenossen hat. Er kann es eben nur in dieser Entwicklungsphase lernen.

Um es vereinfacht auszudrücken: Die Grenzen des Artbildes sind etwas verwaschen. So würde ein Welpe, der in der Prägungszeit zunächst nur als zweibeinigen Artgenossen einen großen Mann kennengelernt hat, dann aber eine kleine, zierliche Frau, diese ebenso ansprechen, als würde er sich sagen: Mensch ist Mensch.

Es ist also offensichtlich eine Art von »Schema-Erweiterung« denkbar, die – wenigstens in diesem Falle – ohne Komplikationen auftritt. Das beweist die spontane Anerkennung Saschas. Schade, daß ich damals keinen Fuchs oder Mähnenwolf zur Hand hatte. Es wäre interessant, wie weit sich die Schakalwelpen in der zoologischen Systematik zurechtfin- den, oder ob es ihnen nur so wie manchen Zoologen ergeht, die gelegentlich in Zweifel geraten, ob sie einen Wolf oder Schakal vor sich haben ...

Der zweite Aspekt dieses Erlebnisses ist der Verhaltensforschung längst genau bekannt. Es betrifft den Umstand der unterschiedlichen Größe. Es gibt Versuche, die bewiesen haben, daß ein viel größeres Ei als das arteigene weit mehr Interesse findet und viel intensiver bebrütet wird. Solche und ähnliche Beobachtungen führten zu dem Schluß, daß das angeborene Schema sozusagen »nach oben zu« offen ist. Das kann, wenn es sich im eigenen Artbereich abspielt, durchaus einen positiven Selektionswert haben. Eine Wölfin – und sicher kaum anders eine Schakalin – sucht sich einen großen, kräftigen Rüden, der die Gewähr bietet, daß er sein Soll bei der Futterbeschaffung und Jungenverteidigung erfüllt.

Ein extremes Beispiel dafür haben wir erst vor kurzem erlebt. Eine sehr kleine Mischlingshündin, deren Mutter ein Italienisches Windspiel, deren Vater ein ebenso kleiner Bastard war, hatte zwar kleine, in der Körpergröße passende Rüden um sich. Aber Petra, so hieß die Hündin, lehnte diese ab – sie waren ihr zu mickrig. Sie erkor sich vielmehr einen Saluki-Rüden, der dreimal so groß war wie sie. Von ihm bekam sie Welpen, allen Unkenrufen »erfahrener« Züchter zum Trotz, die dem Aberglauben verfallen sind, daß eine kleine Hündin niemals von einem großen Rüden gedeckt werden darf, weil sie sonst die Geburt nicht überleben würde. Petra hatte eine ganz normale Geburt, und auch die Welpen entwickelten sich völlig normal.

Für die Schakalwelpen muß also Sascha so etwas wie ein »Supermann« gewesen sein, ein Über-Schakal, der ihnen alle Sicherheiten bieten konnte, dem sie sich blindlings anvertrauen konnten.

Die Goldschakal-Abstammung des Schäferhundes, wie sie seinerzeit Konrad Lorenz gedacht, später aber widerrufen hat, hätte so einen neuen Beweis gehabt. Aber es stimmt eben doch nicht, und wir müssen uns mit den oben genannten Deutungen begnügen.

Betrüblich war es freilich, daß die Schakale zum Menschen keinerlei Kontakt mehr aufnehmen konnten und für alle Zeit scheu geblieben sind. Wir saßen täglich Stunden im Zimmer und sahen zu, wie Sascha mit den Welpen spielte. Sie kamen auch mit, wenn wir ihn heranriefen. Aber kaum streckte man – natürlich ganz behutsam – die Hand nach ihnen, wichen sie zurück. Es gelang, sie zu überlisten, indem wir unter Saschas Bauch hinweg nach ihnen griffen. Im Spiel merkten sie dann nicht gleich, daß die Finger nicht zu Sascha gehörten. Doch kaum merkten sie es, war der Streichelkontakt zu Ende, die Schakale wichen zurück. Ergriffen wir sie aber bei einer solchen Gelegenheit und nahmen sie auf den Schoß, dann verhielten sie sich unter den streichelnden Fingern still – aber nur aus

Angst. Sie warteten auf einen passenden Moment, um wieder zu entwischen.

Die einfachste Erklärung wäre, daß eben die Prägungsphase verstrichen war – ein guter Beweis dafür, daß danach nichts mehr dazugelernt werden kann.

Aber ganz so einfach liegen die Dinge denn doch nicht. Wir bekamen nämlich vom Freiburger Tiergarten 1975 nochmal fünf solcher Schakale. Sie waren dreiundfünfzig Tage alt, als sie zu uns ins Haus kamen. Wie zu erwarten, blieben sie scheu, zumal sie ja sechs Tage älter waren als ihre Vorgänger. Nun hatten wir gebeten, daß man sich im Tiergarten schon frühzeitig mit ihnen beschäftigt, was auch geschehen war. Leider ohne Erfolg – sie hatten ab der fünften Woche Kontakt mit Menschen – aber auch das hatte nichts geholfen.

Als ich dann aber in dem Buch »Unschuldige Mörder« von Jane und Hugo von Lawick-Goodall (1972) gelesen hatte, daß Schakalwelpen bereits am 14. Lebenstag erstmals das Wurflager verlassen, als ich dann erlebte, wie meine Schakal-Hund-Kreuzungen dies ebenfalls taten, wurde mir alles klar. Bei Schakalen, selbst bei solchen Verkreuzungen, verläuft die Frühentwicklung wesentlich schneller als bei Wölfen und Hunden. Dort verlassen die Welpen erst am 21. Lebenstag erstmals das Wurflager, und auch sonstige Entwicklungsschritte setzen später ein und dauern länger. Ich habe das zuvor schon hinsichtlich der längeren Tolpatschigkeitsphase von Hundewelpen, verglichen mit wesentlich jüngeren Schakalen, angedeutet.

So ist also anzunehmen, daß die Prägungsphase bei Schakalwelpen viel früher einsetzt und früher endet. Ich glaube sagen zu können, daß sie in der fünften Lebenswoche beendet ist.

So weit – so gut. Trotzdem bin ich noch nicht ganz zufrieden. Ich zitiere wieder Alfred Brehm: »Jung eingefangene Schakale werden bald sehr zahm, jedenfalls weit zahmer als Füchse. Sie gewöhnen sich gänzlich an den Herrn, folgen ihm wie ein Hund, lassen sich liebkosen oder verlangen Liebkosungen wie dieser, hören auf den Ruf, wedeln freundlich mit dem Schwanze, wenn sie gestreichelt werden, kurz, zeigen eigentlich alle Sitten und Gewohnheiten der Haushunde. Selbst alt gefangene unterwerfen sich mit der Zeit dem Menschen, so bissig sie sich auch anfänglich zeigen.« Meine doch in Gefangenschaft geborenen Schakale scheinen diese Zeilen nicht gelesen zu haben – sie blieben stets hoffnungslos scheu!

Kratzbewegung bei einem Schakal-Hund-Kreuzungswelpen

Während dieses Zitat unter dem Stichwort Goldschakal steht, findet sich bei dem Abschnitt über den Wolfsschakal Nordafrikas, den Alfred Brehm scharf abgetrennt hatte, folgender Erlebnisbericht dieses großen Tierforschers: »Ich erhielt ein Paar Schakalwölfe, welches ich geraume Zeit gepflegt und beobachtet habe. Ihr Betragen ist das des Wolfes. Wie dieser anfänglich scheu, ängstlich und reizbar, gewöhnen sie sich doch in nicht allzulanger Zeit an den Pfleger, kommen auf den Anruf herbei und geben sich zuletzt Liebkosungen hin. In das Geheul verwandter Wildhunde stimmen sie getreulich ein; sonst vernimmt man selten einen Laut von ihnen. Das von mir gepflegte Paar begattete sich am 10. März, und nach einer Trächtigkeitszeit von genau dreiundsechzig Tagen wölfte das Weibchen. Die Jungen wurden mit größter Zärtlichkeit behandelt, gediehen vortrefflich, spielten bereits Ende Juni wie junge Hunde, wuchsen ungemein rasch und berechtigten zu den besten Hoffnungen, gingen jedoch an der Staupe zugrunde.«

Ich muß etwas falsch gemacht haben, denn nicht nur aus dem weiteren Schrifttum sind viele Fälle von handzahmen, hundegleichen Schakalen bekannt, ich sah selbst mit eigenen Augen einen ungemein kontaktfreudigen Goldschakal in einer kleinen Wander-Menagerie. Es ist lange her – damals dachte ich, daß Schakale doch viel leichter zu haben sind als Wölfe. Ich glaubte noch fest an die Schakalabstammung unserer Hunde. Heute sehe ich das nach meinen Erfahrungen mit den europäischen Schakalen und verschiedenen Wölfen anders – davon später. Aber könnte es nicht sein, daß meine Europäer grundsätzlich anders sind als jene orientalischen Schakale, die so leicht zähmbar sind?

Diese Frage kann ich nicht beantworten, da mir Erfahrungen mit anderen Schakalen fehlen und ich nie die Gelegenheit hatte, diese Tiere vor der fünften Lebenswoche aufzuziehen. Viel wichtiger ist, daß es mir gelungen ist, Ali mit einer Hündin zu verpaaren und aus dieser Verpaarung fruchtbare Nachkommen zu erzielen, die mit anderen Hunden wieder Nachkommen gebracht haben. Davon will ich nun einiges erzählen.

Ali lebte ab 15. August 1970 mit Nora zusammen. Nora war am 12. November 1969 als Tochter meiner aus Norwegen importierten Elchhündin Binna geboren. Ihr Vater war der Binna-Enkel Knud, ein Sohn von Björn und Bente. Diese wieder waren auch Kinder von Binna, allerdings nach dem Dingo-Rüden Aboriginal (kurz Abo). Jedem Rassehund-Züchter sträuben sich natürlich die Haare, wenn er diese kriminellen Inzest-Verhältnisse liest. Aber bei mir ist das nun einmal so. Nora hatte übrigens im Frühjahr 1970 einen Wurf ohne Schwierigkeiten zur Welt gebracht und ebenso aufgezogen. Das sei besonders betont, damit das nun folgende zu keinen Mißdeutungen Anlaß gibt.

Ali und Nora lebten ganz friedlich zusammen. Der Zwinger, den ich ihnen damals in der Grubmühle bieten konnte, war nicht gerade beglückend, meinen heutigen Vorstellungen nach viel zu klein, maß er doch knapp achtzehn Quadratmeter. Da aber beide Tiere auch nicht besonders groß waren – Schulterhöhe unter vierzig Zentimeter – war das noch gerade zumutbar.

Bald erfolgte auch eine Paarung mit dem üblichen Hängen. Nach einem Monat kann man schon erkennen, ob daraus etwas wird. Es wurde aber leider nichts. Ein halbes Jahr später erfolgte die nächste Paarung. Im zweiten Monat nach der Bedeckung glaubte ich, Anzeichen zu sehen, daß es so weit sein könnte. Bald danach wurde mir klar, daß es wieder nicht geklappt hatte. Und so ging es noch zweimal.

Doch Ende Mai 1974 wurde Nora dick. Ich lächelte nur müde – nochmals lasse ich mich nicht hereinlegen. Meine Frau und Mitarbeiter bestanden jedoch darauf, daß Nora am 2. Juni 1974 in den »Geburtenzwinger« kommt. Ich hielt das zwar für blödsinnig, gab aber trotzdem nach – also bekam ich Nora als Nachbarin, der Zwinger liegt neben meinem Arbeits- und Schlafraum. Vorsichtshalber eine Temperaturmessung – 37,3 Grad. Das sagt gar nichts. Nora aber ist nervös, ist kontaktbedürftig, läßt sich genußvoll den Bauch massieren. Am 4. Juni notierte ich: »Abends deutet häufiges Harnen und Koten darauf hin, daß Geburt bevorsteht. Milchleistung gestiegen.« Ich glaubte jetzt selber an die bevorstehende Geburt.

Von da ab hielten wir Tag und Nacht Wache. Wir konnten nämlich den Wurftermin nicht vorbestimmen, da wir den Deckakt nicht beobachtet hatten. So heißt es z. B. in einer Eintragung vom 10. Juni 4 Uhr früh: »Erstes Scharren. Geht immer in Wurfkiste.« So geht es im Protokoll fort und fort. »Nora scharrt in der linken hinteren Ecke.« Oder: »17 Uhr. Nora kratzt wieder in der Kiste.« Oder: »18 Uhr 13. Geben zwei Fleischstücke. Nora schnuppert, frißt aber nicht.« Nun weiß man ja, daß eine Hündin einige Stunden vor der Geburt nichts mehr frißt. Jetzt muß es also doch soweit sein. Dachte ich.

Aber am 11. Juni, um 4 Uhr 20, hat Nora dann doch das kleinere der beiden Fleischstücke verzehrt und das andere in die Sägespäne des Wurfzwingers verscharrt. So also ist das, wenn man Verhaltensforschung betreibt. Tag und Nacht hockt man da und wartet. Notiert dies und jenes – und wartet. Um 7 Uhr 57 – um wieder ein Ereignis aus dem minutiösen Protokoll hervorzuheben – scharrt Nora wieder mit der Nase Fleischstückchen ein. Danach holt sie es wieder heraus und frißt, den Rest scharrt sie wieder ein und trinkt anschließend Wasser. Schlaftrunken torkelt einer nach dem anderen heran. »Ist es soweit?« Noch nicht – aber es kann nicht mehr lange dauern.

Erst um 14 Uhr 20 geht Fruchtwasser ab. Wir sitzen gespannt da, warten, schauen, notieren jede Bewegung. Die Buchstaben dieser Notizen werden immer kleiner – aber dann, um 16 Uhr 52 steht im Protokoll ganz groß »Geburtsbeginn«. Scheinwerfer an, Kamera läuft. Die Geburt der 5 Welpen kommt in den Kasten. Nicht immer richtig belichtet, nicht immer ganz scharf, aber es ist alles im Film festgehalten. Es dürfte die erste Geburt von Schakal-Hund-Bastarden sein, die filmisch festgehalten worden ist. Glücklicherweise kam dann mein Freund Wolfgang Arendts, der mit der Filmkamera besser umgehen kann als ich, weswegen die letzten drei Geburten einwandfrei aufgenommen sind. Außerdem konnte ich mich dadurch mit den notwendigen Untersuchungen der Neugeborenen befassen – Festhalten der Unterscheidungsmerkmale, Wiegen der Welpen, Fotos.

Ich werde diesen 11. Juni 1974 niemals vergessen, denn er war der aufregendste Tag meines Lebens. Mir war etwas gelungen, was wohl zu den großen Glücksfällen eines Forscherlebens gehört. Ich war Zeuge, daß eine Verbindung von Europäischem Goldschakal und einer Haushündin Früchte bringt. Meines Wissens ist das zuvor nur zwei Forschern gelungen. Erstmals war es in Halle an der Saale Julius Kühn, der in den achtziger Jahren des vorigen Jahrhunderts solche Bastarde erzielt hat und auch feststellte, daß sie untereinander sowohl fruchtbar sind als auch mit anderen Hunden weiterhin fruchtbaren Nachwuchs erzeugen können. Mehr wissen wir darüber nicht. Dann hat im Institut für Haustierkunde der Universität Kiel Wolf Herre 1965 Kreuzungen zwischen Goldschakal und Pudeln beschrieben. Auch über deren Entwicklung fehlen entsprechende Daten.

Nun saß ich also da und hatte die Möglichkeit, alles zu filmen und zu fotografieren, Dank der großzügigen Unterstützung der »Gesellschaft für Haustierforschung«. Ich muß allerdings dazu sagen, daß das Filmmaterial bis heute unausgewertet ist. Es ist gut aufgehoben, in einem klimatisierten Raum des Max-Planck-Institutes für Verhaltensphysiologie, Abteilung für Humanethologie bei Professor Irenäus Eibl-Eibesfeldt. Es sind verhaltenskundlich überaus wertvolle Aufnahmen darunter, deren Auswertung sicherlich aufschlußreich sein wird.

Dreimal also hatte mich Nora zum Narren gehalten – und erst beim vierten Mal hat es geklappt. Ganze vier Jahre Wartezeit!

Dabei hatte es den Anschein, als wäre es von Mal zu Mal wahrscheinlicher, daß Nora aufgenommen hatte. Eine Hündin, die sich als Mutter bereits bewährt hatte. Etwas stimmte da nicht. Ich habe nur eine Erklärung: Es gibt bei Säugetieren den sogenannten »Bruce-Effekt«. Dieser Forscher hat nämlich nachgewiesen, daß es eine Geburtenkontrolle gibt, die darauf beruht, daß die Keime oder Embryonen nicht ausgetragen werden, sondern noch im Mutterleib aufgelöst werden, auch dann, wenn sie schon fast voll entwickelt sind. Normalerweise ist das bei

Der Kojote (Canis latrans), auch Heulwolf genannt, ist mit Goldschakal und Wolf nahe verwandt und spielt im Naturhaushalt Nordamerikas eine ähnliche Rolle wie der eurasisch-afrikanische Goldschakal.

Der Arktis-Wolf (Canis lupus arctos) zeigt sehr häufig eine weiße Färbung, hat kurze Ohren und kann eine Schulterhöhe von einem Meter erreichen (siehe Kartenskizze Seite 156).

Überbevölkerung eines Gebietes der Fall. Nahrungsmangel würde bewirken, daß die neugeborenen Jungen nicht aufgezogen werden können. Werden sie aber im Mutterleib aufgelöst, so bleiben dieser die Aufbaustoffe der Ungeborenen erhalten, die Population wird nicht übergroß. Eine der sinnvollsten Einrichtungen der Natur.

Nun ist es sicher – wie Blutuntersuchungen beweisen –, daß Schakale und Hunde verschiedenartige Eiweißzusammensetzungen haben. Es ist längst bekannt, daß nur sehr nahverwandte Arten Bastarde erzeugen. Pferd und Esel oder Pferd und Zebra – aber die Nachkommen sind dann unfruchtbar. Ferner ist bekannt, daß es eine abgestufte Fruchtbarkeit gibt. In gewissen Fällen kann zum Beispiel nur das männliche Bastard-Jungtier später mit der mütterlichen, nicht aber mit der väterlichen Art Nachkommen erzeugen.

Es war also folgendes denkbar: Nora hat nach der ersten Bedeckung zwar aufgenommen, die sich entwickelnden Eier waren aber in ihrem Blutmilieu nicht lebensfähig und wurden aufgelöst. Das brachte von Seiten des Schakalvaters eine geringfügige Umstimmung der Blutfaktoren Noras zustande. Daher hat sie nach der zweiten Bedeckung die Früchte etwas länger erhalten können – aber es reichte noch nicht. Sie entwickelten sich zwar weiter, aber konnten noch nicht ausreifen. Wieder wurden die Früchte aufgelöst, allerdings mit dem Erfolg, daß die väterlichen Blutsanteile noch mehr den mütterlichen Organismus beeinflußten. – So konnte es beim dritten Mal wieder etwas weiter gehen, was man Nora deutlich ansah. Aber – es reichte immer noch nicht aus – die »Fremdeinpflanzung« wurde aufgelöst wie ein Stück Schafshaut, das man in die Haut eines anderen Tieres oder eines Menschen einpflanzt. Nur waren diesmal die Embryonen schon sehr weit entwickelt, ihre Auflösung brachte dem mütterlichen Organismus noch mehr Schakal-»Stoffe«, so viele, daß sie beim vierten Mal die Welpen normal austragen konnte.

Ich weiß, das schlägt allen immunitätsbiologischen Vorstellungen ins Gesicht, und ich behaupte auch nicht, daß es so gewesen sein muß. Aber ich hörte von Gynäkologen, daß ähnliche Phänomene auch beim Menschen auftreten können.

Man sollte ruhig aussprechen, was man für möglich hält. Natürlich hat es keinen Sinn, »herumzutheoretisieren« – Versuche ähnlicher Art müßten erst einmal von Forschern, die mehr davon verstehen, unternommen werden. Das wäre vielleicht wichtig im Sinne einer Immunitäts-Anpassung, die es geben könnte. Alles ist möglich, solange nicht durch Versuche das Gegenteil bewiesen ist.

Von meinem bislang ausgewerteten Material will ich noch eine sehr interessante Beobachtung hervorheben. Ich erwähnte schon, daß Schakale sehr frühreif sind, mit Wolf und Hund verglichen. Ein Zufall brachte hierzu auch bei diesen Bastarden – die übrigens »Fast-Schakale« wurden – ein erstaunliches Beispiel. Wir nahmen einen Welpen aus der Wurfkiste, und zwar am 9. Lebenstag, um einige Nahaufnahmen zu filmen. Augenlider und Ohren waren noch verschlossen. Zu unserer Überraschung machte der Welpe, den wir mit dem Kopf zur Kamera gedreht hatten, einfach kehrt und krabbelte zielstrebig zum Wurflager zurück. Daraufhin nahmen wir einen Welpen nach dem anderen aus dem Wurflager und legten ihn in derselben Weise siebzig bis achtzig Zentimeter weit vom Wurflager entfernt hin. Jeder der vier Welpen (der fünfte war am zweiten Tag gestorben) machte genau dasselbe – er kroch zum Wurflager zurück.

Das bringt in diesem Alter kein Wolfs- oder Hundewelpe fertig. Wir filmten auch das Verhalten von Nora, die dabei war. Sie war natürlich gleich da, wenn wir einen Welpen aus dem Wurflager herausholten. Aber im Gegensatz zum Verhalten einer Hündin, der man in diesem Welpenalter eines ihrer Jungen abseits legt, trug sie den Welpen nicht zurück. Sie schnupperte nur kurz und ging wieder. Sie merkte, daß der Welpe von selber zurückfand, und ersparte sich das »Eintragen«.

Unter der Regie von Fritz Stapenhorst hat Peter Dolpp einen Film über die Jugendentwicklung des Dingos bei mir gedreht. Wir konnten festhalten, daß die Dingohündin jeden Welpen, der unter einundzwanzig Tage alt ist, in das Wurflager zurückbeförderte – teils durch Tragen, teils durch Schieben mit der Nase. Nora hat das damals bei ihren Schakal-Bastarden nicht getan. Offenbar deswegen nicht, weil sie »erkannte«, daß diese Kerle von selber zurückfinden. Ein Beispiel von Einsichtsverhalten? Ich glaube, ja. Wäre das Eintragen der aus dem Wurflager herausgenommenen Welpen nur ein Instinktverhalten, dann hätte diese Hündin ganz »automatisch« die Welpen am neunten Lebenstag aktiv in das Wurflager zurückgebracht. Aber Nora tat es eben nicht.

Natürlich haben wir die Sache überprüft. Es hätte ja sein können, daß Nora den Welpen sozusagen die Richtung durch Anstubsen gezeigt hat. Also entfernten wir die Hündin bei den letzten zwei Welpen, um zu sehen, was dann geschieht. Aber auch diese Welpen fanden ohne Umwege zielstrebig zu ihren Geschwistern zurück. Ich betone nochmals – es waren ja nur »halbe« Schakale. Nora war trotz Dingoblütigkeit vorwiegend Haushund. Da der Dingofilm – nebst anderen Beobachtungen – klar zeigt, daß auch eine Dingohündin selbst Welpen von achtzehn Tagen einträgt, muß also hier wohl doch ein Einsichtsverhalten vorgelegen haben. Nora bemerkte, daß ihre Hilfe unnötig war.

Eine solche Feststellung ist außerordentlich wichtig. Zeigt sie uns doch, daß Schakale ganz anders sind – auch dann noch, wenn sie zur Hälfte Haushund sind.

Die vier Welpen – drei Rüden, eine Hündin – wuchsen unter optimalen Bedingungen auf. Sie waren der Mittelpunkt des Lebens meiner vielköpfigen Familie. Ganz natürlich, daß diese Bastarde richtige Schoßhunde wurden, lieb, anschmiegsam und kontaktfreudig. Interessanterweise waren drei von ihnen, als sie ausgefärbt waren, annähernd dingofarben, also gelblich, oder genauer gesagt, hell lehmfarben; einer der drei Rüden aber hatte die graue Färbung seines Schakal-Vaters.

1975, etwa einjährig, übersiedelten wir die Bastarde nach Sulzfeld in Unterfranken. Der graue Rüde und die einzige Hündin bekamen ein eigenes Gehege. Einen der anderen gelben Rüden gaben wir zu einer Dingohündin, den anderen zu einer Elchhündin. Man erinnere sich – die Mutter Nora war dingo- und elchhundblütig. Also war es naheliegend, einmal Geschwisterverpaarung, zum anderen Rückkreuzungen nach der einen und nach der anderen Seite durchzuführen. Das alles hätte ungemein aufschlußreiche Ergebnisse über Vererbungsfragen erbracht.

Hier muß ich noch etwas nachtragen. Ehe wir nach Sulzfeld übersiedelt sind, haben wir in der alten Grubmühle in Oberbayern schon einen Nachzuchterfolg gehabt. Die einzige Hündin aus diesem Wurf Noras hatte nämlich bereits am 16. März 1975, wenige Monate vor unserer Übersiedlung, ihrem grauen Bruder einen Wurf gebracht. Die Hündin hatte also im Alter von sieben Monaten aufgenommen; das ist sehr früh, kommt aber bei Dingos oft vor. Eine Läufigkeit im Alter von sieben Monaten, wie sie bei den meisten unserer Hunde üblich ist, führt bei diesen nur selten zum Erfolg. Bei meinen Dingohündinnen wurden die Welpen dann nur ausnahmsweise aufgezogen. So war es nicht verwunderlich, daß die Mischlingshündin ihren Wurf nicht großgezogen hat.

Nach der Übersiedlung nach Sulzfeld teilten wir die Mischlinge also in drei Gruppen auf. Da war zunächst der graue Balthasar mit seiner Schwester Barbara in einem Gehege. In einem anderen wurde Benjamin mit der Dingo-Hündin Shana, in einem dritten Bes mit einer Elchhündin untergebracht. Die Absicht war klar: Ich erwartete eine neuerliche Geschwisterverpaarung sowie eine Rückkreuzung auf Dingo und eine auf Elchhund.

Solche Folgewürfe können wertvolle Aufschlüsse über Verhaltens-Erbgänge, Farb- und Form-Vererbung bringen. Besonders wichtig erschien mir dabei die geplante Schakal-Dingo-Linie. Mitte November 1976 kamen tatsächlich fünf Welpen aus dieser Verbindung in einer von Shana selbst gegrabenen Höhle zur Welt. Meine Freude war außerordentlich groß – wenn diese Welpen gesund aufwachsen, dachte ich, wird das ganze langjährige Zuchtexperiment seine zweite Krönung finden. So war ich froh, daß vier dieser zweiten Kreuzungs-Generation tatsächlich prächtig heranwuchsen und ungemein lebhaft wurden; so lebhaft, daß wir am Boden noch ein zusätzliches Maschengeflecht anbringen mußten, weil die kleinen Kerle unsere Weidestromdrähte ignorierten und dann frei umherliefen. Das hatten übrigens auch die Schakalbastarde so gehalten.

Mittlerweile war die Forschungsstation in Sulzfeld in andere Hände übergegangen – mit Ausnahme natürlich meiner dort verbliebenen Forschungshunde. Als ich eines Tages einem Journalisten die jungen Welpen zeigte, sah ich, daß ein Teil des Bodengitters entfernt worden war, Welpen und Mutter liefen frei herum. Der Rüde Benjamin saß frierend in einem kleinen Transportkäfig. Shana kam freudig zu mir und ließ sich in das Gehege zurücksetzen. Auch die Welpen konnte ich zurücksetzen, ohne viel Erfolg, da sie gleich wieder ins Freie schlüpften. Ich überlegte schon, ob ich nicht zumindest die Jungtiere zu mir in die Wohnung nehmen sollte, als ein Mitarbeiter auftauchte, der mir erklärte, die Sache würde in Ordnung gebracht. So konnte ich beruhigt wieder fortfahren. Am nächsten Tag erfuhr ich, daß alle Tiere eingeschläfert worden sind. Die Kadaver wurden vernichtet. – Damit war dieser Teil meines Zuchtexperimentes verloren.

Allein die Dingo-Hündin Shana ist dieser »Sachbeschädigung«, wie dieser böse Eingriff in mein Eigentum juristisch heißt, entgangen. Sie war davongelaufen, und zwar sehr weit – eine Woche später nämlich tauchte sie mit Schußverletzungen dreißig Kilometer entfernt im Garten eines Tierarztes auf. Der wußte sofort, daß es sich nur um einen meiner Hunde handeln könne, behandelte Shana und verständigte mich. Shana ist inzwischen nach einem Malamut zweimal Mutter geworden und lebt heute noch bei mir.

Die andere Linie sollte die Nachzucht mit der Elchhündin erbringen. Es wurde aber nichts daraus. Als ich die Hunde wiedersah, war ich über alle Maßen erschrocken. Sie waren in der Zwischenzeit derart gemästet worden, daß sie kaum noch wie Hunde aussahen. Ich konnte damals nur die Elchhündin und einen Huskyrüden mitnehmen. Umgehend führte ich sie einem Experten für nordische Hunde vor. Der war entsetzt über diesen »Mastzustand«, eine brutale Tierquälerei. Wir versuchten mit aller Vorsicht, die Tiere durch langsames Herabsetzen der Futterration wieder in ihren Normalzustand zu bringen. Der Huskyrüde verendete aber bald an einem Herzinfarkt. Die Elchhündin ließ ich einschläfern, um ihr ein ähnliches Schicksal zu ersparen. Ich verzichtete darauf, den verfetteten Schakalbastard Bes zu mir zu nehmen, da er für weitere Zuchtversuche kaum noch verwendbar gewesen wäre.

Aber das ist noch nicht alles, was ich an Dummheit und Brutalität erlebte, mit der Menschen langfristige Züchtungen, Arbeit, Planung, finanziellen Einsatz – und das Leben harmloser Geschöpfe zerstörten. Und sich hinterher auch noch köstlich darüber amüsierten.

Nachdem der zuständige Jagdpächter sich schon von Anfang an gegen die Errichtung unserer Forschungsstation gesträubt hatte, veranstaltete er eine Treibjagd, zu der er weit mehr Gäste eingeladen hatte, als das Revier Hasen enthielt. Als man am Abend die Strecke legte, enthielt sie neben fünf Hasen auch einen – Goldschakal.

Er war meinem Mitarbeiter beim Gehegebau entlaufen, versteckte sich tagsüber am Waldrand und kehrte gegen Abend zu dem Gehege, in dem sich seine übrigen Geschwister befanden, zurück. Dabei wurde er gesichtet und abgeschossen. Er gehörte zu jener Geschwistergruppe, die wir Ende April 1975 aus Freiburg erhalten hatten und war zu der Zeit sieben Monate alt. Das ist ein Alter, in dem so ein Goldschakal bestenfalls in der Lage ist, sich von Mäusen und Aas zu ernähren, und froh ist, wenn er zu seiner Gruppe zurückkehren kann, zumal es dort immer Futter gab. Es bestand also nicht der geringste Grund, dieses Tier, das wir ja bald wieder in Gewahrsam gehabt hätten, abzuschießen.

Am folgenden Morgen hatte man auch dort, wo das Gelände völlig eben und damit gut einsehbar war, einige Weidestromdrähte durchgehackt und mit Flinten in die Baumkronen geschossen. Daraufhin brachen einige Tiere aus, darunter eine Dingohündin. Sie konnte entkommen, während zwei andere Hunde auf der Strecke blieben: ein Dingo-Rüde und einer von den jungen Goldschakalen. Ein mageres Jagd-Ergebnis – so erschoß man einen Hund direkt im Gehege, die bereits tragende Kreuzungshündin Barbara. Die Blutspuren wurden von der Kriminalpolizei später sichergestellt und bewiesen den Tatvorgang. Wochenlang waren die anderen Hunde nervös, rannten in ihren Gehegen immer im Kreis, kamen nicht mehr, wie früher, zur hingehaltenen Hand.

So wünscht man sich doch manchmal, wie das Forscherehepaar Hugo und Jane von Lawick-Goodall mit Land-Rover und Zelt im Ngorongoro-Krater, weitab von jeder Zivilisation zu sitzen und die »wilden Freunde« da zu beobachten, wo es keinem normalen Menschen einfallen würde, sie abzuschießen oder Forschungen zu stören. Diese beiden Forscher haben uns durch ihre Freilandbeobachtungen in Ostafrika ein umfassendes Bild vom Leben der Goldschakale geboten. In ihrem Buch »Unschuldige Mörder« schreibt der weltweit bekannte L. S. B. Leakey als Vorwort: »Aber Jane und Hugo beobachten das Verhalten von Tieren auf ungewöhnliche Weise und betreiben ihre Feldforschung mit einer schier unübertrefflichen Geduld und Ausdauer. Hinzu kommt noch Hugos außergewöhnliche Begabung für Tierfotografie in freier Wildbahn. Und so nimmt es nicht wunder, daß ihr gemeinsames Werk die meisten anderen Tierbücher vergleichsweise oberflächlich erscheinen läßt.« Womit er entschieden recht hat!

Mir blieb schließlich nur mehr der schakalgraue Balthasar, der bis heute lebt. Die restlichen Jungschakale – von denen einer eingegangen war – mußten wegen Ausbessserungsarbeiten zunächst in einen viel zu kleinen Käfig. Man hat sie entgegen meinen Anweisungen solange darin gelassen, bis sie sich gegenseitig getötet hatten. Innerartliche Aggression wird nämlich sehr leicht ausgelöst, wenn die Tiere ohne Versteckmöglichkeit dicht an dicht Tag und Nacht zusammengepfercht sind. Gewissen Mitarbeitern war das offenbar unbekannt – oder gleichgültig.

So also sieht das Ende eines großen, gut geplanten Forschungsprogrammes aus, und der Leser wird verstehen, daß ich diese Vorgänge in diesem Buch festhalten will. Der verbliebene Balthasar freilich versuchte mich aufzumuntern, in dem er eine kleinwüchsige, rotbraune Huskyhündin deckte, von der ich nun vier Welpen habe. Sie sind ungemein schakalähnlich. Sicher wird deren Weiterzüchtung interessant, aber sie können mir jene damals vorgesehenen drei Zuchtgruppen nicht ersetzen.

Einige ungewöhnliche Beobachtungen, die in Ceylon gemacht werden konnten, will ich noch hinzufügen. Der »alte Brehm« schrieb über den Schakal: »Man kennt ihn im Morgenland überall und spricht von seinen Thaten mit demselben Wohlgefallen, mit welchem wir des Fuchses gedenken.« Das muß man richtig verstehen. Heute wird der Fuchs gern als der »Böse« abgestempelt, der einzig und allein an der Tollwut schuld sei. Früher, vor der Zeit der Amtstierärzte, der stetig zunehmenden Zersiedelung unserer Landschaft und der Einführung einer unbiologischen, lebensfeindlichen Landwirtschaft, war das anders. Da mochte der Waidmann den Fuchs noch – er achtete aber auch darauf, daß er sich nicht zu stark vermehrte. Aber er freute sich, wenn er spielende Fuchswelpen in der Maisonne vor dem Bau beobachten konnte. Er lächelte sicher auch, wenn Meister Reineke einmal mit viel List und Tücke einem Bauern einen »Mistkratzer« (sprich Huhn) holte. Dadurch ging die Landwirtschaft nicht zugrunde, ebensowenig die Bestockung des Reviers. Der Fuchs spielte bei uns einmal genau dieselbe Rolle wie der Schakal im Orient. Man wußte damals auch, daß Wölfe den Fuchs als Jagdbeute schätzten, wie sie das auch auf dem Balkan taten, wobei neben diesem auch der Europäische Schakal den Wolf fürchten mußte. Das ist nicht anders als in Amerika, wo der Wolf Füchse und Kojoten jagt.

Den viel größeren Wolf mochte man nicht besonders, schließlich vergriff er sich ja auch an den Schafherden, wagte sich aber nicht in die Nähe des Menschen. Der Schakal hingegen ließ die Schafe in Ruhe, vergriff sich zwar am Hausgeflügel, aber er suchte auch vor den Wölfen einen gewissen Schutz beim Menschen. Er entschädigte ihn für seine Diebstähle dadurch, daß er nächtlicherweilen den Unrat – der wie vielfach heute noch – einfach auf die Straße geworfen wurde, beseitigte. Wie das Füchse auch bei uns tun, wenn sie auf Müllplätzen umherstreifen.

Der Schakal erwarb sich also im Laufe der Menschheitsgeschichte viele Sympathien, und in Fabeln wurde er gern gegenüber dem Wolf als der wesentlich Klügere hingestellt, dem es immer gelingt, den plumperen »Räuber« zu überlisten. Dazu also drei Beispiele aus Ceylon.

Beispiel eins: Ittewa Sinhala schilderte 1974, wie zwei Schakale an einer Wasserstelle ein Stachelschwein überwältigten, das gerade von der Tränke wegwollte. Zunächst versuchte dieser große Nager, im Galopp zu   103 entkommen. Schakale sind natürlich schneller. So ging das Stachelschwein zur Offensive über, sträubte seine langen Stacheln, sprang vor und schaffte es, dem einen Schakal etliche seiner sehr unangenehm brennenden Stachelpfeile in den Leib zu rennen. Sie blieben sicherlich dort stecken wie Indianerpfeile, und so war der Schakal, der »vor Schmerz und Wut aufschrie«, zunächst damit beschäftigt, die Stacheln wieder zu entfernen. »Obwohl das Stachelschwein mehrmals in der gleichen Weise angriff«, schreibt Sinhala, »konnte das arme Tier seine Verfolger nicht abschütteln. Diese waren inzwischen schlauer geworden.« Sie ermüdeten das große Tier, und als es unbeholfener wurde, gelang es einem der Schakale, ihm in den Kopf zu beißen. Als das Tier zu Boden gegangen war, zerbiß einer der Schakale dessen Kehle.

Diese Schakale hatten noch keine rechte Erfahrung mit diesem durch die langen, kräftigen Stacheln gut geschützten Tiere. Aber durch schmerzliche Erfahrungen lernten sie schnell, wo man zupacken muß. Es ist anzunehmen, daß die beiden beim nächsten Stachelschwein vorsichtiger gewesen sind und die Sache von vornherein richtig angepackt haben.

Beispiel zwei: Wieder Ceylon, Ruhuna-National-Park. Der Wildhüter C. E. Harris schilderte 1975, wie er einen auf Elefantenmist scharrenden Bankiva-Hahn (Bankiva-Hühner sind die Vorfahren unserer Haushühner) und einen Schakal sah, der sich von jenem etwa fünfzig Meter weit entfernt hielt, hinter einem hohen Grasbüschel verborgen. Ein zweiter Schakal hatte sich hinter einem Gebüsch versteckt.

Und nun kommt die List: Der Schakal mit wenig Deckung hob immer ein wenig den Kopf, um den scharrenden Hahn auf sich aufmerksam zu machen. Der äugte auch immer wieder mißtrauisch zu jenem hinüber. Der andere Schakal kroch ganz langsam näher, und zwar immer dann, wenn der Hahn seinen Kopf wieder zum Dunghaufen herabgesenkt hatte. »Das dauerte so fünfzehn bis zwanzig Minuten. In dieser Zeit hatte der Schakal hinter dem Hahn sich bis auf etwa fünf Meter genähert. In diesem Augenblick zeigte der Schakal hinter dem Grasbüschel nicht nur seine Ohren, sondern auch seinen Kopf. Der Hahn sah also noch öfter auf ihn.«

Der andere Schakal konnte sich ganz nahe heranschleichen, sein »Partner« kam nun hinter dem Grasbüschel hervor und schlenderte ganz langsam auf den Hahn zu. Der merkte im letzten Moment, daß auch von hinten eine Gefahr auf ihn zugekommen war – aber es war zu spät. Er wurde die Beute der listigen Jäger.

Kein vernünftiger Mensch wird glauben, daß es sich bei den beiden Schakalen um eine Instinkthandlung, um eine Koordination von Beutefanginstinkten gehandelt haben könnte. Das war Einsichtverhalten, aus Erfahrung gelernt. Ob unsere Hunde auch noch solche Leistungen vollbringen können? Die beiden Schakale können sich doch vorher nicht »abgesprochen« haben. Es muß hier Verständigungsformen geben, von denen wir nichts wissen und die nur auf einer beachtlichen Intelligenzstufe möglich sind.

Beispiel drei berichtet der Wildwart M. M. D. Perera aus dem Wilpattu-National-Park. Hier geht es um die Erbeutung von ausgewachsenen Axis- und Sambarhirschen durch einen einzelnen Schakal; man möchte es kaum glauben, denn immerhin erreichen diese beiden Hirscharten eine Körperhöhe von durchschnittlich einem Meter. Sie haben sehr viel Kraft und ein Gewicht von hundert bis zweihundert Kilogramm, der Schakal hingegen kaum fünfzehn Kilogramm.

Aber – Intelligenz kann Kraft ersetzen! »Der Schakal beobachtet lange Zeit die Gegend, wartet dann hinter den Büschen, bis die Hirsche zum Trinken ans Wasser kommen. In dem Augenblick saust der Schakal wie ein Pfeil auf die Herde zu, meistens auf ein großes weibliches Tier. Er springt ihm an die Kehle und beißt so tief, daß das Tier zu Boden fällt.« Mit dieser Methode hatte der Schakal bei acht Angriffen fünfmal Erfolg gehabt. Der Wildhüter konnte auch feststellen, daß die Hirsche dadurch viel vorsichtiger geworden waren.

Neun Tage alter Schakal-Hund-Kreuzungswelpe, Laufstudie

Alle diese Berichte zeigen, daß Erfahrungen beim Beutefang »zielge-recht ausgewertet« werden. Beutegreifer, die nicht in der Lage wären, solche Erfahrungen zu sammeln, hätten nur geringe Überlebens-Chan-cen. Angeboren ist wohl nur das Erhaschen von Kleintieren, wie Eidechsen oder Mäuse, Heuschrecken und was es da sonst noch alles gibt. Der Erfolg beim Erbeuten größerer Tiere wird von der Aufnahmefähig-keit des Gehirns bestimmt, also vom Speichern unterschiedlicher Erfahrungen, die, miteinander verknüpft, zum Ziel führen können. Je besser der »Computer Gehirn« in dieser Richtung arbeitet, um so größer die Chancen.

Hier folgt die Natur einem sehr rationellen Prinzip. Ein einfältiger Mensch läuft täglich einen Kilometer, um seine notwendige Lebensmittel-ration für einen Tag zu kaufen. Ein kluger Mensch kauft sie wöchentlich für die ganze Woche. So spart er sich sechs Kilometer, hat zwar mehr zu tragen, aber wenn er einen Einkaufsbehälter auf Rädern verwendet, spart er noch an Kraft. Erst denken, dann handeln, sagt man, und wenn es jener Hirsche erbeutende Schakal auch nicht so klar berechnen kann – eins ist sicher: Ein Hirsch entspricht in etwa 10000 Mäusen. Und das artet in Arbeit aus! So dumm ist eben kein Schakal.

Nun noch zu einem anderen Aspekt, der dem Schakal wenig Sympathien eingebracht hat, seine Lautäußerung. Alfred Brehm, der ja einige der Heimatländer des Schakals bereist hat, schildert das in reizvoller Weise. Er erwähnt zuerst seine Zudringlichkeit, sein Eindrin-gen in menschliche Siedlungen (was wir heute mit dem Wort »Kulturfol-ger« bezeichnen) und fährt dann fort: »Durch diese Zudringlichkeit wird er weit unangenehmer und lästiger als durch seinen berühmten Nachtge-sang, welchen er mit einer bewundernswürdigen Ausdauer vorzutragen pflegt. Sobald die Nacht wirklich hereingebrochen ist, vernimmt man ein vielstimmiges, im höchsten Grade klägliches Geheul, welches dem unserer Hunde ähnelt, aber durch größere Vielseitigkeit sich auszeichnet. Jedenfalls ist es nicht als ein Ausdruck der Wehmut der lieben Tiere anzusehen; denn die Schakale heulen auch bei reichlicher Mahlzeit, in der Nähe eines großes Aases z. B., gar erbärmlich und kläglich, daß man meint, sie hätten seit wenigstens acht Tagen keinen Bissen zu sich genommen. Sobald der eine seine Stimme erhebt, fallen die anderen regelmäßig ein, und so kann es kommen, daß man von einzeln liegenden Gehöften aus zuweilen die wunderlichste Musik vernehmen kann, weil die Töne aus allen Gegenden der Windrose heranschallen. Unter Umständen wird man erschreckt durch das Geheul; denn es ähnelt manchmal Hilferufen oder Schmerzenslauten eines Menschen. Die Anglo-Inder pflegen die allbekannten charakteristischen Laute durch: ›Dead Hindoo! where, where, where!‹ wiederzugeben. Durch die Ausdauer, mit welcher die Schakale ihre Nachtgesänge vortragen, können sie unerträglich werden; sie verderben, zumal wenn man im Freien schläft, oft die Nachtruhe vollständig. Somit kann man es den Morgenländern nicht verdenken, wenn sie die überall häufigen Tiere hassen und diesem Hasse durch grauenvolle Flüche Ausdruck geben.«

Ich kann mich des Eindruckes nicht erwehren, daß an solchen »Nachtgesängen« nicht nur die Schakale beteiligt gewesen sein können. Meine Schakale erhoben ihre Stimme nämlich nur dann, wenn meine Dingos und andere Hunde anfingen. Dann fielen sie in den Chor ein und bereicherten seine Klangfarbe durch unbeschreiblich komische, kleckernde Laute. Jedenfalls ist Wolfs- oder Hundegeheul anders als das von Schakalen, viel melodischer, viel angenehmer anzuhören. Und wenn unsere Hunde heulen – was sie selten genug tun –, dann lauschen wir andächtig, weil es so schön ist. Mischen sich aber die Schakale bzw. deren verkreuzte Nachkommen ein, wird die Melodie dieses Chorgesanges erheblich gestört. Das von Alfred Brehm erwähnte »Dead Hindoo! where, where, where« ist ganz ausgezeichnet nachempfunden.

Ein ausgeprägtes Heulen tritt bei Beginn der Paarungszeit auf. Rüde und Hündin heulen gemeinsam, wobei der Rüde mit seinen Vorderpfoten auf Rücken und Schultern der Schakalin aufgestützt steht. Eine Verhaltensweise, die mir von keinem anderen Hundeartigen bekannt ist. Auch Hugo van Lawick erwähnt dieses nur während der Paarungszeit vorkommende Aufstützen der Vorderpfoten auf dem Rücken des Partners, das erstmals von Alfred Seitz im Nürnberger Zoo beobachtet und fotografiert worden ist.

6. Kojoten

An einem Abend, als ich gerade vor dem Pantoffelkino saß, läutete das Telefon – Dr. Albrecht aus dem Amsterdamer Zoo fragt an, ob ich eine aus freier Wildbahn stammende, handaufgezogene, eineinhalbjährige Kojotin für meine Arbeit brauchen könnte. Ich habe einen Freudensprung gemacht.

Am 3. Februar 1973 – Telefon. Am Bahnhof Starnberg ist eine Transportkiste aus Amsterdam eingetroffen.

Mein Freund Xari kam mir mit einem Kastenwagen seiner Kosmetik-Firma zu Hilfe. Wir brausten sofort mit dem blümchenverzierten Wagen los. Am Bahnhof angekommen, zeigten uns die zwei diensthabenden Beamten der Bundesbahn zwar die Transportkiste – aber sie lieferten sie nicht aus. Obwohl Konrad Lorenz persönlich bestätigt hatte, daß das Tier der Forschung dient, durften die Beamten die Kiste nicht übergeben – weil die zuständige Zollbehörde am Samstagnachmittag nicht erreichbar ist.

»Sie müssen am Montag vormittag wiederkommen« – war der Bescheid. Ich erfuhr haargenau die Vorschriften der Expreßgutabteilung und deren Abhängigkeit vom Zollamt. Vorschriften sind nun einmal Vorschriften, auch wenn ein Hund dabei in seiner Transportkiste verreckt.

Das war mir übrigens nicht ganz neu. In Montreal hatte ein kanadischer Wolfsforscher einer Tierärztin einmal eine Schlittenhündin geschenkt, die bei Eskimos am Mackenzie-River (zwischen den Mackenzie Mountains und dem Yukon-Plateau, nördliches Kanada) geboren war. Sie brachte diesen etwa eineinhalb Jahre alten Hund zunächst nach Heidelberg und sandte ihn von dort an den der Grubmühle nächstgelegenen Bahnhof Weilheim/Oberbayern. Telefonisch teilte sie mir die Ankunftszeit mit. Ich war pünktlich am Bahnhof – aber die Expreßgutabgabe hatte Dienstschluß. Durch eine Glasscheibe konnte ich die Transportkiste sehen, sogar fotografieren. Mehr aber nicht. Die Bahnbeamten feierten direkt am Bahnhof gerade irgendein Betriebsfest. Natürlich war der zuständige Beamte nicht bereit, nach Dienstschluß den Hund auszuliefern. Erst morgen, um neun Uhr. Am nächsten Tag wurde es halbzehn

Uhr – dann konnten wir den Hund endlich befreien. Ich weiß, warum ich in meinem »Ratgeber für den Hundefreund« die Flugreise befürwortet habe. Da kann man nämlich auch noch mitten in der Nacht das Tier holen, selbst wenn es aus dem Ausland eingeflogen worden ist.

Doch das nur nebenher. Xari und ich standen also am Bahnhof und hatten begriffen, daß wir in diesem Falle den beiden Beamten keinen Vorwurf machen konnten. Wir blieben ganz höflich. Das muß den älteren der beiden diensthabenden Herrn gerührt haben; er nahm mich nämlich zur Seite und flüsterte mir etwas ins Ohr. Dafür sollte er eigentlich einen Orden vom Tierschutzverein bekommen, denn seine Idee war großartig.

Xari und ich stiegen wieder in das Blümchen-Auto, fuhren zur Polizei und machten eine Anzeige gegen die Bundesbahn wegen Tierquälerei.

Heulender Kojote

Zwei Beamte sprangen sofort in ihren Dienstwagen und fuhren mit Blaulicht zum Bahnhof. Am Bahnhof forderten sie die Beamten auf, die Kojotin auf der Stelle auszuliefern, die Polizei übernehme die volle Verantwortung gegenüber dem Zoll.

Fünf Minuten später fuhren wir unter Polizeischutz nach Seewiesen, dem Institut für Verhaltensphysiologie – und alles war in bester Ordnung. Der Zoll schickte einige Tage danach die Einfuhrgenehmigung.

»Coya«, wie ich die Kojotin taufte, bekam aber dennoch behördliche Schwierigkeiten. In Bayern gibt es – wie in den meisten Bundesländern – eine Verordnung über das Halten »wilder, gefährlicher Tiere«. Also schrieb ich an das »Amt für öffentliche Ordnung« in Landsberg am Lech einen Brief, in dem ich unter Berücksichtigung meiner Forschungsarbeit darum bat, eine offizielle Haltungsgenehmigung zu bekommen. Ich beschrieb auch ganz genau, wie dieses »wilde, gefährliche Tier« ganz sicher verwahrt werde. Großmütig erteilte man mir die Haltungsgenehmigung, ohne daß irgendwer nachschauen kam, ob meine Angaben auch wahr seien. Aber man konnte nicht umhin, mir eine scharfe Rüge zu erteilen. Ich hätte nämlich mein Gesuch einreichen müssen, ehe ich das »wilde, gefährliche Tier« importierte.

Dieser Brief kam an, als meine Coya schon tot war. Die Schuld an ihrem Tod trage ich, weil ich zu wenig Erfahrung mit dem Verhalten von Kojoten hatte.

Das kam so: Ich hatte in einem unbedachten Raum der Grubmühle erstmals einen sehr großen Käfig aufgestellt, in dem sich Coya gut bewegen und ihre neue Umgebung kennenlernen konnte. Darin hatte sie auch die Möglichkeit, sich in einer Hütte zu verkriechen. Dann setzten wir Paroo, den Sohn von Aboriginal und Suki, meine ersten Dingos, in diesen Raum, damit sich die beiden Tiere kennenlernen können. Mein Plan war, eine Dingo-Kojoten-Kreuzung zu erzielen.

Aber wie es in Oberbayern häufig vorkommt – das Wetter machte nicht mit. Es schneite und schneite viele Wochen lang. Wir deckten den Käfig ab. Coya machte bald einen ruhigen, gelassenen Eindruck, nahm freundlich Futter aus der Hand, beschnupperte sich ebenso freundlich mit Paroo – es schien alles gut zu gehen.

Als die Witterungsverhältnisse sich wieder normalisiert hatten, öffnete ich den Käfig. Nach halbstündigem Zögern sprang Coya endlich aus dem Käfig heraus. Man kann nicht sagen, daß sie von Paroo begeistert war

– aber die beiden respektierten sich freundlich. Nach und nach schlossen sie Freundschaft, und ich sah schon Dingo-Kojoten-Kreuzungen voraus.

Leider kam es anders. Coya fand heraus, daß die eine Ziegelmauer an der Garage, die dahinter anschloß, nicht unüberwindbar ist. So stand sie eines Tages, wir hatten gerade Besuch, auf dem flachen Garagendach und schien zu überlegen, ob sie nicht dem nahen Wald zustreben sollte. Ehe sie fertig gedacht hatte, waren meine Frau und ich am Garagendach und trieben sie zurück. Beim Herabspringen landete sie auf dem dösenden Paroo, der natürlich erschrak und – was wir nicht beobachtet hatten – offenbar im Schreck zubiß. Coya war nichts anzumerken, sie nahm Futter auf und verhielt sich zunächst ganz normal, wie immer.

Nach einigen Tagen fiel mir auf, daß Coya nur mehr selten aus ihrer Hütte hervorkam. Ich notierte damals, daß sie zunehmend »scheuer« werde, konnte mir aber keinen Reim darauf machen. Kurz darauf war sie tot.

Eine äußerliche Untersuchung ergab nichts. Erst bei einer Sektion stellte sich heraus, daß sie in einer Hinterbacke schwarze Blutgerinsel hatte, auf zwei Löcher verteilt, die zweifellos von Paroos Fangzähnen stammten. Die Haut war geschlossen, hatte sich regeneriert. Den Tod hatten zwei kleine, äußerlich nicht sichtbare Blutgerinsel im Gluteus, dem Hauptmuskel der Keule, verursacht.

In den vorangegangenen Jahren hatte ich schon viele Verletzungen bei Hunden erlebt. Verletzungen, die so furchtbar waren, daß wir am Überleben zweifelten. Aber alle diese Hunde haben nicht nur überlebt, sondern auch noch froh und munter Welpen in die Welt gesetzt. Coya aber mußte an zwei geradezu lächerlichen Fangzahneinstichen sterben.

Das war ein harter Schlag für mich. Coya und ich hatten uns schon recht gut angefreundet gehabt, Paroo war ihr ganz zugetan – und nun war alles aus.

Meine Schuld – ich hätte an ihrem veränderten Verhalten der letzten zehn bis vierzehn Tage merken müssen, daß etwas nicht stimmt. Mit einem Antibiotikum hätte sie der Tierarzt retten können. Aber wahrscheinlich hätte auch der Tierarzt nicht erkennen können, woran es lag, denn äußerlich war überhaupt nichts zu sehen. Daß Paroo damals zugebissen hatte, ist nur eine Rekonstruktion – wir haben es ja nicht gesehen. Wenn ich dabei etwas zugelernt habe – was hilft es? Coya ist tot.

Das Kreuzungsexperiment fand niemals statt. Mein Buch wird teilweise zu einem Nekrolog – zu einem Trauerlied über meine wilden Freunde, die ich aus vielerlei Gründen immer wieder verlieren mußte.

Es wäre nicht nur schön, wenn Coya heute noch leben würde, es wäre auch eine Bereicherung unseres Wissens geworden, wenn sie mit dem wunderschönen Dingo-Rüden Paroo Junge bekommen hätte.

Bereits 1954 hat A. Gray in ihrem Buch über Säugetierbastarde angeführt, daß Goldschakal und Haushund verkreuzbar sind und ebenso fruchtbare Nachkommen liefern, aber sie konnte nicht mit Sicherheit angeben, ob sich auch Kojoten mit Haushunden bastardieren lassen. Wolf Herre war grundsätzlich der Ansicht, daß dies unmöglich wäre. Als einmal aber eine Kojotin von einem seiner Großpudel gedeckt worden war, geriet sie leider unter ein Auto. Man sollte Kojoten nicht frei auf der Straße umherlaufen lassen. Eine Untersuchung der Embryonen ergab, daß sie vermutlich nicht lebensfähig gewesen wären.

Einen unfreiwilligen Hinweis verursachten die Bewohner der kanadischen Stadt Toronto. Am Riverdale Park ärgerten sich die Bürger über das allnächtliche Kojotengeheul. So wurde den Kojoten nachgestellt, aber ohne großen Erfolg. Es blieben noch etliche übrig, und mangels gleichartiger Partner verpaarten sie sich mit Hunden. Danach ärgerten sich die Anrainer über das nächtliche Gebell, das sich dem Heulen zugesellte...

1931 kamen ein männlicher und ein weiblicher Schädel solcher erlegten Mischlinge in das Royal Ontario Museum in Toronto.

Die Farmer Nordamerikas hatten längst gewußt, daß man Hunde mit Kojoten verkreuzen kann. Schon Alfred Brehm sagte: »Viele indianische Hunde gleichen den Prayriewölfen in der Gestalt nicht wenig; es ist also zu vermuten, daß Vermischungen zwischen beiden Tieren vorkommen.« Es ist auch interessant, daß das Wort »Prayriewolf« oder auch »Heulwolf« den Kojoten meint.

Was bei den Indianern wohl ungewollt passierte, haben die Farmer bewußt herbeigeführt, wenn sie ihre läufigen Jagdhündinnen in der Prayrie anbanden, um sie von Kojoten decken zu lassen. Südamerikanische Forscher stellten fest, daß amerikanische Jagdhunde sehr häufig Kojotenblut enthalten. Auch die Forscher Young und Jackson haben 1951 behauptet, daß die Indianer in Mexiko und in den Staaten kojotenblütige Hunde gehabt haben.

*Die kanadischen Timberwölfe werden in einige Unterarten aufgeteilt. Sehr häufig
treten bei ihnen Schwärzlinge auf, die in Tiergärten oft reinerbig weitergezüchtet
werden; gelegentlich kommt es dann zu weißen »Abzeichen« an Brust und Pfoten.*

Bei Wölfen gibt es in der Färbung und Zeichnung viele individuelle Unterschiede. Der hier abgebildete kanadische Wolf ist ein Gegenstück zu dem schwarzen Wolf auf Bild 7.

Aber alle diese Angaben sind wissenschaftlich nicht unbedingt bewiesen, so daß es leicht war, immer wieder die Verbastardierung zwischen Kojoten und Hunden abzustreiten.

Inzwischen ist der »Coy-dog«, der Kojoten-Hund, eine Selbstverständlichkeit geworden. In ihrem Buch über die Wildhunde der Welt schreibt Lois E. Bueler 1973, daß sich Kojoten mit Hunden in der Gefangenschaft, aber gelegentlich auch auf freier Wildbahn paaren. Detlev Müller-Using hat in seinem Beitrag in »Grzimeks Tierleben« über diese Coy-dogs eine ausführlichere Darstellung geboten, von der ich hier die wichtige Tatsache herausheben will, daß diese Kreuzungen im Gegensatz zum Kojoten zweimal im Jahr wölfen und daß sie bereits mit einem Jahr fortpflanzungsfähig sind. Der Kojote ist das erst im zweiten Lebensjahr. Weiterhin sind die Nachkommen aus solchen Verpaarungen unbegrenzt fruchtbar. Es ist auch nicht verwunderlich, daß diese Kojotenhunde frecher sind als Kojoten und ähnlich den Dingo-Haushundmischlingen Australiens den Haustieren viel gefährlicher werden als reine Kojoten.

Nachdem also einwandfrei klargestellt ist, daß sich Kojoten mit Hunden fruchtbar verkreuzen, war es den Zoologen etwas »mulmig« geworden. Denn klar ist auch, daß Hunde vom Wolf abstammen. Das würde bedeuten, daß Wolf und Kojote eben doch viel enger verwandt sind, als man dachte, und daß eben doch verschiedene Arten untereinander fruchtbar verbastardiert werden können und fruchtbare Nachkommen zeugen. Das dürfte aber nach gewissen Vorstellungen der Wissenschaft nicht sein, Kreuzung nahe verwandter Arten ja – aber die Bastarde haben unfruchtbar zu sein, lautete die Vorschrift. Wolf, Kojote und Goldschakal haben diese Vorschrift offensichtlich nicht zur Kenntnis genommen. Auch die südlichste Form des nordamerikanischen Wolfes – der Rotwolf *(Canis lupus niger)* – verpaart sich mehr und mehr mit dem Kojoten auf freier Wildbahn, wodurch große Mischpopulationen entstanden sind. Darüber mehr im Wolfskapitel.

Hier soll uns noch etwas anderes interessieren, nämlich das Kreuzungsexperiment, das 1956 von Alfred Seitz im Nürnberger Zoo begonnen worden ist. Im April jenes Jahres nämlich brachte eine aus New York importierte Kojotin unbekannten Alters einen Rüden zur Welt, dessen Vater ein im Tiergarten Nürnberg 1953 geborener Goldschakal der nordafrikanischen Form *(Canis aureus algirensis)* war. Damit war erstmals der Nachweis gelungen, daß auch diese beiden Wölflings-Arten verkreuzbar sind.

Natürlich ergab sich die Frage, ob dieser Artbastard auch fruchtbar ist. Es hat sich bald erwiesen, daß dies unbegrenzt der Fall ist. Zunächst hat der Mischlingsrüde seine Mutter gedeckt, später gab es weitere Nachkommen durch Geschwisterverpaarung. Mit diesem Experiment war die letzte Lücke geschlossen und die enge Verwandtschaft aller drei Arten erwiesen.

Kojote ist in Nordamerika ein Schimpfwort, von den Indianern übernommen. Diese hielten den Kojoten für feige, den Wolf für tapfer. Im letzten europäischen Krieg gab es ein in meinen Augen sehr vernünftiges Wort: Lieber fünf Minuten feig als ein Leben lang tot.

Kojoten sind nicht feige – sie sind klug, und zwar außerordentlich klug. Ernest Thompson Seton, einer der feinsinnigsten Tierbeobachter, die es je gegeben hat, beweist uns das in seiner Erzählung über die Kojotin Tito (er konnte damals nicht ahnen, daß es einmal einen Staatsmann gleichen Namens und ähnlicher Klugheit geben würde). Wir wissen nicht, ob Setons Erzählung in allen Details wahr oder auch etwas erfunden ist. Aber wenn letzteres der Fall sein sollte, dann hat er es gut erfunden.

Die Regierung hatte für jeden erlegten Kojoten Prämien ausgesetzt. Das ist nichts besonderes, das gab es auch für Wölfe und Dingos. Mister »Wolfjakob«, ein Prämienjäger, von dem Seton erzählt, fand ein Wurflager mit Kojotenwelpen und tötete zunächst die Mutter. Seton schildert dann die Welpen, die Vielfalt der Veranlagungen innerhalb eines Wurfes; wir finden das bei allen Wölflingen und nicht zuletzt auch bei unseren Hunden: »Nach einer Stunde kamen die beiden (Wolfjakob und sein Dienstherr) bis ans Ende der Höhle und stießen auf die wolligen, helläugigen Jungen, die sich im äußersten Winkel zusammengedrängt hatten. Doch ihre unschuldigen Kindergesichter machten auf den grimmigen Feind keinen Eindruck. Eins nach dem anderen wurde gepackt – ein scharfer Schlag, und eine zuckende, widerstandslose Masse flog in einen Sack, der mit seinem Inhalt zur nächsten Behörde getragen werden sollte, die zur Auszahlung der Wolfsprämie berechtigt war.

Sogar in diesem zarten Alter zeigten die Jungen bereits eine gewisse Individualität. Ein paar winselten, als man sie hervorzog, und andere heulten. Einige versuchten zu beißen. Dem einen war die Ahnung einer Gefahr am spätesten aufgegangen, er lief zuletzt davon, war daher den Verfolgern am nächsten und wurde so dem Tode zuerst überliefert. Eines hatte gleich die Gefahr begriffen und war unter seine Geschwister gekrochen. Kalten Blutes und erbarmungslos wurden die anderen umgebracht; und jetzt war das letzte, das kluge Junge an der Reihe. Es lag vollständig regungslos, auch als Wolfjakob es anfaßte, und seine Augen waren halb geschlossen, da es, vom Instinkt getrieben, den Feind durch seinen Scheintod zu täuschen versuchte. Als einer der Männer es aufhob, gab es keinen Ton von sich und sträubte sich nicht im geringsten. Da sagte Wolfjakob, der selten eine Gelegenheit versäumte, sich mit seinem Dienstherren gutzustellen: ›Wissen Sie, wir wollen eins für die Kinder aufheben.‹ So wurde das letzte Mitglied der Familie lebendig zu den toten Geschwistern in den Sack geworfen...«

Das kann nicht frei erfunden sein – ich kann dasselbe von Ben und Ali sagen, die Goldschakalwelpen, und auch Dingowelpen können sich – wie übrigens viele andere Tiere auch, vom Käfer über Unken, Schlangen, Vögeln, Rehkitzen und so fort – in einer Schrecksituation totstellen. So mancher Jäger weiß auch, daß der »tote« Fuchs in seinem Rucksack plötzlich wieder sehr lebendig geworden ist. Kürzlich legten wir ein Schaf flach auf den Boden, damit der Tierarzt den aufgetretenen Haarausfall untersuchen konnte. Es blieb nach der Untersuchung noch eine Minute wie tot liegen – um dann urplötzlich aufzuspringen und davonzulaufen.

Der Welpe, von dem Seton erzählt, wurde also die kluge, gerissene Tito, deren Name sich von dem lateinamerikanischen Wort »Cojotito« ableitet.

Lehrreich ist diese Geschichte, weil sie aufzeigt, wie gerade das instinktsicherste Tier überlebte und sich, wie dann Seton weitererzählt, zu einer ganz raffinierten, mit allen Gefahren fertigwerdenden Kojotin entwickelt hat. Der 1860 geborene Tierschriftsteller, der die Wälder Kanadas in seiner Jugend noch in all ihrer Unberührtheit kennengelernt hat, wußte schon, was er schrieb. Er gehört zu den großen Vorläufern der Verhaltensforschung, von der er, als er 1946 in Santa Fee verschied, wahrscheinlich noch nichts wußte.

Als er 1937 seine »Biography of an arctic fox« veröffentlicht hatte (»Lebensgeschichte eines Silberfuchses« heißt die – falsche – Übersetzung des Titels, Eisfuchs müßte es heißen), erschien das erste Heft der von Otto Koehler und Konrad Lorenz herausgebrachten »Zeitschrift für Tierpsychologie«, so benannt, weil das Wort Verhaltensforschung damals noch nicht geläufig war.

Heute bemühen sich rund neunzig Verhaltensforscher in Nordamerika um den Kojoten. Das Tier, mit dem einst gute Abschußprämien erzielt wurden, ist zu einem Politikum geworden. Es bringt Wählerstimmen!

Fast hätte man den Kojoten ganz ausgerottet, da bemerkten Feldbiologen, daß er eine enorm wichtige Rolle im Naturhaushalt spielt. Er ist nämlich vorwiegend Kleintierjäger, und die Mäuse, Taschenmäuse und was es sonst noch gibt, haben sich durch die Maßnahmen der Farmer prächtig vermehren können. So ein Getreidefeld ist ja eine herrliche Futterkammer für die Nager. Wo sich die Nager gut vermehren, haben auch die Klapperschlangen gute Chancen, kurz, wie überall: Wo der Mensch die Natur verändert, gerät sie aus dem altangestammten Gleichgewicht.

Da kamen die Schafzüchter und wurden bei der Regierung vorstellig. Diese Kojoten würden ihre Schafherden dezimieren. Sie jammerten genau wie die Schafzüchter in Australien wegen des Dingos. Nun sind reiche Schafzüchter auch gewichtige Wähler. Also mußte die Regierung was tun. Da gab es Leute, die den Kojoten als Schädlingsbekämpfer mögen – dort wieder Leute, die ihn als Schafräuber hassen.

Regierungen, wenn sie nicht mehr weiter wissen, rufen gerne Wissenschaftler auf den Plan; freilich erst recht spät, denn die erforderlichen Finanzmittel müssen ja erst überprüft werden. So war zunächst Zeit zum Überleben für die Kojoten gewonnen, bis die Wissenschaftler ihre Arbeit beginnen konnten. Grundtendenz dieser Forschung ist: Wie kann man Kojoten die unangenehme Eigenschaft abgewöhnen, den steuerzahlenden Schafzüchtern den Gewinn zu schmälern? Es müßte ihnen doch irgendwie beizubringen sein!

Die Untersuchungen fingen damit an, daß man erst einmal beobachtete, wie Kojoten Schafe erbeuten. Man errichtete größere Gehege, setzte Kojoten hinein und dann Schafe. Klarer Fall – die Kojoten reißen mangels anderer Nahrung die verängstigten Schafe.

Es bleibt die Frage: Kann man den Kojoten den – mit Sicherheit übertrieben dargestellten – Schafraub verleiden? Die Versuche laufen, und als gutgläubiger Mensch halte ich sie nicht für ganz aussichtslos.

Offen ist auch die Frage, ob nicht doch mehr jene Kojotenhunde für einen größeren Anteil der Verluste verantwortlich sind. Der reinblütige Kojote ist ebensowenig wie der Schakal – den er in Nordamerika ökologisch vertritt – ein Beutefänger, der sich freiwillig an größeren Tieren vergreift. Nur besondere Umstände können ihn dazu führen;

schließlich darf man nicht vergessen, daß man ihm fast das ganze Land weggenommen und zu Weizenfeldern und Viehkoppeln umfunktioniert hat. Städte wuchsen heran, Industriegebiete, Siedlungen aller Art. Das biologische und sogar das klimatische Gleichgewicht wurde in planloser Bodenausbeutung schwer geschädigt. Vielfach wurden aus einst fruchtbaren Steppen- und Waldgebieten gerade in den Heimatländern des Kojoten öde Halbwüsten. So müßte man also meinen, daß die Zahl der Kojoten – gleich der der Wölfe – bis heute stark abgenommen haben müßte. In vielen Gebieten ist aber genau das Gegenteil der Fall!

Die enorme Anpassungsfähigkeit und seine überragende Intelligenz haben es dem Kojoten ermöglicht zu überleben. Kojoten hatten ursprünglich manche Feinde, vor allem den Nahrungskonkurrenten Wolf, der sie leidenschaftlich verfolgte. Auch der Puma (Silberlöwe, Berglöwe) gilt als Feind des Kojoten. Jungtiere fallen vor allem größeren Greifvögeln zum Opfer. So wird verständlich, daß eine natürliche Auslese auf Schlauheit und Vorsicht von Urzeiten her auch eine große Anpassungsfähigkeit mit sich gebracht hat. Jene sprichwörtliche »Feigheit« des Kojoten gehört dazu. Es ist weit einfacher, Wölfe zu erlegen als diese Schlaumeister. Ich kann mir vorstellen, daß das allnächtliche Geheul der Kojoten den Jägern und Fallenstellern wie ein Hohn vorgekommen sein muß und den Schafzüchtern den Schlaf raubt.

Nun war der Kojote früher einmal sicher nicht nur Jäger kleinerer Beutetiere bis Hasengröße, sondern er tat sich auch an den Resten von Bären- und Wolfsmahlzeiten gütlich. Als durch die großen Büffelabschlachtungen im Westen das Land mit unzähligen Kadavern übersät war, mußten sich die Heulwölfe wie im Schlaraffenland vorkommen. Wir wissen, daß die Welpenzahl der Beutegreifer – aber auch die Nachkommenschaft von Pflanzenfressern – vom Futterangebot bestimmt wird. Man kann sich vorstellen, wie sehr sich damals, in den Jahren von 1830 bis 1884, also in rund fünfzig Jahren, die Kojoten vermehren konnten. Als diese Metzeleien aber aufgehört hatten (es gab danach noch etwa tausend Büffel), mußten sich die Kojoten umstellen.

Jetzt gab es die riesigen Rinderherden der Farmer, Rinder, die nicht so gut angepaßt waren wie die einstmals über weite Entfernungen wandernden Bisons. Immer wieder hatten die Farmer durch Krankheiten oder Trockenzeiten große Verluste. So mußten es die Kojoten schnell gelernt haben, daß überall dort, wo der Mensch auftaucht, auch ein beachtliches

Futterangebot vorhanden ist. Der listige Prayriewolf wurde zum Kultur-folger, zum anhänglichen Begleiter der Rinder- und Schafzüchter.

Natürlich konnte und kann er sich seiner geringeren Stärke wegen nicht an solche Herden heranwagen, um erwachsene Tiere zu erbeuten. Wenn Schafe das Nahen von Schakalen bemerken, drängen sie sich zu einer einzigen Masse zusammen. Auch starke Wölfe kapitulieren da. Diese Beutegreifer suchen stets nach abgesprengten Einzeltieren. So ist ein Versuch, bei dem man Kojoten mit ein oder zwei Schafen in ein Großgehege setzt, grundsätzlich falsch. Er zeigt nur, wie ein Schaf gerissen wird, also die Fangmethode, den Tötungsbiß – aber nicht, welche Schafe unter normalen Farmverhältnissen getötet werden.

Jeder Schäfer weiß, daß Einzeltiere, die hinter der wandernden Herde zurückbleiben, nicht gesund und kräftig sind. Auch Lämmer, die der lockenden Mutter nicht folgen, haben keine Überlebens-Chancen. Ein Muttertier, das sein Lamm sucht, bringt die ganze Herde ins Stocken. Mir war einmal eine kleine Herde von acht Schafen davongelaufen. Genau nach acht Tagen kamen die Tiere zurück. Am nächsten Tag fand nämlich eine Geburt statt, und daher suchte die Gruppe eben den sicheren Stall auf. Derselbe Vorgang spielte sich eine Woche später ab, als abermals ein Schaf vor dem Ablammen stand. Bei größeren Herden werden die Lämmer inmitten der schützenden Herde geboren. So kann der Kojote nur dort Lämmer erjagen, wo diese von der Mutter und somit von der ganzen Herde verlassen werden. Der Grund für derartige Vorkommnisse ist immer eine vorgegebene Lebensschwäche des Lammes.

So muß man eigentlich annehmen, daß die Heulwölfe eine recht nützliche Aufgabe für und nicht gegen den Tierzüchter übernehmen. Sie reinigen die Natur von den verendenden Tieren, sie sind, auch wieder gleich dem Schakal, eine »Gesundheitspolizei«, oder besser gesagt, höchst notwendige Abfallbeseitiger und verhindern so auch die Ausbreitung ansteckender Krankheiten.

Natürlich wird es vorkommen, daß ab und an auch ein gesundes Tier durch irgendwelche Umstände versprengt wird und dadurch Kojoten zum Opfer fällt. Aber dieser Schaden ist mit Sicherheit weitaus geringer als der Nutzen, den sie bei der Gesunderhaltung der Haustierbestände bringen. Natürlich kauft mir das kein Schafzüchter im Lande der Prayriewölfe ab, denn für ihn ist jedes Tier seiner Herde ein Stück seines Besitzes, und wenn es noch so degeneriert ist.

Tierzüchtern das Umdenken zu lehren ist wahrscheinlich unmöglich. Eher lehrt man einem Schaf das Integralrechnen. So ist es nicht weiter verwunderlich, daß die Schafzüchter die völlige Ausrottung des Kojoten von der Regierung gefordert haben, wie einst auch ihre Kollegen die Ausrottung des Dingos in Australien. Was dabei dem Naturhaushalt verloren geht, ist ihnen bei jener Eingabe völlig gleichgültig gewesen. Sie zählen ja nur die Häupter ihrer Lieben und die Kasse. Beim Wolf hatte man es fast mit der Ausrottung geschafft, jetzt sind also die Kojoten dran.

Immerhin – solange das Forschungsprogramm läuft, haben die Kojoten eine Atempause, die ihnen wieder Zeit gibt, sich an die Sitten und Gebräuche der zivilisierten Menschheit zu gewöhnen. Wie man hört, tun sie das mit großem Erfolg.

Die Verbreitungskarte des Kojoten ist grundsätzlich falsch, weil man sie niemals richtig zeichnen kann. Sie zeigt nur an, wo es einmal Heulwölfe gegeben hat, wo es heute darüber hinaus gebietsweise solche gibt (was morgen vielleicht schon wieder nicht stimmt). Die Karte sagt natürlich nichts darüber aus, wo es die Kojoten morgen nicht mehr geben wird oder wo sie neu auftreten könnten. Sie breiten sich tatsächlich aus und leben heute schon in Gebieten, in denen es sie noch vor wenigen Jahren niemals gegeben hat. Ebenso wandern sie wieder in Gebiete ein, wo sie früher einmal schon zu Hause waren, aber vom Menschen verdrängt worden sind.

Offenbar haben die Kojoten schon seit längerer Zeit des Menschen Verhalten studiert – ohne staatliche Unterstützung – und ihre Schlüsse daraus gezogen. Ergebnis ihrer Studien: Überall, wo es Menschen gibt, läßt es sich gut leben – wenn man gut auf sich aufpaßt. So haben sich innerhalb der Stadtgrenzen von Los Angeles Kojoten niedergelassen, es scheint ihnen dort gut zu gefallen. Anderswo rücken sie auf die Stadt New York zu – in diesem Gebiet sind sie früher nie vorgekommen. In breiter Front marschieren sie dem amerikanischen Osten zu, als »Gegenleistung« dafür, daß die Oststaatler ihnen einst den »Goldenen Westen« streitig gemacht haben. C. W. Severinghaus hat 1974 eine Studie herausgebracht, in der er rekonstruiert, wie das im Staate New York vor sich gegangen sein dürfte. Da traten zunächst durch ihre unterschiedliche Färbung erkennt- liche Kojotenhunde in zunehmendem Maße auf, etwa in den frühen vierziger Jahren. Ein Jahrzehnt danach aber verschwanden sie mehr und mehr, dafür sah man zunehmend Heulwölfe, so daß man heute im ganzen Staate nur mehr reinblütige Kojoten sieht.

Das ist leicht zu deuten. Die Haushundmischlinge sind nun einmal nicht so gewitzt wie reinblütige Kojoten – sie gingen leichter vor die Flinte, leichter an die Giftköder, je größer ihr Anteil an Haushundblut war. Die stärker kojotenblütigen Hunde überlebten besser, bekamen Zuzug aus dem Westen durch reine Kojoten, und mit der Verbesserung der Überlebens-Chancen verlor sich schließlich das Haushunderbe. Kojoten lernen z. B. innerhalb kurzer Zeiträume Orte zu meiden, an denen Giftköder ausgelegt worden sind, Haushunde nicht. Ähnliches wissen wir von Dingos, und eigene Versuche bei letzteren mit harmlosen Narkosemitteln haben mir bewiesen, daß sie Bewegungshemmungen bei einem Artgenossen sofort registrieren und solche Fleischstücke, von denen er gefressen hatte, konsequent meiden. So hat man es sicherlich bei den Kojoten erreicht, daß sie, über derartige Erfahrungen klüger geworden, tote Tiere nie mehr anrührten, sondern sich lieber an lebende hielten.

So bleiben die »stillen Invasoren«, wie sie ein Zoologe einmal genannt hat, vorderhand die Sieger im Kampf ums Dasein. Das ist sehr erfreulich, weil sie der lebendigste Beweis dafür sind, daß man die Natur nicht ungestraft vergewaltigen kann. Glücklicherweise gibt es immer wieder Tierarten, die sich selbst weiträumigen Großstädten anpassen können, wie Felsentaube, Amsel, Turmfalke, Türkentaube und viele andere mehr. Man hat in einem Industriegebiet beobachtet, wie Singvögel gelernt hatten, daß man aus den weggeworfenen Drahtresten einer Herstellerfabrik viel besser Nester zusammenbasteln kann als auf die altmodische Methode. Wer weiß, ob nicht einmal das Kulturfolgertum des Kojoten dazu führt, daß er wie Eichhörnchen oder Singvögel in Parkanlagen oder wie Igel in den Gärten von Tierfreunden gefüttert wird. Schließlich wird er sich auch noch der Leine solcher freundlichen Zweibeiner anpassen. Der Wolf hat es ja schließlich auch getan. (Allerdings graut mir vor dem Tag, an dem der Koj-Bully auf der Ausstellung um das Prädikat größter Schönheit ringt, um dann als Mode-Koj in Massen gezüchtet und kistenweise versandt zu werden.)

Es ist wirklich so, daß der Kojote leicht zu zähmen und zu züchten ist. Dazu Alfred Brehm: »Ich pflegte geraume Zeit einen Prayriewolf, welcher im Zimmer aufgezogen worden und ebenso artig war wie ein

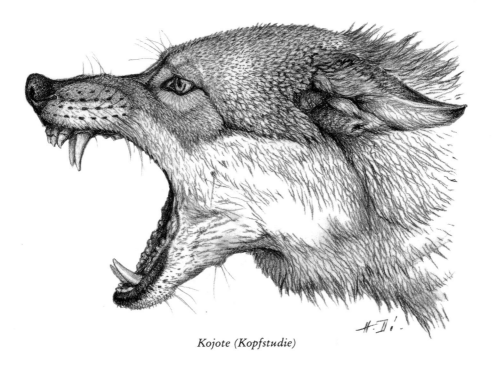

Kojote (Kopfstudie)

gutmütiger Hund, obgleich nur gegen Bekannte. Bei dem Anblick seiner Freunde sprang er vor Freuden hoch auf, wedelte mit dem Schwanze und kam an das Gitter heran, um sich liebkosen zu lassen. Die ihm schmeichelnde Hand leckte er jedoch nicht, sondern beroch sie höchstens.« – Letzteres ist wichtig. Es gibt ja viele Leute, die das Ablecken nicht mögen und Hunden daher ausweichen. Ihnen könnte mit Koj's geholfen werden.

Es gibt viele Berichte über die Geselligkeit des Kojoten, die man bei gefangenen Tieren beobachtete. Aber es gibt auch Bilddokumente aus freier Wildbahn, die zeigen, daß er sich auch mit andersartigen Tieren zusammentun kann, wobei einer vom anderen seinen Vorteil hat. Eine solche Jagdgemeinschaft konnte zwischen einem Dachs und einem Kojoten festgehalten werden. Der Dachs durchstöberte das für den Kojoten zu schwierige Unterholz, jagte einen Hasen hervor, den nun der geschicktere Heulwolf erbeutete und mit seinem ungleichen Kumpan teilte.

Ich habe noch nicht gesagt, daß die Systematiker neunzehn Unterarten des Kojoten unterscheiden möchten. Wie man das heute, nach all dem Hin und Her der Wanderungen, noch aufrecht erhalten will, weiß ich nicht. Man wird wohl damit rechnen können, daß es zu einer weitgreifenden »Panmixie« gekommen sein dürfte, also zu einer Verschmelzung der früheren Unterarten.

Wenn sich aber in »sexuellen Notstandsgebieten« die Kojoten mit Haushunden und auch mit ihren einstigen Todfeinden, den Wölfen, vermischen, dann kann man sich gut vorstellen, daß alle Unterartgrenzen längst verwischt sind. Höchstens in den äußersten Randgebieten der so weitreichenden Verbreitung zwischen Alaska und Mittelamerika (Costa Rica) werden sich »rassereine« Unterarten erhalten haben.

Ganz sicher sieht ein Kojote aus dem äußersten Norden anders aus als einer aus dem äußersten Süden, und einer aus dem Westen wieder anders als einer aus dem Osten. Könnte ich sämtliche Museen der Welt besuchen und mir noch etliches Material aus den Heimatländern direkt besorgen, wäre da sicherlich einiges noch aufzuklären. Eine interessante Aufgabe für die nächsten zehn Jahre...

7. Wölfe

Der Leser dieses Buches wird sich gewundert haben, warum ich die komplizierte Geschichte um die Eingliederung des Goldschakals im zoologischen System so ausführlich (aber noch lange nicht erschöpfend!) geschildert habe. Er wird sich auch fragen, was es ihn als Hundefreund oder Hundezüchter wohl angehe, daß der Kojote sich nach Osten und Südosten der Vereinigten Staaten ausbreitet und die Filmstars Hollywoods und die übrigen Bewohner von Los Angeles belästigt.

In diesem Kapitel soll diese Frage noch klarer beantwortet werden, doch wenden wir uns zunächst noch einer anderen Geschichte zu. Wie man so erfährt, gibt es in Spanien noch zwanzig oder dreißig Wölfe. In Finnland sollen es nur mehr sieben, in Norwegen etwa zwölf, in den Abruzzen Italiens rund hundert sein. Das sind die Ergebnisse jener Forscher, die im September 1973 einen internationalen Wildschutzkongreß in Stockholm abgehalten hatten. Zweihundertfünfzig Wissenschaftler aus zwanzig Ländern kamen zu dem Schluß, daß in den westlichen Ländern der Wolf unter Schutz gestellt werden müsse und daß er in den östlichen Ländern, wo er noch häufiger vorkommt, wie unser Jagdwild Schonzeiten haben solle.

Vom Aussterben bedroht ist vor allem der skandinavische Wolf. Ich habe eine solche Wolfsfamilie im Zoo von Kopenhagen gesehen und war begeistert von diesen prachtvollen Tieren, (so begeistert, daß ich Helmut Diller überredete, mit mir nochmals dorthinzufahren – nur wegen der Zeichnungen in diesem Buch. Dank dem Verlag, der für diese »Forschungsfahrt« ganz tief in die Tasche gegriffen hat!)

Die skandinavischen Tiergärten haben sich zusammengeschlossen und wollen, wie mir Holger Poulsen, der wissenschaftliche Assistent des Kopenhagener Zoos, sagte, versuchen, möglichst viele dieser wunderschönen Tiere nachzüchten, um sie einmal wieder in die freie Wildbahn zu entlassen. Ein wunderbares Vorhaben – nur, werden die Behörden auch soviel Verständnis aufbringen? Wir wollen es hoffen. Die Skandinavier haben eine sehr positive Einstellung zu ihrer Umwelt.

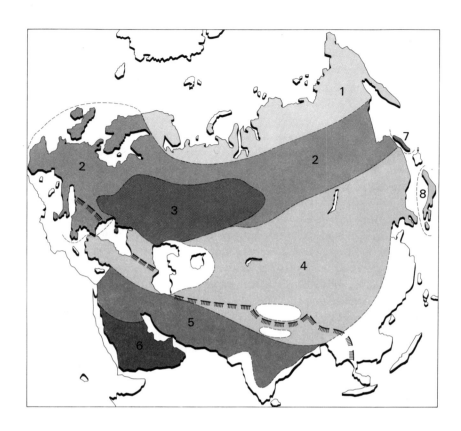

Die Verbreitung des Wolfes in Eurasien. Man kann hier folgende acht Unterarten unterscheiden: 1. Tundrenwolf (Canis lupus albus); 2. Waldwolf (C. l. lupus); 3. Steppenwolf (C. l. campestris); 4. Bergwolf (C. l. laniger); 5. Indischer Wolf (C. l. pallipes); 6. Arabischer Wolf (C. l. arabs); 7. Sachalin-Wolf (C. l. hattai); 8. Japan-Wolf (C. l. hodophilax), vollständig ausgerottet. – Die Karte wurde nach einer Verbreitungskarte von L. D. Mech (1970) angefertigt. Die durchbrochene Kammlinie gibt die nördliche und östliche Verbreitungsgrenze des Goldschakals an.

Aber obgleich die Russen grundsätzlich auch sehr viel Naturschutz betreiben – auf die Wölfe scheinen sie das nicht beziehen zu wollen. Sie haben in Großeinsätzen in den Nachkriegsjahren rund fünfhunderttausend Wölfe niedergemetzelt. Im gesamten Gebiet der Sowjetunion sollen nur hundertzwanzigtausend von ihnen übriggeblieben sein. Eine immer noch hoch erscheinende Zahl, aber wenn man sie auf die Anzahl der Quadratkilometer dieses ungeheuren Landes aufteilt, ist es eigentlich gar nicht so viel. Die Sowjetunion umfaßt nämlich 22 402 200 Quadratkilometer.

Umgerechnet würde das bedeuten, daß heute auf 186,7 Quadratkilometer ein Wolf kommt und früher auf gut sechsunddreißig Quadratkilometer einer. Auf einer Fläche von der Größe der Schweiz 41 288 km²) würden also 1146 Wölfe leben. Bei aller Naturverbundenheit der Eidgenossen – man könnte es ihnen nicht verargen, wenn sie was dagegen hätten.

Diese Zahlen sind natürlich mißverständlich, denn der Abschuß jener fünfhunderttausend Wölfe erstreckt sich auf rund achtundzwanzig Jahre, das sind vierzehn Wolfsgenerationen, da die nördlichen Wölfe erst im zweiten Lebensjahr fortpflanzungsfähig sind. Der jährliche Abschuß müßte demnach etwa 17 857 Wölfe betragen haben.

Bleiben wir bei den übriggebliebenen hundertzwanzigtausend Wölfen. Wie russische Forscher errechnet haben, kommt nur ein Drittel aller Wölfe zur Fortpflanzung. Bleiben also vierzigtausend. Dabei ist wohl – bei einer durchschnittlichen Wurfzahl von fünf Welpen – mit einem Bestand fortpflanzungsfähiger Alttiere (ab zwei Jahren) von siebentausend Wolfspaaren zu rechnen, die alljährlich Nachwuchs bekommen. Zur Arterhaltung reicht das an sich aus. Ob das aber auch ausreicht, um in jenen ungeheuer großen Arealen, die unbesiedelt oder kaum besiedelt sind, den Naturhaushalt aufrechtzuerhalten, ist sehr zu bezweifeln.

Das ist nicht meine Überlegung allein. Michail A. Koslow vom Zoologischen Institut in Leningrad (das einstige Petersburg) ist, wie viele andere Ökologen der Welt, davon überzeugt, daß der Wolf eine wichtige Rolle im Naturhaushalt spielt, da er die kranken und sonst irgendwie, vielleicht auch erblich, also konstitutionsmäßig geschwächten Tiere eliminiert und dadurch den Wildtierbestand gesunderhält.

Der beste Beweis, daß die Wissenschaftler mit dieser Annahme recht haben, ist folgende Tatsache: Die in Rußland umherstromernden Ausreißerhunde fanden nämlich schnell heraus, daß da etwas nicht mehr stimmt – ihre ärgsten Feinde, die Wölfe, waren weniger geworden, weite Gebiete sind völlig wolfsfrei. Es entstand, wie man so schön sagt, eine

»ökologische Nische«. Platz genug für wilde Hunde! Sie taten nun etwas ganz Natürliches: keine feindlichen Wölfe mehr, die bislang jeden wildernden Hund, der in ihr Revier eingefallen war, gerissen hatten. Und ein sich übervermehrendes Wild, Nahrung genug für die Nachkommen – also vermehrten sie sich fleißig und ersetzten getreu ihres natürlichen Auftrages ihre einstigen Feinde.

Im Januar 1976 schrieb die Komsomolskaya Pravda (Moskau), daß die verwilderten Hunde bereits zwanzig Meilen vor Moskau ihr Unwesen trieben. In einigen Gebieten hätten die verwilderten Hunde sich mit vereinsamten Wölfen verpaart und neue Generationen von Wolf-Hunden hervorgebracht. Ein Schäfer erklärte, daß diese Mischlinge viel schlimmer als Wölfe seien. Gleich beim Moskauer Flughafen Vnukovo, in dem Ort Zimenki, hat ein zwölfköpfiges Rudel solcher Mischlinge einen Dorfhund und ein Kalb gerissen, zwei Ziegen in der Nachbarschaft getötet und dazu einen Hirsch.

Nun gibt es rund um Moskau die »grüne Zone«, in der nicht gejagt werden darf, was die schlauen Kerle natürlich weidlich ausnützen, zumal sie vor dem Menschen weniger zurückschrecken als die Wölfe. »Die ökologische Nische des im europäischen Rußland ausgerotteten Wolfes wird von verwilderten Hunden eingenommen«, klagt die Zeitung. Ebenso wurden die Städte Vladimir, Yaroslavsk, Kaluga und Ivanovo von solchen Hunderudeln bedrängt.

Weiter heißt es, daß ein Moskauer, der siebzig Meilen von der Hauptstadt entfernt ein Sommerhaus besitzt, eigentlich ganz froh über diese Entwicklung sei. Es gäbe in dieser Gegend Rasthäuser und ein Sanatorium, und die streunenden Hunde würden die Abfälle beseitigen. Der Artikel schließt: »Das ist der unerwartete Ersatz für den Wolf in unseren Wäldern. Aber die Wölfe nehmen ebenso wieder zu. Den neuen Daten nach hat sich ihre Zahl im europäischen Teil des Landes vervierfacht.« (Der Ehrlichkeit wegen – ich kann kein Russisch, ich habe das Zitat aus »The International Herald Tribune« vom 28. Januar 1976 entnommen. Kein Wunder, daß gerade eine Zeitung in Los Angeles jenen russischen Bericht aufgegriffen hat – dort hat man das ähnliche Problem, wie beschrieben, mit der Ausbreitung der Kojoten und Coy-dogs).

Es muß schön gewesen sein, als sich 1972 ein Wolfspaar eine Woche lang mitten in Moskau an Hunden und Katzen gütlich tat. Die beiden Tierchen wanderten vergnügt durch die ganze Stadt, wurden von den

Moskauern für besonders schöne Hunde gehalten und natürlich entsprechend bewundert. Sie guckten sich alles interessiert an – wann hat ein Wolf auch schon Gelegenheit, eine moderne Großstadt zu sehen – sicher waren sie sich wie die »Hinterwäldler« vorgekommen. Eine Freundin hatten sie sich auch angelacht – das war Frau Nanascha Stavroguine, die ihnen regelmäßig Zucker anbot (sie war eine große Tierfreundin!) und sich freute, wenn die prächtigen »Hunde« den Zucker aus ihrer Hand entgegennahmen (nach einer in »Das Tier« vom Mai 1972 entnommenen Meldung). Das Verschwinden von Hunden und Katzen – Wölfe können nämlich nicht von Zucker allein leben – hatte dann die Polizei aufmerksam gemacht, und so wurden diese »Kulturfolger«, wie könnte es auch anders sein, getötet.

Eine sowjetische Zeitungsente? Ich glaube nicht. Aus dem Tierpark Hellabrunn entlief vor Jahren ein Wolf und sah sich München an. Auch er fand eine liebenswerte Dame, die ihm Nahrung gab und ihn streichelte. Sie mochte große, schöne Hunde. Aber dann rückten sechzig Polizisten aus – na ja, den Rest kann ich mir sparen...

Aber die guten Zeiten für Wölfe dürften auch in Moskau vorbei sein, obwohl sie sich 1976 schon wieder vervierfacht haben. Es bleibt die Frage, wer stärker sein wird – die Wölfe oder die Wolf-Hund-Mischlinge? Ich jedenfalls halte hier den Wölfen den Daumen. Sie sind nämlich viel harmloser.

Ich ahne jetzt Empörung bei den Hundefreunden. Wölfe, die Hunde fressen! Vergessen wir dabei nicht, daß wir Hunde gezüchtet haben, die Wölfe niedermachen. Der Irische Wolfshound zum Beispiel, der Kommondor und andere aus dem Osten stammenden Hirtenhunde, die so groß, so mächtig sind, daß sie einen Wolf mühelos erledigen. Wenn aber ein Wolf einmal einen Hund tötet, dann ist er böse. Eine blutrünstige Bestie. Unsere Hunde aber sind von Natur aus gut, denn schließlich haben wir Menschen sie gemacht. Was der Mensch tut, ist selbstverständlich immer gut.

Dabei bin ich überzeugt, daß kein Wolf einen Hund töten würde, der sich ihm »wolfs-like«, also die guten Sitten einhaltend, nähert. Sonst käme es nämlich nicht zur Verpaarung vereinsamter Wölfe mit Haushunden, ebensowenig wie zu Coy-dogs. Wenn wir Wölfen gestatten würden, unter unseren Hunden die Spreu vom Weizen zu trennen – ich fürchte, es würde uns nicht mehr viel übrigbleiben. Wir haben nämlich den meisten unserer Hunde das abgezüchtet oder durch falsche Aufzucht weggenommen, was das beste Gut ist, das sie von ihren »wilden« Vorfahren erhalten haben: das Sozialverhalten.

Das ist eine sehr traurige Bilanz, die wir heute, nach rund vierzehntausend Jahren Hundezucht, ziehen müssen. Wir haben die wahre Natur des Hundes seinem natürlichen Ursprung so entfremdet, daß ein Wolf in den meisten unserer Hunde seinen Artgenossen nicht mehr erkennen kann. Er behandelt ihn wie einen Fuchs, einen Schakal in Eurasien, einen Kojoten in Amerika – er verfolgt ihn als »Artfremden« und tötet ihn; abgesehen von jenen Ausnahmen, die sich als Haushunde der Sklaverei des Menschen entzogen haben und als »Streuner« oder »Wilderer« in die Wälder gegangen sind. Die nimmt er für voll, sonst würde er sich nicht mit ihnen verpaaren.

Unsere stolze Hundezucht. Vom Chihuahua bis zum Irish Wolfshound (um nur die Größenextreme anzuführen) stammt alles vom Wolf ab. Ich habe, trotz einiger Bemerkungen über den Ägyptischen Schakal, keinen Zweifel mehr daran (in meinem Buch »Mit dem Hund auf du« war ich mir noch nicht ganz sicher).

Mein Rezept – man setze seinen Hund einem Wolf vor. Frißt er ihn, war der Hund nichts wert. Frißt er ihn nicht, dann ist das ein Superhund. Wölfe machen es untereinander nämlich auch so. Daß nur dreißig Prozent aller Wölfe zur Fortpflanzung kommen, bestimmen – nebst einigen Umweltfaktoren – in erster Linie die Wölfe selber. Sie mögen keine irgendwie verhaltensgestörten, asozialen Wölfe. Sie töten sie erbarmungslos, und das hat sich über ein paar Jahrmillionen ganz gut bewährt. Sonst gäbe es nämlich längst keine Wölfe mehr. Was jene Hundezüchter natürlich freuen würde, die psychisch degenerierte Hunde züchten, der »Tierliebe« wegen oder – was fast dasselbe ist – des Reingewinnes halber.

Ich weiß schon, was man mir jetzt vorhalten wird; daß z. B. Zwerghunde gegenüber einem Wolf keine Chance haben. Aber ich weiß, wovon ich rede. Unser »Monster« namens Maud ist, wie ich noch schildern werde, eine Mischlingshündin, deren Vater ein Irish Wolfshound und deren Mutter eine Chinesische Wölfin waren. Sie hat die Größe ihrer väterlichen Linie erreicht. Als sie im Haus lebte, war da noch meine geliebte »Uschi«, eine Italienische Windspiel-Hündin, kleiner als eine Siamkatze, nur mit noch dünneren Beinen und noch kleinerem Köpfchen.

Uschi hatte aber Maud etwas voraus – nämlich ihr Alter. Sie war um vier Jahre älter als Maud.

Wenn Maud etwas tat, was Uschi nicht gefiel, rief sie Maud erbarmungslos zur Ordnung. Das Monster warf sich vorschriftsmäßig auf den Rücken, und Uschi setzte ihre Vorderpfötchen auf deren Brust und knurrte sie strafend an. Maud hätte nur tief einatmen müssen, und meine Uschi wäre in ihrem mächtigen Rachen verschwunden. So ist das Wolfsblut. Maud atmete nicht tief – sie respektierte das Alter und die Wesensfestigkeit dieses Hundezwerges. Sie empfand offensichtlich dieses winzige Hündchen nicht als artfremd. Genau wie jene Wölfe, die natürliche Hunde, bei denen verhaltensmäßig noch alles stimmt, als Artgenossen betrachten und sich mit ihnen verpaaren, wenn sie nicht in einem Rudel leben.

Umgekehrt geht es auch. Da gibt es die bekannte Geschichte von einer Schlittenhündin, die sechs Wolfswelpen aufgezogen hat, um ihnen dann auf freier Wildbahn beizubringen, wie man ein Rentier durch Kehlbiß erledigt. Fotografisch festgehalten, vielfach publiziert. Unter den Schlittenhunden findet man noch urige Tiere mit allen guten Wolfseigenschaften. Natürlich ändert sich das jetzt auch, nachdem sie in zunehmenden Maßen zu Modehunden werden, zu Hunden, die also jeder Wolf fressen würde, um seine Art sauber zu halten. In Grönland und Alaska aber setzt man läufige Schlittenhündinnen aus, damit sie von einem Wolf gedeckt werden – die Leute wissen, warum. Sie wissen, daß Aggression unter diesen Vierbeinern nur dort vorkommt, wo etwas nicht mehr stimmt.

Damit sind auch die eingangs gestellten Fragen im Grunde genommen beantwortet. Wir sahen zunächst die geographische Variabilität von Arten, deren Aufsplittern in Unterarten, die nichts anderes sind als verhaltensmäßig und körperlich an bestimmte Großlebensräume angepaßte Sonderformen einer Art. Oft so unterschiedlich, daß man schon nicht mehr so genau weiß, ob man am Ende nicht doch einen Wolf vor sich hat – wie bei den Goldschakalen, deren Unterartbildung den Zoologen so viel Kopfzerbrechen gemacht hat. Kein Wunder bei der enorm weiten Verbreitung vom Balkan bis zum äquatorialen Ostafrika und bis Thailand.

Das wieder sagt uns hier, daß die Anpassungsfähigkeit der Tiere außerordentlich groß sein kann, wenn es gilt, neue Lebensräume zu erobern. Es entstehen hier kleine Erbwandlungen. Diese Plastizität der Arten ist schließlich auch die Grundlage der Haustierwerdung. Obgleich aber die Goldschakale gewissermaßen Kopf an Kopf mit Pariahunden leben, haben sie sich mit diesen nirgendwo vermischt (siehe Abschnitt Pariahunde).

Ebenso anpassungsfähig ist der Kojote, aber er geht auch Vermischungen mit Haushunden und den kleinen Rotwölfen des Südens ein, wenn der Mensch zu weitgehend in den Naturhaushalt eingreift. Davon wird noch zu sprechen sein.

Uns mag hier zunächst diese enorme Anpassung interessieren, die mit einer besonderen Lernfähigkeit verbunden ist. Gesteuert wird das alles von der natürlichen Auslese, die anderen Gesetzen unterliegt als die künstliche, also vom Menschen praktizierte Auslese. Ganz gewiß, auch wir wollen den Hund in unsere menschliche Umwelt eingliedern und ihn für die verschiedenen Sonderaufgaben gestalten. Das ist ja bislang recht erfolgreich gelungen. Nur tun wir zu wenig von dem, was die Natur bei ihren »Umzüchtungen« tut. Im Naturgeschehen ist eingeplant, daß nur die gesündesten und stärksten, dabei psychisch überlegenen Tiere zur Fortpflanzung kommen. Bei uns kommen nur die »schönen« Hunde zur Fortpflanzung, ob sie die vom hochsozialen Wolf überkommenen Anlagen haben oder nicht.

Da zieht man einen fünfwöchigen Wolf im Hause auf. Ein liebes, als Schoßhund geeignetes Tier. Aber – er soll ja entsprechend meiner Forschungsvorhaben mit einer Dingohündin Nachkommen zeugen. So kommt er aus dem Schoß der vielköpfigen menschlichen Familie in ein Gehege, später in einen großen Zwinger. Er nimmt den Zwinger hin, sucht weiterhin Kontakt zum Menschen. Er bleibt unnachgiebig lieb zur Menschheit, in welcher Gestalt sie auch seinen Zwinger betritt, selbst zu einem Fernsehteam von fünf Personen. Da er aus Südpersien stammte, galt seine besondere Liebe einem persischen Professor der Medizin, der seine spärliche Freizeit in seinem Zwinger verbrachte.

Aber dann war der große und von mir heißersehnte Tag gekommen. Er war Vater geworden! Und zwar mit meiner Dingohündin Botna, die so hieß, weil sie aus dem Tierheim in Botnang (Württemberg) stammte. Ich habe noch nie einen so freudigen – aber auch einen so kritischen Wolf gesehen. Vaterfreuden, die sich ausgesprochen deutlich zeigten, wenn man vor dem Gitter, Mißtrauen aber, wenn man im Gehege stand. Dieses Mißtrauen regte sich sofort, wenn man es wagte, dem Wurflager näher zu kommen. Da sträubten sich unmißverständlich die Nacken- und Rückenhaare, da zogen sich die Mundwinkel zurück, da stand er steifbeinig da und sagte in der Ausdruckssprache des Wolfes überdeutlich: »Wage es ja nicht, meinen Kindern zu nahe zu kommen!« Es schien, als wäre es mit aller Freundschaft aus. Auch unseren persischen Professor ließen wir nicht mehr zu ihm.

Natürlich mußten wir diesen Zwinger sauber machen, was er auch duldete. Aber er paßte genau auf, daß wir uns dem Wurflager, in dem es so lieb quiekte, nicht zu weit näherten. Ja – wir hatten allesamt Angst vor unserem sonst so lieben Wolfsschoßhund...

Als die Welpen etwa drei Monate alt waren, änderte sich sein Verhalten – ganz allmählich war er wieder der verschmuste Schoßhund. Schließlich erlaubte er sogar, daß wir seine Kinder anfassen durften. Jetzt waren sie ja groß genug und konnten sich mit ihren spitzen Zähnen zur Wehr setzen.

Dabei fällt mir die Geschichte des Forscher-Ehepaares Hubert und Ursula Hendrichs ein; die ist so unglaublich, daß man sie ihnen nur abnehmen kann, weil sie sie fotografisch dokumentiert haben. Die Hendrichs haben es geschafft, sich mit einer afrikanischen Elefantenherde so eng anzufreunden, daß sie es wagen konnten, ihren rüsseltragenden Freunden das im Beobachtungszeitraum geborene Baby – wie in Fotos

Wenige Wochen alter Wolfswelpe

festgehalten – vorzustellen, wobei die Mutter Ursula den »wilden« Elefanten das Kindchen mit ausgestreckten Armen vorhielt, damit sie es mit ihren Rüsseln beschnuppern konnten.

Es ist gut, daß es solche Menschen gibt. Sie zeigen uns, daß Tiere von Natur aus gut sind, freundlich und aufgeschlossen. Franz von Assisi war wohl der Vorläufer des Gedankens, daß man mit freilebenden Tieren eine Kommunikation herstellen kann. Beherzte Verhaltensforscher haben uns das vielfach bewiesen.

Ich sehe das nicht so, wie das John C. Lilly gesehen hat, der meinte, man könne den Delphinen die englische Sprache beibringen. Ich sehe das so, daß wir auf Grund unseres überaus leistungsfähigen Gehirnes die Sprache der Tiere lernen können. So, wie das Frau Hendrichs in geradezu umwerfender Form bewiesen hat; und wie es uns unser Wolfsvater gebieterisch nahelegte.

So kommt es dann vor, daß manche Menschen der Meinung sind, man könne sich einen Wolf über die Dressur gefügig machen. Ich glaube, daß ich schon sehr viele Tierarten in der Zirkusmanege arbeiten sah – aber noch keinen Wolf. Allein das sollte zu denken geben. Wölfe sind billig zu haben, billig zu erhalten; Zirkusdompteure suchen immer gern nach Tierformen, die man bislang noch nicht in den Vorstellungen gesehen hat. Warum nicht Wölfe? Es wird schon seinen Grund haben. Dabei bedenke man den Erfolg – alle Welt hat vor Wölfen viel mehr Angst als vor Löwen und Tigern. Wie würde ein Dompteur gefeiert werden, der diese »blutrünstigen Bestien« durch Feuerreifen springen ließe!

Ich kannte einmal einen Mann, der wollte schlauer sein als vorangegangene Wolfshalter. Er sagte sich, daß ein Rudelführer bereits bei den Welpen anfängt, ihnen klipp und klar zu beweisen, daß er immer und überall den Vorrang hat und zwischendurch diesen beweist, daß er auf jeden Fall der Stärkere ist. Im großen und ganzen stimmt das auch. Aber offenbar spielt dabei das »gewußt wie« eine wichtige Rolle. Den Wolfswelpen und Jungwolf täglich einige Male am Nackenfell zu packen und auf den Boden zu drücken, seine Unterwerfung damit zu fordern, dürfte doch wohl nicht der richtige Weg sein. Gewiß – im Welpenalter und bis zum vierten, vielleicht fünften Lebensmonat hin mag das angehen. Ähnliches habe ich selbst bei meinen Dingorüden gesehen, die in dieser frühen Zeit dies gelegentlich taten, ohne daß für mich eine erkennbare Ursache hierfür vorgelegen hatte. Es ist durchaus denkbar, daß hier

derartige prophylaktische Überlegenheits-Demonstrationen um ihrer
selbst willen eingesetzt werden. Später ist das dann aber nicht mehr so.
Dann kann jeder tun, was er mag, der Alte wacht nur darüber, daß er
nichts Unpassendes tut.

Nur in ganz argen Fällen macht er von dieser körperlichen Überlegenheit Gebrauch. Sonst beschränkt er sich auf einen schrägen Blick, auf ein
leises Knurren; hilft das noch nicht, deutet er an aufzustehen – das genügt
dann, der Jungwolf läßt sofort von seinem gerügten Tun ab und zeigt seine
Freude, gerechter Strafe entgangen zu sein, indem er zu dem Alten
hingeht, dabei die Zungenspitze kurzfristig in Intervallen vorweist und
schließlich versucht, Vaters Fang zu lecken – was der meist ebensowenig
gern hat wie ich im gleichen Falle. Vom Jungen her gesehen ist das eine
freiwillige Unterwerfung und Anerkennung der väterlichen Autorität.
Kinder können das auch bei ihren Vätern mittels eines Entschuldigungs-
kusses zum Ausdruck bringen, was wohl auf dasselbe herauskommt.

Mit eineinhalb Jahren wird ein Wolf – wie auch die Mehrzahl unserer
Hunde – erwachsen. Die Jugendtorheiten sind abgestreift, der Charakter
ist gefestigt.

Zu diesem Zeitpunkt zeigt sich sehr eindringlich, was die bisherige
Erziehung wert war. Ein von einem Wolfsrüden unter natürlichen
Umständen aufgezogener Nachkomme wird zum getreuen Kumpan des
Alten, er wird ihm unverbrüchlich die Treue halten, auch dann, wenn er
längst seiner eigenen Wege gegangen und selbst Nachkommen aufgezo-
gen hat; z. B. dann, wenn der Altwolf in schweren Winterzeiten seine
Stimme erhebt und den Klan durch das bekannte Heulen zur Großrudel-
bildung zusammenruft.

Ganz anders ist es, wenn der Mensch seine Überlegenheit zu ganz
unpassenden Gelegenheiten demonstrieren will – wie es gerade so kommt.
Der heranwachsende Jungwolf kann nicht erkennen, weswegen. Ist er
erstmal achtzehn Monate alt geworden, wird er sich »fragen«, warum das
sein muß. Die völlig ungerechte Behandlung löst in ihm nun Protestreak-
tionen aus. Er wird zunächst seinen Unmut an leichter erreichbaren
Objekten auslassen. Zum Beispiel – wie tatsächlich im Falle jenes
Bekannten geschehen – an den Kindern des Unterdrückers. Schließlich
wird er auch diesen angehen. Dann ist das Ende klar – der Tierarzt muß
das »bösartige« Tier töten. Das Rotkäppchen-Märchen hat wieder eine
neue Bestätigung gefunden ...

Genau dasselbe passiert auch häufig mit Hunden. Jede Kreatur – auch der Mensch – wehrt sich eines Tages gegen Unterdrückung seiner persönlichen Freiheit. Das trifft ganz besonders bei psychisch so empfindsamen Tieren zu, wie das nun einmal Wölfe und ihre domestizierten Nachfahren sind.

Sehen wir uns die wirkliche Natur der Wölfe an. Gehen wir davon aus, daß so eine Wolfsgruppe nichts anderes will, als ein ruhiges, ungestörtes Familienleben zu führen. Dazu muß auch Nahrung beschafft werden, was nur in disziplinierter Gemeinschaftsarbeit Erfolg hat, wenn es um größere Beutetiere geht.

Ziehe ich einen Wolfswelpen zu Hause auf, dann darf ich sehr wohl in den ersten Monaten die notwendigen Tabus setzen und konsequent verteidigen. Das wird schnell gelernt, wie unser Südpersischer Wolf namens Schah bewies. Sinnlose Kräftedemonstrationen ihm gegenüber haben wir als überflüssig betrachtet. Wo Folgsamkeit notwendig war, folgte er. Damit war die Welt in Ordnung, und als er später im Gehege lebte – natürlich mit einer passenden Hundepartnerin – freute er sich immer sehr, wenn man ihn besuchte. Auch Fremde empfing er freundlich, bereit, sich enger anzuschließen.

Als er jenes »kritische« Alter von eineinhalb Jahren erreicht hatte, änderte sich gar nichts. Es lief alles weiter wie bisher, er zeigte uns gegenüber immer noch gern sein kindlich-anschmiegsames Verhalten. Allerdings – er erlaubte es sich jetzt, auch einmal seine eigene Meinung zu haben. Wollte man zu einer Zeit mit ihm spielen, in der er gerade nicht mochte, so wich er unseren Bemühungen einfach aus. Es war wirklich nicht schwer zu lernen, daß Aufstehen und sich auf einen anderen Platz zu legen jene Bedeutung hatte. Er brachte eben zum Ausdruck, daß er nun seine Ruhe haben wollte. So brach er auch gelegentlich ein zu lange währendes Spielen ab. Auch Sympathien und Antipathien gegenüber einzelnen Personen brachte er zum Ausdruck.

Die etwas ältere Marokkanische Pariahündin »Ssiss« – die auch nicht gerade freundlich zu ihm war – mochte er nicht, weswegen er gelegentlich sein damals ohnehin noch zu kleines Gehege verließ. Waren Fremde da, die er nicht mochte, versteckte er sich im Wald und kam erst wieder, wenn die Luft rein war. Dann sprang das Monster mit einem Riesensatz meiner Frau in die Arme und ließ sich wieder zurücksetzen – um bei nächster Gelegenheit das Spiel zu wiederholen.

So zogen wir die Konsequenz und gaben ihm ein etwa tausend Quadratmeter großes Gehege und eine neue Frau – eine Dingohündin. Jetzt war er ganz und gar zufrieden und unternahm nicht den leisesten Versuch, das Gehege zu verlassen. Dabei bin ich ganz sicher, daß er es gekonnt hätte. Er wollte eben nicht.

Ihm gefiel diese Dingohündin. Als ich sie einmal in seinem späteren kleinen Heidelberger Zwinger herausholte, damit er eine hochläufige Elchhündin decke, tobte er solange, bis ich ihm seine Frau wieder zurückgesetzt hatte. Die läufige Hündin war ihm egal. Wölfe sind eben unheilbar monogam, wenn sie die passende Frau gefunden haben.

Diese und andere Erlebnisse mit Schah zeigten uns ganz deutlich, daß es nur darauf ankommt, eine gut-freundschaftliche Beziehung aufzubauen, was natürlich nur ohne Repressalien geht und außerdem einer gewissen Kommunikation bedarf. Ich muß sein Ausdrucksverhalten zu deuten wissen, und er natürlich auch meines. Wobei wir kein umfangreiches Lexikon benötigen, denn mit einigen Höflichkeits- und Verbundenheitsgesten kommt man bestens miteinander aus, ebenso mit der gemachten Erfahrung, daß von beiden Seiten der gute Wille zum gegenseitigen Verstehen da ist. Dann gibt es auch keine Mißverständnisse. Es hat nur einmal Krach zwischen Schah und mir gegeben, was seine guten Gründe hatte, – später aber wieder zur Versöhnung führte. Aber davon später.

Natürlich – ich kann Schah nicht dazu veranlassen, unbedingt das zu tun, was ich will. Derartiges kann man auch nicht mit seinen besten Freunden aus der Menschenwelt. Ich halte es für ausgeschlossen, diesen charakterstarken Wolf etwa zu einem Schutzhund auszubilden, der meinen Kommandos bedingungslos gehorcht. Das wäre eine Utopie, die zum absoluten Bruch unserer Freundschaft führen würde. Schah kann nichts in diesem Sinne – aber dafür mag er mich. Was ja letztlich ausreicht.

Dabei hat Schah gelegentlich einen spitzbübischen Humor. Betritt man sein Gehege mit der Putzbürste, um ihm das Fell ein wenig zu säubern, weicht er stets aus, um dann ganz plötzlich anzuspringen, einem mit gezieltem Griff die Bürste aus der Hand zu reißen und mit hohen, übermütigen Sprüngen davonzueilen. Man muß ihm nachlaufen und schimpfen und locken. Dann läßt er endlich die Bürste fallen und sich wie ein braver Junge die Haare bürsten. Natürlich wird er dabei gelegentlich ungeduldig, vor allem, wenn es interessantere Dinge zu sehen gibt. Etwa die Filmkamera eines fünfköpfigen Fernsehteams, das keinen Rotkäppchen-Komplex hatte. Es sollte gefilmt werden, wie ich ihn bürste. Aber das macht fast immer meine Frau, außerdem war das nicht die übliche Zeit, und die hübsch glitzernden Linsen der auf ihn gerichteten Objektive, das war doch verwirrend. Meine Aufgabe war es, den Wolf kameragerecht hinzustellen und zu bürsten. Nun war ich mir nicht sicher, ob ein solcher Eingriff in seine persönliche Freiheit meinem Schah besonders erwünscht sein würde. Ich baute ergeben auf unsere Freundschaft, hielt ihn am Schwanz und wo ich ihn sonst noch erwischen konnte fest, wartete, bis die Kamera lossurrte und begann zu bürsten. Schah fand diese Situation überhaupt nicht gut, zumal ihn das Gesurre der Kamera interessierte. Er ließ sich aber diese »Vergewaltigung« klaglos gefallen – ein Wolf von etwa zweieinhalb Jahren. Offenbar merkte er, daß mein guter Ruf auf dem Spiel stand. Noch mehr der Ruf der ganzen Wolfssippe.

Nach gutem Wolfsbrauch hätte er eigentlich »Drohschnappen« müssen, also die Kiefer hörbar zusammenklappen – das hört man deutlich krachen. Oder gleich meinen ihn behindernden Arm oder die Hand fassen, ganz fest, daß hinterher vier rote Punkte in der Haut die Spitzen seiner mächtigen Fangzähne wiedergeben.

Das vor der laufenden Kamera, gesendet im Regionalprogramm! Am nächsten Tag hätte in gewissen Zeitungen gestanden: »Wolf zerfleischt Verhaltensforscher«.

Doch Wölfe bewahren sich das »Zerfleischen« für äußerste Notfälle auf. Ist die Verständigung mit ihm aber gut, dann duldet ein anständiger Wolf mit Charakter auch solche kleinen Übergriffe, wohl in einsichtiger Abschätzung der Verhältnismäßigkeit. Wegen ein wenig Freiheitsberaubung muß man ja nicht gleich sauer werden.

Aber Schah wurde doch einmal sauer, als nämlich die Freiheitsberaubung die feinen, wölfischen Sitten verletzte. Der Gemeinderat von Sulzfeld erlaubte mir die Wolfshaltung nicht. Im Falle meiner Weigerung, meine Wölfe zu entfernen, wäre mit Sicherheit ein Flintenträger beauftragt worden, diese »wilden, gefährlichen« Tiere zu erschießen.

Glücklicherweise hatte ich ein »Ausweichquartier« in Heidelberg gefunden, und so ging es nun darum, Schah und Botna dorthin zu bringen. Die Dingohündin ließ sich in den bereitstehenden Bus schaffen. Schah wurde von meiner Frau an die Leine genommen und ging brav und folgsam mit ihr aus dem Gehege bis zu der Kiste, in der wir ihn transportieren wollten. Nun war er ja schon vor einem Jahr auf diese

Ambivalentes Aggressionsverhalten des Wolfes

Weise von der Grubmühle weg nach Sulzfeld gebracht worden und hatte seit damals eine Abneigung gegen Transportkisten. Das brachte er jetzt überdeutlich zum Ausdruck. Er weigerte sich mit aller Kraft, sich in diese Kiste verfrachten zu lassen. Wir zogen ihn, schoben ihn – es war nichts zu machen.

Nun hatte die Kiste an der Rückwand ein Gitterfenster. Das brachte mich auf den Einfall, die Leine durch dieses hindurchzuziehen. Hinter der Kiste stehend, zerrte ich nun mit aller Kraft den Wolf in die Kiste, während meine Frau hinten anschob. Aber die Kraft von Schah übertraf unsere. Er zerrte zurück, und ich mußte nachgeben. Schah war über diesen Zwang ganz offensichtlich verärgert, ging um die Kiste herum, schaute mich starren Blickes an. Ein Blick, bei dem man ganz leicht weiche Knie bekommen kann. Dann schnappte er – so, wie ich es geschildert habe: ein krachendes Zusammenklappen der Kiefer, also jenes Drohschnappen, das die vorletzte Form der Warnung ist. Wir lenkten ihn ein wenig ab, ich nahm wieder alle meine Kraft zusammen, zerrte ihn endlich doch in die Kiste, meine Frau, die kräftig hinten angeschoben hatte, konnte den Schieber herablassen.

Aber nun ging es erst richtig los. Zum ersten Mal – und glücklicherweise auch zum letzten Mal – sah ich, wie ein Wolf aussieht, wenn er richtig wütend ist. Es ist unbeschreiblich, vor allem deswegen, weil es sich um das Aufbäumen einer vom Menschen enttäuschten Kreatur gehandelt hat. Ich kam mir vor wie ein mieser Verräter an unserer Freundschaft. Verhaltensforscher war ich in dieser Situation nicht. Ich tobte genauso wie Schah, der sich die Lefzen blutig biß bei seinen Versuchen, das Gitter zu durchbrechen. Was ich damals in meiner Wut über jene Verordnung und jene Gemeinderäte sagte, hätte Stoff für ein Dutzend Prozesse gegeben. Tierquälerei hat stets dort ihren Höhepunkt, wo Behörden Erlasse oder wie man das immer nennen mag in papierener Bürokratie auf Tiere loslassen.

Schah tobte so, daß ich Angst hatte, er könnte einem Herzschlag erliegen. Dazu kam, daß die Kiste für einen solchen Tobsuchtsanfall nicht konstruiert war. So besorgten wir schnell Latten und umnagelten die Kiste damit, was natürlich für den tobenden Wolf noch größere Aufregung mit sich gebracht hat. Ich werde das nie vergessen. Wäre es Schah in diesem Zustand höchster Wut gelungen, die Kiste zu zertrümmern, dann wären meine Frau und ich mit Gewißheit auch Opfer der sturen Bürokratie geworden – was dann für diese Tierquälerei Verantwortlichen sicher eine hübsche Begründung für ihre Anordnung gewesen wäre.

Nachdem wir die Kiste stabilisiert hatten, schleppten wir sie in den Wagen und brachten Schah nach Heidelberg in sein 35-Quadratmeter-Gehege. Zement, Gitter – ein beschämender Ersatz für sein schönes, in die Naturlandschaft eingefügtes Großgehege.

Schah war von Stund' an auf mich böse. Näherte ich mich seinem Zwinger, stand er steifbeinig da, zog die Mundwinkel zurück, seine Augen wurden schmal, seine Nacken- und Rückenhaare standen bürstenförmig auf, seine Rute senkrecht hoch. Ich durfte es nicht wagen, seinen

Zwinger zu betreten. Ich war der Meinung, daß es nun für alle Zeiten mit der Freundschaft aus sei, wie mir das einmal mit einem Neu-Guinea-Dingo passiert ist.

Es war aber glücklicherweise nicht so. Im Verlauf der nächsten vierzehn Tage ließ sein Drohverhalten nach. Dann, eines Nachmittags, zur üblichen Spielzeit, merkte ich, daß seine Schwanzspitze ein paar Versuche machte, Wohlgeneigtheit auszudrücken. Ich faßte mir ein Herz, ging in den Zwinger und machte Spielaufforderung. In der Form, wie das Hunde tun, man geht hinten hoch und klatscht mit den Händen auf den Boden. Das wird verstanden, auch wenn man aus einem kleinen anatomischen Fehler heraus nicht wedeln kann. So wackelt man eben mit dem verkürzten Steißbein, wie das auch Boxer tun (ich meine hier die Hunderasse!).

Mein guter Schah ging darauf ein, und so tobten wir eine Weile vergnügt umher – die Freundschaft war gerettet. Schah hatte mir verziehen. Jene Verhaltensforscher, die dem Trend der Zeit folgen und ihre Beobachtungen nur mehr in dürren, statistisch verarbeiteten Zahlen ausdrücken, um wissenschaftlicher zu erscheinen, werden jetzt verächtlich lächeln. Wie kann ein Wolf etwas »verzeihen« – so eine lächerliche Vermenschlichung.

Trotzdem – ich bleibe dabei und habe hierfür meine Gründe. Es ergab sich nämlich einen Monat später, daß Schah auf den Einfall kam, seinen kleinen Zwinger zu verlassen. Es war an einem wunderschönen, sonnigen Samstagnachmittag – eine Zeit, in der die umliegenden Kleingärtner ihre Rasenmäher laufen ließen und die Hecken stutzten. Einen besseren Zeitpunkt hätte sich Schah nicht wählen können – man stelle sich die freudige Stimmung meiner Nachbarn angesichts eines freilaufenden Wolfes vor, der gemächlich die Zäune entlanggeht und interessiert durch Auf- und Abwärtsbewegungen seines Kopfes deren jeweilige Höhe abschätzt.

Natürlich hatte ich noch Besucher – Anneliese Steinig, damals noch Geschäftsführerin unserer Gesellschaft für Haustierforschung und, ebenfalls aus München, Horst Ackermann, der Produzent meiner Hundeschallplatte (auf deren Rückseite übrigens der fünfwöchige Schah irrtümlicherweise als Dingo bezeichnet ist). Ich war gerade mit Anneliese Steinig im Gespräch, als Horst Ackermann seelenruhig hereinkam und so beiläufig meinte: »Ich glaube, da draußen läuft ihr Wolf – die Nachbarn schauen so komisch.«

Ich greife nach der nächst erreichbaren Leine – es war eine zwei Meter lange Lederleine mit Schlaufe, stürze hinaus. Schah vergnügt sich, die anderen Hunde durch die Zwingergitter teils anzuknurren, teils freundlich zu bewedeln. Ich will ihm die Schlinge um den Hals legen, aber er will das nicht. Einmal, als ich es fast geschafft hätte, knurrt er mich so böse an, daß ich von meinem Vorhaben sicherheitshalber Abstand nahm. Es machte Schah sichtlich Spaß, seine Freiheit zu genießen. Über die Zäune ging er nicht, offensichtlich deswegen, weil ihm die vor Schreck erstarrten Nachbarn nicht zusagten. Wäre er mit ihnen befreundet gewesen, hätte er sie bestimmt besucht, denn die niederen Zäune waren für Schah sicherlich kein Hindernis.

So öffnete ich seinen Zwinger, setzte mich zu seiner Botna und spielte mit ihr. Das hatte zunächst auch seine Wirkung – er kam herein. Als ich aber aufstand, um die Zwingertüre zu schließen, war er schneller als ich und stand wieder im Freien. Die Nachbarn fielen wieder in Schreckstarre. Mein guter Ruf stand auf dem Spiel!

Endlich gelang es mir, ihm die Schlinge um den Hals zu legen. Aber er wollte nicht mitgehen. Mein Sohn Detlev half, indem er sich hinter Schah stellte. Aus irgendwelchen Gründen mochte Schah den Jungen nicht, weshalb ihn die Anwesenheit Detlefs hinter ihm störte und er mit mir nach vorne zum Zwinger ging. Knapp davor blieb er wieder stehen. Stur und eisern. Er stemmte seine Pfoten in den Boden und war nicht zu bewegen, noch einen Schritt nach vorne zu tun. Als ich verzweifelt versuchte, die vierzig Kilogramm Wolf heranzuzerren, wandte er ganz lässig den Kopf zur Seite und biß blitzschnell die Lederleine hinter dem Nacken ab. Ich blickte in das käseweiße Gesicht meines nächsten Nachbarn, ging zu Schah, bat ihn flüsternd, mich jetzt nicht im Stich zu lassen und meine wie seine Innung nicht zu schädigen. Er mußte es verstanden haben oder irgendwie gefühlt haben, was ich meinte. So legte ich meine Arme rund um seinen Brustkorb, hob ihn vorne hoch und schleppte ihn so zu seinem Zwinger. Unterwegs sagte ich zum Nachbarn: »Wenn sie einmal einen Wolf auf freier Wildbahn treffen – so trägt man ihn nach Hause!«

Im Zwinger begrüßte er seine Botna, und Horst Ackermann stand mit mir vor der Tür und wir sahen zu. Im nächsten Augenblick kam Schah zur Tür, rannte an ihr hoch (das war eben der neuentdeckte Trick gewesen) und sprang über unsere Köpfe wieder ins Freie. Federleicht setzte er aus fast drei Meter Höhe am Boden auf und ging wieder spazieren.

Detlef war nun mit Leiter und Gitterrolle da, um einen Überhang zu basteln. Am Maschengitter konnte Schah nicht hoch, weil es zu sehr nachgab. Die Türe mit Eisenrahmen aber bot eine gute Klettermöglichkeit. Sobald diese Stelle mit einem schräg nach innen stehenden Überhang versehen war, schleppte ich Schah erneut zurück, ließ ihn erstmals durch das offene Fenster in das Zimmerchen sehen, in dem meine Besucher saßen, und bugsierte ihn zu Botna zurück.

Eine amüsante Story, gewiß, für mich aber viel mehr. Dieser Vorfall ist nämlich eine Erklärung dafür, warum ich sagte, daß mir Schah verziehen habe. Spielen konnte ich mit ihm wieder, umherschleppen ließ er sich von mir – nur die Leine blieb suspekt. Es war zufällig dieselbe, mit der ich ihn seinerzeit in die Transportkiste gezerrt hatte. Das bedeutet, daß Schah jenen Vorfall nicht vergessen hatte. Er ist bis heute, Jahre danach, nicht mehr wie einst leinenführig. Man kann ihn tragen, zerren, festhalten, schieben. Aber er ist nicht ansprechbar, wenn er eine Leine sieht.

Er hat also nicht vergessen – er hat Leinen satt. Dem Menschen aber ist er wieder geneigt wie zuvor. Wie soll man das bezeichnen?

Die Verhaltensforschung ist einst ausgezogen, um der Vermenschlichung des Tieres den Kampf anzusagen, um Worte wie blutrünstig, grausam, hinterlistig und was man sonst noch alles in Alfred Brehms Tierleben oder bei Tierschriftstellern poetischer Natur über Tiere lesen kann, zu eliminieren. Sie kann aber im Bereich des gruppenbindenden Verhaltens kaum alles mit ihrem ursprünglich an Fischen und Vögeln entwickelten Vokabulars beschreiben, wenn es um derart sozial hochstehende Tiere wie Wolf oder Hund geht. Ich glaube, daß wir hier getrost den Sprachschatz unserer Umgangssprache anwenden dürfen, mag es noch so unwissenschaftlich klingen. Es geht nicht anders.

Ich glaube auch, daß wir bei solchen Tieren nur dann eine Kommunikation sinnvoll gestalten können, wenn wir im Bereich des Sozialverhaltens vom Tier menschliche, zutiefst menschliche Regungen erwarten und sie sogar herausfordern. Wie ich das bei Schah tat, als er die Leine ablehnte, meinen Zugriff aber dann sogar genüßlich hingenommen hat.

Wie kinderleicht wäre es für Schah gewesen, dieses zweimalige zum Zwinger Schleppen abzuwenden. Er hätte nicht einmal zubeißen müssen. Ein kleiner Ruck mit dem Körper, und ich hätte ihn freigeben müssen. Er 141

Abtastende Begrüßung

unternahm aber nichts dergleichen – im Gegenteil, es schien ihm zu gefallen, denn er lehnte ganz zufrieden seinen mächtigen Kopf gegen mein Gesicht.

Was geht da in der Seele eines Tieres vor, eines Tieres, das sich durchaus seiner Kraft bewußt ist, und dessen Zähnen kein Mensch widerstehen kann? Ist doch das Wolfsgebiß noch mächtiger als das eines großen Schäferhundes. Schah hätte mich in Sekundenschnelle töten können. Eine kleine Wendung des Kopfes, wie bei der blitzschnell durchgebissenen Leine..., und meine ungeschützte Kehle wäre nur mehr als Hundefutter zu gebrauchen gewesen. Was hat dieses »wilde, gefährliche« Tier daran gehindert, das um seiner Freiheit willen zu tun?

Was hat die Elefanten daran gehindert, das Baby von Oria Douglas-Hamilton nicht mit dem Rüssel zu packen und in die Luft zu schleudern? Was hat die Schimpansenmutter veranlaßt, Jane Goodall ihre neugeborenen Babies in den Arm zu legen? Warum soll also nicht auch ein Wolf sich den Wünschen eines Menschen beugen? Ich glaube, daß das nicht gelingt, weil wir den Wolf noch nicht gut genug kennen. Weil wir meist zu sehr unsere Hundeerfahrung auf den Wolf projizieren. Das geht nicht. Hier muß ein anderes Kommunikationssystem entdeckt werden. Ich bin sicher, daß es sich finden lassen wird.

Es gibt aber doch ein ganz ungewöhnliches Beispiel dafür, daß sich ein Wolf in Schäferhundmanier ausbilden läßt; jene berühmte Ausnahme von der Regel, die keinen allgemeingültigen Aussagewert besitzt. 1936 erschien ein kleines Büchlein in Linz an der Donau, im Selbstverlag herausgekommen. Es führt den Titel: »Poldi, die bosnische Wölfin«, mit dem bescheidenen Untertitel: »Ein wunderbarer Dressurerfolg menschlicher Erziehungskunst«. Der menschliche Erziehungskünstler hieß Rudolf Knapp. Er war Polizeibeamter in Oberösterreich – wegen seiner Poldi, der bosnischen Wölfin, schied er nicht nur aus dem Dienst aus, sondern nahm es auf sich, daß sich seine Frau wegen des Untieres scheiden ließ.

Das klingt alles etwas merkwürdig, und die Art und Weise, wie dieser Mann sein Büchlein abgefaßt hat, dürfte damals die Verlage abgehalten haben, es zu drucken. Hätte man ihm einen versierten Lektor oder Autor an die Seite gestellt, wäre dieses Buch mit Sicherheit ein Erfolg geworden – ein Dokument aber auch dafür, was Einfühlungsvermögen und unermüdliche Geduld bei einem Wolf erreichen können.

Wer dieses Buch zufällig haben sollte oder in einem Antiquariat findet, sei herzlich gebeten, mich zu verständigen. Ich kann das wesentliche nur mehr aus der Erinnerung wiedergeben, was hier freilich genügen mag. Rudolf Knapp war in Bosnien, hatte das Glück, eine Wolfshöhle zu finden, in der etwa dreiwöchige Welpen lagen. Er nahm sich einen weiblichen Welpen mit nach Hause und zog ihn sorgfältig auf. Die Wölfin war schließlich so stark auf ihn eingestellt, daß sie offensichtlich eine ganz enge »Partnerschaft« mit ihm eingegangen sein muß. Nun ist es so, daß alle »höheren« Sozial- und Jagdverhaltensweisen gelernt werden müssen. Es ist nur ein enger Bereich davon angeboren. Der Polizeimann muß es nun wirklich in meisterhafter Form verstanden haben, über das Spiel mit der Wölfin alles das aufzubauen, was damals von einem Polizeihund erwartet wurde. Was muß da alles an wirklicher Könnerschaft vorgegeben gewesen sein, aber auch an Verständnis über die Jugendentwicklung!

Der Mann hat es jedenfalls geschafft, eine komplette Dressurnummer aufzubauen, und zwar so, daß er forthin von seiner Poldi lebte. 143

Polizei-Hundeführerstaffeln in ganz Europa haben den Kollegen zu Vorführungen eingeladen, er zeigte seine dressierte Wölfin in Schulen, ja sogar der König von Rumänien hat ihn geholt und für seine Vorführung einen Orden verliehen. Es muß eine echte Sensation gewesen sein und sollte es eigentlich heute noch immer sein. Man würde es nicht glauben, wenn in dem Buch nicht auch etliche sehr überzeugende Fotos von den Arbeitsleistungen dieser Wunderwölfin abgedruckt wären.

Meiner Meinung nach müssen in diesem Fall auch andere glückliche Umstände mitgewirkt haben. Wir wissen, daß innerhalb eines Wurfes recht unterschiedliche Charaktere vorkommen, darunter auch solche, denen alle Voraussetzungen fehlen, eine Führungsrolle im Leben zu spielen. Das sind dann, wie ich das nenne, die »Nesthäkchen«, die im Gegensatz zu ihren Geschwistern niemals eine eigene Familie aufbauen, sondern zeitlebens bei den Eltern bleiben. Da sie sich entsprechend unterordnen, werden sie nie zu Sexual-Konkurrenten. Es wäre denkbar, daß Poldi, wäre sie nicht entführt worden, später einmal in ihrem Familienverband sogar die Läufigkeit unterdrückt hätte, weshalb sie von der Mutterhündin natürlich leicht hätte geduldet werden können.

Vielleicht sind südeuropäische Wölfe auch nicht so schwer lenkbar wie nordeuropäische Wölfe oder Wölfe aus Alaska. Mein Südperser ist ja auch anders als Nordlandwölfe. Der Indische Wolf scheint keine streng disziplinierten Rudel zu bilden, sondern lebt wohl wie der Schakal paarweise, abhängig vom Lebensraum. Wie dem auch sei, der »wunderbare Dressurerfolg« von Rudolf Knapp ist nun einmal Tatsache – vor seiner Nachahmung sei aber gewarnt. Es wurden schon genug Schutzhundeführer ernsthaft gebissen – das mag genügen.

Im Vorstehenden habe ich von handaufgezogenen Wölfen gesprochen – zu denen übrigens unter vielen anderen der berühmtgewordene Wolf Dschinghis gehört, den vor Jahrzehnten Bernhard Grzimek im trauten Heim aufgezogen hat. Sein Buch darüber sollte jeder lesen, der auch für sein Hundeverständnis etwas dazulernen will. Wie aber ist es mit Wölfen, die keine engere Bindung an den Menschen haben, die scheu sind? Hierzu wieder ein eigener Erlebnisbericht.

Eines Tages stand ich mit meiner Frau an der Sperre im Frankfurter Flughafen und wartete auf unsere Maschine. Da sprach mich ein Herr an und fragte mich, ob er mir ein Pärchen einjähriger Wölfe schenken dürfe.

Der Tundrenwolf (Canis lupus albus) gehört zu den schönsten Wölfen Eurasiens; in Nordskandinavien steht er unter Schutz. Einige Tiergärten bemühen sich, diese Form durch zielstrebige Zucht zu erhalten.

Der Indische Wolf (Canis lupus pallipes) – hier mein aus Südpersien stammender Wolf »Schah« – darf als der eigentliche Stammvater unserer Hunde angesehen werden.

Er hatte tags zuvor einen Vortrag von mir gehört. Das passiert einem nicht jeden Tag, ich sagte begeistert »Ja«.

Kurze Zeit später holten wir die Wölfe. Es waren angeblich Sibirier aus Ostdeutschland, aber ich denke, es waren eher polnische Wölfe, die einer anderen Unterart angehören. (Siehe die Verbreitungskarte).

Die Wölfe, die in dem Privatgehege geboren waren, wollten nicht so ohne weiteres in die Transportkiste. Meine Frau wendete ihren Spezialtrick an – sie hielt dem in der Hütte verkrochenen Wolf ein Holzstückchen vor den Fang, lenkte ihn damit ab und griff sich dann das Tier am Nackenfell. Da wird ein einjähriger Wolf so geschockt, daß er auf alle Gegenwehr verzichtet. Der andere wurde mittels eines Sackes nach längeren Bemühungen erwischt. Das Gehege in Sulzfeld war damals noch im Aufbau, so mußten die Tiere zunächst noch in die Grubmühle, in einen vergitterten, nach drei Seiten gemauerten Zwinger von zwanzig Quadratmeter, dazu ein Innenraum von weiteren acht Quadratmetern. Die Tiere waren längere Zeit völlig verstört. Betrat man den Zwinger, liefen sie ängstlich die Wände hoch und verschwanden in ihrem Bunker.

Ein halbes Jahr später war es soweit – der große Wolfsfreiraum von tausend Quadratmetern stand. Ein wunderschöner Geländeabschnitt mit Bäumen, Grasstreifen, Büschen, alles auf teilweise steil abfallenden, schluchtartig unterbrochenen Hügelchen. Eine »Naturhöhle« war gegraben, der Eingang durch Wurzelstöcke abgeschirmt.

Hier hatten nun die Wölfe genügend Möglichkeiten, sich den Blicken zu entziehen, was sie anfänglich auch konsequent taten. Aber die Wölfin hatte eine Bewegungs-Stereotypie entwickelt, wie das bei Tieren in zu kleinen Zwingern oder Käfigen häufig vorkommt. Sie lief, vor allem dann, wenn sie erregt war, mit fast irrem Blick in einer Achterschleife, die bald deutlich ausgetreten war. Nur Futter konnte sie weglocken. Ich hatte Sorge, daß das nicht mehr aufhören würde. Der Rüde war nicht so verstört, wenn auch weiterhin vollkommen scheu. Erst nach einem dreiviertel Jahr begann sich das alles zu legen. Die Wölfin verzichtete allmählich ganz auf ihren Achterlauf, und beide verhielten sich zunehmend vertrauter, wenn wir an den Zaun traten. Sie blickten uns entgegen, ja man konnte sogar Andeutungen verhaltenen Schwanzwedelns erkennen – nur so, mit dem letzten Drittel der Rute. Mir war ein Stein vom Herzen gefallen. Das große, deckungsreiche Gelände hatte seine Wirkung getan. Ich muß noch erwähnen, daß es in Sulzfeld zum Schrecken der

Bevölkerung und der Behörden keine Gitterzäune gab, sondern nur ein ausgeklügeltes System von Weidestrom-Zäunen. Die vielen Vorteile einer solchen Umzäunung will ich hier nicht aufzählen.

Nur soviel – man braucht keine Türe, man kann, durch Bekleidung geschützt, ohne weiteres an beliebiger Stelle in das Gehege, da die Litzendrähte nachgiebig sind. Im Spätsommer, als die Wölfe eindreiviertel Jahre alt waren, entdeckte meine Frau, daß der Wildbirnbaum im Wolfsgehege viele Früchte trug, von denen die meisten zu Boden gefallen waren. So kroch sie einfach in das Gehege, setzte sich unter den Baum und aß solange Birnen, bis sie müde wurde, sich hinlegte und einschlief. Sie schlief sorglos, bis der Spieltrieb der Wölfe erwachte – was immer so zwischen fünf und sechs Uhr nachmittags ist – wie bei unseren Hunden auch.

Da wurde sie unsanft geweckt. Der Wolfsrüde wollte nämlich ihre leichte chinesische Seidenjacke haben, schwarz, mit einem Drachenmuster am Rücken, das ihm zu gefallen schien. Unverschämt und rüpelhaft, wie Wölfe sein können, zog er ihr die Jacke aus und rannte damit davon. Meine Frau hinterher, denn sie wollte das Stück natürlich wiederhaben. Er ließ sich nach einer Weile einholen und die Jacke entreißen. Diese bekam dabei zwei Löcher – in Erinnerung an dieses Ereignis wurde sie nie repariert. Es gab noch mehr solcher fröhlicher Verfolgungsspiele, wobei die Wölfin, vom Rüden streng bewacht, nicht mitspielen durfte.

Am nächsten Nachmittag wiederholte meine Frau den Versuch, ich schaute von außen zu. Sie legte sich hin – schon war der Wolf da und forderte die Jacke, und los ging das Spiel – so, wie Schah das so gern mit der Bürste tat. So ging das dann fast täglich, und bald durfte auch die Wölfin mitspielen. Für vorbeikommende Besucher stets ein erschreckender Anblick, da die ja nicht ahnten, was hier in Wirklichkeit gespielt wurde. Es kam dann auch zu Hautkontakten, Berührungen, Lecken seitens der Wölfe, und es hätte alles noch viel schöner werden können, wenn die Behörden nicht eingegriffen hätten. Ich bekam ein Verbot, die Wölfe weiterhin zu halten. Schweren Herzens trennte ich mich von ihnen. Sie mittels Blasrohr zu narkotisieren, artete in Tierquälerei aus, ein zweistündiges Hetzen und Jagen – wobei uns die Wölfe zwar praktisch zwischen den Beinen hindurchliefen, aber nicht daran dachten, einen von uns anzugreifen. Schließlich waren die beiden Tiere narkotisiert und kamen in den Transportwagen. Auf einer langen Fahrt bei sehr kalter

Witterung starben sie noch während des Transportes. Ich kenne das hochgepriesene Tierschutzgesetz von 1972 recht gut. Es steht nichts darin, wie man Tiere gegen eine papierene Bürokratie schützen kann ...

Was es bedeuten kann, wenn man unter Tieren schläft, habe ich schon einmal in dem Bändchen »Meine Tiere – Deine Tiere« darzustellen versucht. Das vorgenannte Beispiel schließt daran an. In einem Bericht von David Mech von 1977 fand ich zwei Fotos, die auf freier Wildbahn in Alaska aufgenommen worden sind. Das eine Bild zeigt, wie ein Verhaltensforscher langausgestreckt im Gras liegt, und ein »wilder« Wolf, etwa aus einem halben Meter Entfernung vorbeigehend, ihn neugierig betrachtet. Das andere Bild bringt eine ganz ähnliche Situation. Wieder ein Ethologe, der halb sitzend, halb liegend einen »wilden« Wolf anlächelt, der vor ihm steht und interessiert die Spitze seines rechten Stiefels beschnuffelt. Er scheint gelbe Creppsohlen noch nicht zu kennen.

So geht man mit Wölfen in Alaska um, wenn man sie aus der Nähe besehen will. Aufrechten Ganges nämlich mögen sie den Menschen nicht – da laufen sie lieber davon, was weiß man, was er vorhat. Die Bildunterschrift zu diesen Fotos (von Rollie Ostermick) lautet in freier Übersetzung: »Wie man einen Wolf zähmt: Man nehme eine unterwürfige Haltung ein, und der legendäre ›Menschenfresser‹ wird dich eines Beschnüffelns würdig befinden ...«

Das großartigste Erlebnis aber hatte ein indianischer Student namens Gregory Tah-Kloma, der seine Semesterferien nutzte, um in der nördlichen Zentral-Wildnis von Britisch-Kolumbien ausgedehnte und oft gefahrvolle Wanderungen zu machen. Sein Erlebnis ist schwer zu glauben – aber wenn man Hunde, Dingos und schließlich Wölfe kennt ...

Es handelt sich um eine offenbar ältere Wölfin, die weithin bei den Indianern, Fallenstellern und Jägern einen bereits sagenhaften Ruf hatte. Man nannte sie »Náhani«, womit in der dortigen Indianersprache »eine, die leuchtet« gemeint ist – sie trug ein silberglänzendes Fell. Sie war die Anführerin eines zwanzig bis dreißig Kopf starken Rudels, hatte offenbar ihren Leitrüden verloren und ersetzte ihn nun. Da sie die Gruppe nur zusammenhalten konnte, wenn sie ein strenges Regiment führte, hatte sie keine Möglichkeit, mit Rudelmitgliedern – die sicher allesamt jünger waren – einen engeren, hautnahen sozialen Kontakt zu halten. So war sie trotz der großen Gruppe zum Einzelgängertum verdammt – ein anderer Rüde kam für sie nicht mehr in Frage, zumal sie neben der Wölfen eigenen

Monogamie mit ihren acht oder zehn Jahren nicht mehr fortpflanzungsfähig war.

Ich schicke das voraus, weil nur das erklären kann, warum sie außerhalb ihres Rudels eine gewisse Kontaktfreudigkeit erkennen ließ. Bei einem Nicht-Wolf konnte sie sich das leisten. In dem Buch »Náhani – Freundschaft mit einer Wölfin« (1974) sind so viele Fakten – wenn auch bisweilen falsch gedeutet (oder übersetzt?) – enthalten, daß man dem Autor unbedingt glauben kann.

Nachdem sie also Tah-Kloma, im Buch kurz Greg genannt, dem Wolfsrudel etwas vertraut gemacht hatte und bei ihrem Hauptlagerplatz – sein Biwack errichtet hatte, freundete sich die alte Wölfin mehr und mehr mit ihm an. Er fing im See Lachse, die er am Feuer briet. Náhani nahm diese Fische sehr gern an. Sie setzte sich dicht neben ihn und beobachtete ihn aufmerksam bei seiner Tätigkeit. Eines abends passierte es: »Ganz plötzlich sprang sie vor ihn und versperrte ihm den Weg. Zuerst schien sie sich damit gegen seine aufrechte Stellung aufzulehnen; aber schließlich richtete sie sich auf und balancierte einige Sekunden lang auf ihren Hinterbeinen, dann legte sie ihre Vorderpfoten auf seine Schultern. Der plötzliche Stoß von hundertvierzig Pfund hätte ihn fast rückwärts ins Feuer geworfen; aber mehr noch als der körperliche Zusammenprall traf ihn der unerwartete Schock: dieser gewaltige Kopf, dreißig Zentimeter breit, mit offenem Rachen, fünf Zentimeter langen, dolchartigen Fängen so nahe an seinem Gesicht. Sie leckte ihm nur die Nase, stubste ihn sanft und sprang zurück.«

Ebenso ist es eine typische Wolfseigenschaft, Arme, Hände, Füße in den Fang zu nehmen und zu bekauen, was recht unangenehm ist, aber ein Wolf weiß nichts von unserer Empfindlichkeit – er legt jene Maßstäbe an, die unter Artgenossen üblich sind. Greg brachte es der Wölfin bei, dies nicht zu tun. Er begann nämlich, sie zu streicheln, zu kämmen und zu bürsten, was ihr gefiel. Er tat das aber nicht, wenn sie vorher an ihm herumkaute.

Ein nachahmenswertes Beispiel, freilebende Wölfe zur Ordnung zu rufen!

Nun, ich kann hier nicht den ganzen Inhalt des Buches wiedergeben. Das mag genügen und ist schließlich ein prächtiges Gegenstück zu Ursula Hendrichs »Elefanten-Baby«. Denken wir dabei auch an den Dachs und den Kojoten, die gemeinsam jagten – Kommunikation also auch unter artfremden Tieren. Das nennt man nach A. A. Sludsky »Adjutorismus« (adjutor = Helfer).

Man könnte viele Beispiele von Freundschaften zwischen Tieren anführen. Sie müssen nicht immer eine dem Lebensunterhalt dienende Zweckgemeinschaft sein. Wenn ein Hund und eine Katze aus einer Schüssel fressen und in engstem Kontakt schlafen, ist das etwas anderes. Man kann dabei auch öfters beobachten, daß es zu erstaunlichen Verhaltensänderungen kommen kann – in erlernter Anpassung an die Lebensform des andersartigen Partners. Ich sah einmal einen Kanarienvogel, der mit einem Wellensittich zusammenlebte. Er hatte es gelernt, dem Sittich mit dem Schnabel das Gefieder zu kraulen, so, wie der es bei ihm machte.

Freilich – solche Kommunikationsformen können nur unter noch sehr bildungsfähigen Jungtieren entstehen und werden nicht so ohne weiteres aufgebaut. Derartiges kann auch schiefgehen. Das haben wir einmal auf der »Biologischen Station Wilhelminenberg« in Wien sehr schmerzlich erfahren müssen. Wir hatten einen Jungfuchs aufgezogen, ebenso einen Timberwolf. Damals wurde ein russischer Film gezeigt, der in der Absicht gedreht wurde, Forschungen über angeborenes Verhalten zu widerlegen. In einem umfangreichen Experiment hatte man alle möglichen Tierarten von kleinauf aneinander gewöhnt. Endergebnis: Ein kleiner Hund leckte einem großen Bären vertrauensvoll die Nase, Tiger spielten mit Eisbären im Wasser, Löwen lagen freundlich umher – kurz, ein echtes Paradies wurde uns vor Augen geführt, um zu beweisen, daß es nichts anderes als Lernen gibt.

Auch ein uns befreundeter Tierhändler meinte, er würde das beweisen können. Er nahm den halbwüchsigen Fuchs, den über viermonatigen Wolf und dazu noch ein Meerschweinchen, setzte alle drei in einen Raum und sich selbst dazu.

Es ging alles ganz wunderbar: Das Meerschweinchen verkroch sich in der einen Ecke, der Fuchs in einer anderen und der Wolf in der dritten. In der vierten saß der »Experimentator«. Er saß eine Stunde lang, und nichts geschah.

Dann wurde er ans Telefon gerufen. Auf dem Rückweg fragten wir ihn, wie denn sein Versuch gelaufen sei. Seine Antwort: »Alles klar – die vertragen sich bestens – da tut keiner dem anderen was!«. Etwas stutzig geworden, da er in der Gegenwartsform sprach, wollten wir wissen, ob

149

denn die Tiere immer noch zusammen wären – und dann stürzten wir zu jenem Raum. Zu spät. Kein Stückchen Meerschweinchen mehr, vom Fuchs fanden wir nur die Lunte, und in seiner Ecke lag japsend und mit mächtigem Bauch der liebe Wolf, der das Experiment offenbar nicht ganz begriffen hatte. Er hätte den russischen Film zuvor sehen müssen.

Kommunikation hat also auch gewisse Grenzen, vor allem dann, wenn die Zeit nicht ausreicht, um sich gegenseitig unter gesicherten Bedingungen kennenzulernen. Hätte jener Versuch in einem umfriedeten Großgehege von einigen tausend Quadratmetern stattgefunden, wäre vor allem auch der Wolf ein wenig jünger gewesen – bestimmt wäre einiges anders verlaufen. Man muß die Freiheit haben, sich auszuweichen, oder von Jugend an zusammen aufzuwachsen, oder auch von frühester Jugend an bei einem andersartigen, sich als Mutter fühlenden Tier großwerden – dann kann es zu solchen Freundschaften kommen.

Ich denke da an die Löwenbabies des Zirkus' Williams, die von einer Boxerhündin gesäugt wurden und die sie noch liebten, als sie schon erwachsen waren. Die Hündin hat ihnen rechtzeitig beigebracht, daß man mit ihr nicht nach Löwenart spielen könne, sondern nur unter zarter Rücksichtnahme nach Hundeart.

Solche Beispiele müßten doch jedem »Spätentwickler« beweisen, daß alles Lernen in frühester Kindheit anfängt. Mit jenem Ausdruck meine ich die immer noch nicht ausgestorbenen Hunde-Dresseure, die meinen, ein Hund müßte erst voll entwickelt sein, ehe man mit ihm was tun könne; Leute, die einen Hund erst ein Jahr lang im Zwinger verkümmern lassen, um ihn dann mit viel Geschrei und alten Kasernenhofmethoden das einzubläuen, was er in seiner Kindheit nie lernen durfte. Die sollten das einmal mit einem Wolfsrüden versuchen (aber bitte, zuerst eine hohe Lebensversicherung abschließen, wenn man Familie hat). Mit unseren Hunden geht das manchmal, aber oft auch nicht.

So ist es auch mit Zwingerwölfen schwer, einen Kontakt aufzubauen. Ich bekam zwei solcher Wölfe, als sie voll erwachsen waren. Der eine Wolf war in Händen eines Mannes, der gut mit Schäferhunden umzugehen verstand, dann aber nach den üblichen 18 Monaten einsehen mußte, daß es mit einem Wolf nicht in derselben Weise geht. Es war ein hübscher Karpathenwolf, über den ich mich sehr freute. Aber ich mußte ihn in einer Boxe unterbringen, wie sie in Hundepensionen häufig zu sehen sind – ein kleiner Innenraum und ein etwas größerer Außenraum. Mehr konnte ich

Drohmimik gegenüber einem Rangniederen (Wölfe)

dem Rüden nicht bieten. Anfangs verkroch er sich in den Innenraum, wenn man kam, später nur noch dann, wenn man für ihn unverständliche Dinge tat. Betrat man den Außenkäfig, um ihn zu säubern, saß er drinnen. Später war er ein wenig vertrauter, aber zu irgendeiner Kontaktaufnahme kam es auch nach zwei Jahren nicht.

Ähnlich war es mit einer Chinesischen Wölfin. Sie war von einem Irish Wolfshound gedeckt, als sie zu mir kam, und brachte bald zwei Welpen auf die Welt. Sie hat in den zwei Jahren Aufenthalt in einem gleichartigen Zwinger wie der zuvorgenannte Rüde ihr Verhalten uns gegenüber kaum geändert. Sie war nicht ganz so scheu und man merkte ihr an, daß sie eigentlich ganz gern Kontakt aufnehmen würde – aber da war eine unsichtbare Sperre. Sie begnügte sich damit, spielerisch in den Besen zu beißen, oder schlich sich von hinten an, um nach typischer Wolfsmanier zu zwicken, was ja auch nicht gerade das ist, was man sich unter gutem Kontakt vorstellt.

Lernen wir also: Kommunikationssperren sind entweder Folgen eines psychischen Druckes – oder eines milieubedingten Druckes, einer Einengung der seelischen oder körperlichen Freiheit. Das gilt nicht nur für Wölfe.

Dabei stellt sich sofort auch die Frage, wo fängt ein solcher Druck an, wo hört er auf? Reagiert jedes einzelne Individuum anders als andere? Wieweit ist das bei einem so intelligenten Lebewesen mit so vielen sozialen Grundbedürfnissen von Erfahrungen abhängig, und darüber hinaus davon, in welchem Lebensalter man diese Erfahrungen gemacht hat? Wir wissen, daß die Individualität der Wölfe recht unterschiedlich ist – sicher spielt das auch mit, auch wenn wir voraussetzen, daß sie nicht zur Gänze angeboren, sondern weitgehend auch wieder ein Produkt individueller Erfahrungen ist.

Vor mir liegt der Bericht eines jungen Mannes namens Markus Zeidler aus Merzig. Als er ihn niederschrieb, war er genau elf Jahre alt. Er erzählt darin zunächst, daß seine Eltern keine Erfahrung mit Tieren hatten und auch nie welche hielten. So mußte er sich anderswo umsehen, um mit Tieren Kontakt zu bekommen. Diese Möglichkeit bestand zunächst nur darin, einen Braunbären, der als Maskottchen bei der Bundeswehr im Range eines Gefreiten Dienst tat, aus der Entfernung zu beobachten. 1976 löste den Braunen ein junger Kodiakbär ab. Hauptfeldwebel Werner Freund, der Bärenbetreuer, erlaubte Markus, mit dem Jungtier zu spielen und brachte ihm dabei nicht nur die Achtung, sondern vor allem auch die Verantwortung für das Tier bei. Natürlich wuchs der Bär bald über die Kräfte des Jungen hinaus, mit den gemeinsamen Spaziergängen war es vorbei. Was aber nun geschah, lassen wir uns von Markus Zeidler selbst erzählen:

»Auf einer Reise nach Frankfurt fand Werner Freund in einer Zoohandlung einen Wolfswelpen, der total verdreckt, unterernährt und krank in einem engen Käfig steckte. Angeblich sollte das ein jugoslawischer Wildfang sein. Werner Freund brachte es nicht fertig, diesen kleinen Kerl einem ungewissen Schicksal oder dem Tod zu überlassen. Damals begann meine Bekanntschaft mit Wölfen.«

Iwan, so wurde der Wolf genannt, bekam außer gutem Futter, Pflege und Unterkunft auch menschliche Gesellschaft. Frau Freund lehrte ihn an der Hundeleine zu gehen und nahm ihn oft mit ins Gelände. So bekam Iwan viel mehr zu sehen und zu hören, natürlich auch zu riechen, als wenn er nur in einem Zwinger hätte leben müssen. Er freute sich wie ein junger Hund, wenn wir miteinander spielten und rauften. So ging es lange Zeit. Iwan machte auch die Erfahrung, daß nicht alle Menschen gut zu Wölfen sind. Unvernünftige junge Leute ärgerten ihn, wenn sie Gelegenheit dazu hatten. Werner Freund meinte, es sei besser für Iwan, wenn er arteigene Gesellschaft bekäme. Da nicht daran gedacht wurde, noch mehr Wölfe ins Haus zu nehmen, kam Iwan in ein Freigehege nach Kaiserslautern, in dem bereits eine Wölfin war. Die beiden Tiere verstanden sich gut, und als die Wölfin erwachsen war, kam auch Nachwuchs. Auf diese Nachricht hin fuhren Freunds nach Kaiserslautern und waren gespannt darauf, ob Iwan seine alten Betreuer noch erkennen würde. Die beiden wurden von Iwan freudig begrüßt, und er tat Dinge, die er nur als junger Wolf getan hatte. Und dann tat Iwan noch etwas: Er führte den beiden Freunds seine Kinder vor, obwohl die Wölfin nicht einverstanden war und drohte!«

Ein Ausnahmefall? Ich glaube nicht. Es ist zwar eine allgemeine Erfahrung, daß Wolfsfreundschaften infolge der Beschützerrolle des Rüden enden. Auch Erik Zimen vertritt diese Meinung aufgrund seiner und anderer Erfahrungen. Aber weder Familie Freund noch Markus kamen dadurch Bedenken – und behielten recht. Lassen wir den jungen Autor weiter berichten:

»In dieser Zeit beschloß der Stadtrat von Merzig, ein großes Wolfsgehege zu schaffen, zumal sich Familie Freund bereit erklärt hatte, dieses zu betreuen. Also kamen drei von Iwans Kindern nach Merzig.

Sie erhielten die Namen Natascha, Igor und Boris. Hinzu kam noch Ronja, angeblich eine ›russische Silberwölfin‹, in Wahrheit wohl eine elegante, hochläufige Wölfin aus Pakistan. Die Aufzucht der jungen Wölfe machten wir so, wie die Aufzucht junger Hunde gemacht werden sollte (man beachte diese feinsinnige Nuancierung: sollte. Anm. des Verfassers). Sie bekamen eine Spezialmilch, und da wir die Fütterungsmethoden der Wölfe nicht nachmachen können (Hervorwürgen des Futters), präparierten wir die Fleischmahlzeiten entsprechend. Selbstverständlich wurden die Welpen entwurmt und von allen Krankheitserregern befreit. Die Welpen gediehen und wurden groß. Inzwischen war das Wolfsfreigehege fertiggestellt und die Tiere dorthingebracht. Das Gelände ist etwa ein Hektar groß und mit Büschen und Bäumen bestanden. Leider fehlt Wasser. Dies müssen wir bis heute herantragen. Aber nun hatten die Tiere einen größeren Auslauf und konnten selbst bestimmen, wo sie ihre Höhlen anlegen wollten. Ich war verschiedentlich in die Höhlen gekrabbelt und habe festgestellt, daß alle Höhlen etwa zweieinhalb Meter lang und eineinhalb Meter tief sind. Erst kommt ein schmaler Gang und dann der Kessel.

In dieser Zeit bekamen wir die Nachricht, daß die Gefährtin von Iwan gestorben und er somit wieder allein sei. Da beschlossen wir, Iwan, den Vater unserer Jungwölfe, in das Merziger Gehege zu holen. Es lief auch alles gut an. Iwan wurde genauso zutraulich, wie es seine Kinder waren...

Mit dem Heranwachsen der Jungwölfe fingen dann die ersten Probleme an. Zuerst legte sich Natascha mit Ronja an, die ja nicht zur Familie gehörte. Sie wurde so fürchterlich von Natascha verdroschen. Wir mußten einschreiten, sie hätte sonst die Rivalin zerfetzt. Also wurde Ronja isoliert und kam danach in ein Freigehege, wo ein einsamer Wolf auf sie wartete. Dann fing die Rivalität zwischen Iwan und seinen Söhnen an. Igor wollte das Vorrecht seines Vaters nicht gelten lassen und versuchte den Aufstand. Er wurde vom ›alten Herrn‹ ganz autoritär verprügelt! Boris unterwarf sich und spielte die Rolle des Rudelletzten.

Nachdem Natascha zwei Jahre alt war, bekam sie Nachwuchs. Der Vater ist naturgemäß Iwan. Die Wölfin verschwand zum Werfen in der Höhle. Die anderen Wölfe lagen um die Höhle herum und es sah so aus, als hätte Natascha eine ›Palastwache‹. Iwan versorgte die Wölfin mit Futter. Als die Welpen zum ersten Mal die Höhle verließen, brachte Natascha sie weg, als wir sie besichtigen wollten. Iwan aber wußte, was sich gehört! Er brachte einen der Welpen, im Genick gepackt, und legte ihn zu unseren Füßen ab. ›Seht, was habe ich doch schöne Kinder!‹ – so deuteten wir jedenfalls seinen Gesichtsausdruck...«

Soweit also nun einmal der Bericht dieses bewundernswerten Jungen. Beneidenswert – ich durfte mit zehn Jahren noch nicht in eine echte Wolfshöhle krabbeln! Ich habe ihn vor zwei Jahren erlebt. Ich stand vor dem Wolfsgehege in Merzig und schaute den Wölfen zu, wie sie behaglich ruhten. Da kam ein kleiner Junge auf dem Fahrrad an, sperrte es ab, sperrte die Gehegetür Nr. 1 auf, sperrte sie wieder zu, ging durch die zweite Tür (»Schleuse« nennt man eine solche Anlage) und war plötzlich unter einem Haufen von Wolfsleibern, von denen jeder einzelne es mit dem Gewicht des zierlichen Knaben aufnehmen konnte, restlos verschwunden. Für jeden Fremden, und vor allem für Leute, die Wölfe nicht kennen, sicher ein grauenvoller Anblick. Für mich nicht, zumal ich ja schon von Kläre Alt (die übrigens dem Jungen geholfen hat, seinen Bericht zu schreiben – er hatte als gelernter Wolfsbändiger noch keine

Gelegenheit gehabt, sich mit der Schreibmaschine vertraut zu

machen) darauf vorbereitet war. Nach einer Weile kam Markus unter
den Wölfen hervor und rannte scheinbar davon – gehetzt von der wilden
Wolfsmeute!

Dann war er am Gitter – was tun? Hochklettern? Sinnlos, da gibt es
einen breiten Überhang nach innen. Also muß man dem Feind mutig die
Stirn bieten! Markus dreht sich um, läuft auf die blutgierigen Verfolger zu.
Sieg auf der ganzen Linie – die Meute kehrt um und läuft davon!

Aber wie das so ist – man sieht es und glaubt es nicht. Schrieb doch da
eine Dame aus Saarbrücken empört an die Stadtverwaltung in Merzig, daß
es unverschämt wäre, wohldressierte Schäferhunde harmlosen Gehegebe-
suchern als Wölfe anzupreisen!

Ich habe diesen Bericht zitiert, um zu zeigen, daß es doch auf die
persönlichen Erfahrungen und Erlebnisse eines Wolfes ankommt, auf die
Art seiner Unterbringung und vieles mehr, um so unterschiedliche
Verhaltensmuster hervorzubringen.

Mein Schah erlebte ja seinen ersten und zweiten Nachwuchs nicht in
einem zufriedenstellenden Freigehege, sondern in einem achtzig Quadratmeter großen Zwinger, gestört durch das ewige Gekläffe gekäfigter
Schäferhunde in zehn bis zwanzig Meter Entfernung und in der
Atmosphäre von Menschen, die unter den sehr fragwürdigen Lebensbedingungen eines zugigen Rohbaues unter ständigem Streß lebten. Was
Wunder, wenn er dann in solchen Ausnahmesituationen auch durch-
dreht?

All die ehrenwerten Bauern und Behörden, die uns jede Möglichkeit
zerschlagen haben, unseren Tieren zumindest eine schöne Existenz zu
bieten, sei an dieser Stelle gedankt. Dadurch hatte ich die Möglichkeit,
mitzuerleben, was es für Hundeartige bedeutet, unter erbärmlichen
Verhältnissen zu leben! Vielleicht hätte ich das gar nicht mehr so
begriffen, wenn es umgekehrt in Merzig nicht nur eine verständnisvolle
Stadtverwaltung gäbe, sondern sogar einen geradezu unglaublich ver-
ständnisvollen Tierschutzverein! Dem aufmerksamen Leser des Berichtes
von Markus wird es aufgefallen sein, daß da von Hütten keine Rede war.
Höhlen mußten sich die armen Wölfe graben. Ich aber getraue mich nicht
mehr, irgendwo ein Gehege zu errichten, in dem es keine Hütte gibt, die
der sattsam bekannten »Verordnung von Halten von Hunden im Freien«
entspricht, weil dann sofort die Polizei und der Kreisveterinär von
aufgebrachten »Auch-Tierschützern« aufgehetzt werden. So wie einst, als

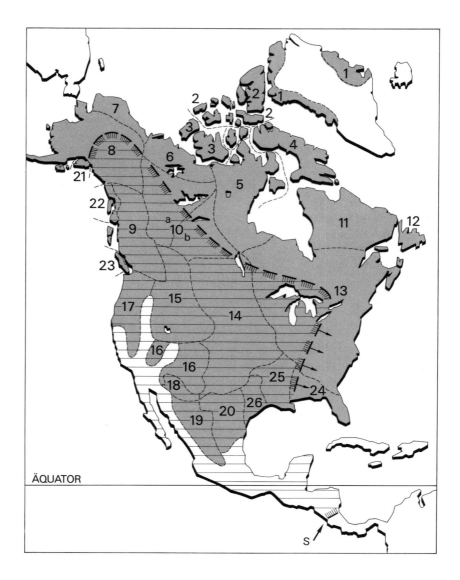

Die Verbreitung des Wolfes (Canis lupus) und des Kojoten (Canis latrans) in Nordamerika. E. A. Goldmann (1944) unterscheidet folgende dreiundzwanzig Wolfsunterarten: 1. Grönland-Wolf (C. l. orion); 2. Arktis-Wolf (C. l. arctos); 3. Bernard-Wolf (C. l. bernardi); 4. Baffin-Wolf (C. l. manningi); 5. Hudson-Wolf ich naiverweise gute Hütten aufgestellt hatte und man aus Tierschutzkreisen beanstandete, daß kein Stroh darinnen sei…

Also – in Merzig müßte man leben, da gibt es vernünftige Stadtväter und einen vernünftigen Tierschutzverein! Beiden möchte ich hier ein Denkmal setzen!

Aber unser guter Markus hat zu diesem Thema »Leben und leben lassen« auch noch etwas zu sagen, was hier zwar weder Bauern noch Behörden betrifft, aber doch die Auswirkungen eines psychischen Drucks sehr augenfällig zum Ausdruck bringt. Lassen wir uns jetzt von der unvoreingenommenen, klaren Einsicht eines wolfserfahrenen Elfjährigen aufklären. Er sagt es besser, als zehn Wissenschaftler das könnten:

»Das Heranwachsen dieser Welpen war solange ohne Probleme, bis sie Jungwölfe waren. Dann ging auch hier der Konkurrenzkampf los. Es scheint, daß die Kämpfe im Gehege härter sind als in der freien Wildbahn. Dort kann man sich ausweichen, hat Fluchtmöglichkeiten – hier sind Grenzen gesetzt, die nicht übersprungen werden können. In der Freiheit ist das Rudel auf alle Mitglieder angewiesen bei der Futterbeschaffung, bei

(C. l. hudsonicus); 6. Mackenzie-Wolf (C. l. mackenzii); 7. Tundra-Wolf (C. l. tundrarum); 8. Alaska-Wolf (C. l. pambasileus); 9. Columbia-Wolf (C. l. columbianus); 10. West-Wolf (C. l. occidentalis); 11. Labrador-Wolf (C. l. labradorius); 12. Neufundland-Wolf (C. l. beothucus); 13. Ost-Wolf (C. l. lyacon); 14. Great Plains Wolf (C. l. nubilus); 15. Nördlicher Felsgebirge-Wolf (C. l. irremotus); 17. Südlicher Felsgebirge-Wolf (C. l. youngi); 17. Cascade-Berge-Wolf (C. l. fuscus); 18. Mongollo-Berg-Wolf (C. l. mongollonensis); 19. Mexiko-Wolf (C. l. baileyi); 20. Texas-Grauwolf (C. l. monstrabilis); 21. Kenai-Wolf (C. l. alces); 22. Alexander Archipel-Wolf (C. l. ligoni); 23. Vancouver-Wolf (C. l. crassodon). – E. A. Goldmann unterscheidet weiterhin eine zweite Wolfsart, die er »Canis niger« nennt und in drei Unterarten aufteilt: 24. Florida-Rotwolf (C. n. niger); 25. Mississippi-Rotwolf (C. n. gregoryi); 26. Texas-Rotwolf (C. n. rufus). Eine derart weitgehende Aufgliederung der Wölfe in zwei Arten und insgesamt sechsundzwanzig Unterarten dürfte stark übertrieben sein (s. S. 124). Hall und Kelson (1959) haben überdies eine vierundzwanzigste Wolfsform eingeführt, Canis lupus griseoalbus, als südliche Form des Westwolfes, etwa südwärts des Großen Sklavensees (auf der Karte mit b bezeichnet).
Der Kojote teilt weithin das Verbreitungsgebiet des Wolfes und geht im Süden bis Mittelamerika (Pfeil S). Die durchbrochene Kammlinie stellt die Verbreitungsgrenze im Norden und Osten dar, die Pfeile weisen die Ausbreitungstendenz nach Osten hin aus.

der Jagd – hier wird das Futter fertig serviert und der Kampf um die tägliche Nahrung entfällt.«

Das hat er sicher von Werner Freund, der seine Urlaube grundsätzlich in nahezu unerforschten Gebieten verbringt, in tropischen Wildnissen, wo er das Leben der noch ungestörten Tierwelt beobachtet. Wie ein gelernter Verhaltensforscher setzt Markus fort:

»So werden die Aggressionen anderweitig umgesetzt. Schade! Unsere Beobachtungen ergaben nun folgendes: Natascha erlaubte dem Nachwuchs keinen Kontakt mit uns. Das kann so gedeutet werden, daß die ältere Generation diesen Kontakt zum Menschen als ein Vorrecht betrachtet, das den Jüngeren nicht eingeräumt wird. So blieben diese Welpen handscheu. Sie sind sehr unterwürfig, wenn wir ins Gehege kommen und mit den ›Großen‹ spielen. Ein Jahr später – 1980 – brachte Natascha den zweiten Wurf. Nach drei Wochen nahmen wir sechs von den sieben Welpen aus der Höhle und zogen vier davon so auf, wie wir die Eltern aufgezogen haben.«

Nun wird mancher fragen – und was ist mit den anderen beiden? Warum werden die nicht aufgezogen, oder warum durften die nicht bei der Mutter bleiben? – Markus gibt uns eine klare Antwort darauf:

»In dem ein Hektar großen Gehege können – nach unseren Erfahrungen – vier Wölfe leben. Sind es mehr, gibt es Probleme.«

Hier haben wir also das Grundproblem nicht nur der Wolfshaltung, sondern eigentlich aller Tierhaltung: die Territorialfrage. Angesichts dieser Erfahrungen beginne auch ich, gelegentlich umzudenken. Ich ging immer davon aus, daß eine Wolfsfamilie nach allen Freilandbeobachtungen für ein Heim »erster Ordnung«, also den eigentlichen Wohnplatz, kaum mehr als fünfhundert bis tausend Quadratmeter beansprucht. Man zieht nicht eher auf die Jagd, als bis einen der Hunger quält. Hat man aber sein Futter, bleibt man schön zu Hause. Meine Vorstellung – Markus sieht das anders. Er erkannte, daß Beschäftigungslosigkeit zu Aggression führt. Ich habe das schon – wenn auch nicht gerade bei Wölfen – anderswo erlebt. Trotz Überbevölkerung tiefster Frieden (siehe Kapitel »Björn und seine Familie« in »Mit dem Hund auf du«). Wahrscheinlich haben wir beide recht. Es kann so sein – aber auch ganz anders. Es hängt von den Umständen ab. Jenen verflixten Umständen, die so schwer in den Griff zu bekommen sind. Es gibt noch einiges zu tun ...

Übrigens – niemand soll glauben, die beiden Wolfskinder wären getötet worden. Nein, sie sind in allerbesten Händen: nämlich bei Erik Zimen, der sie zusammen mit Jungfüchsen aufzieht. Ein schöner Versuch, der uns zeigt, wie sich grundsätzlich ähnliche, aber in vielen Verhaltensweisen doch sehr unterschiedliche Tierarten durch Verhaltensänderungen einander anpassen können. Was ja auch auf freier Wildbahn vorkommt.

Wir lernen also von Markus Zeidler, daß unterschiedliche Umwelterfahrungen bei so lernbegabten Tieren wie Wölfe unterschiedliche Reaktionen auslösen. Kleinste, für uns oft nicht erfaßbare Gegebenheiten können es sein, die zu unterschiedlichen Beobachtungsresultaten führen.

Im Vordergrund der Aufzeichnungen von Markus Zeidler steht wohl, wie sehr individuelle Veranlagungen, Erlebnisse und Umweltverhältnisse, für uns Menschen nur bedingt erfaßbar – zu andersartigem Verhalten führen. Sicher gibt es das auch bei freilebenden Wölfen.

So wie mein Schah gegen das zu kleine Gehege und die unfreundliche Art seiner Gehegegenossin Ssiss protestierte, so mag es gelegentlich auch Wölfen ergehen, denen auf freier Wildbahn der Raum zu eng, die Nachbarschaft zu dicht wird. So tauchen in den Gazetten immer wieder Alarmnachrichten von eingewanderten Wölfen auf, durch die sich dann die Bevölkerung auf das äußerste beunruhigt fühlt und sofort entsprechend ihres von Rotkäppchen geformten Bildungsstandes bei der Polizei vorstellig wird. Auch bei den Jagdbehörden klingelt dann ununterbrochen das Telefon. Als die halbwüchsigen Wölfe im Bayrischen Wald frei liefen, verbreitete sich eine Welle der Wolfsfurcht über alle Lande.

So stand eines Morgens der leitende Beamte des Katastrophenschutzdienstes vor meiner Tür. In der Nähe von Bad Kissingen seien um acht Uhr früh drei Wölfe von einem Auto aus gesichtet worden. Nun ist es zwar von Niederbayern bis Unterfranken ziemlich weit, aber möglich wäre das schon, da Wölfe in einem Tag ganz enorme Wegleistungen vollbringen können. Angeblich bis zu hundertfünfzig Kilometern. Trotzdem glaubte ich nicht daran, weil ich die Einbildungskraft meiner Mitmenschen zu kennen glaube. Ich fuhr also in dem knallroten Einsatzwagen zu der Stelle, wo die drei Wölfe gesichtet worden waren. Dort wartete bereits eine ganze Anzahl bewaffneter Männer, teils von der Polizei, teils von der Forstverwaltung.

Nun stelle man sich das Gelände vor. Eine kleine Bodensenke, völlig kahl, gepflügte Äcker. Diese Fläche eingelagert zwischen drei Bundesstraßen, die ein Dreieck bilden. Auf dieser Fläche habe man die drei Wölfe umherlaufen sehen – bei hellem Tage. Allein dieser Umstand sagt bereits alles. Kein Wolf würde derartiges tun! Auf einem ihm fremden Territorium wird ein Wolf bei Tage niemals frei umherlaufen und eine derartige Stelle bei Nacht nur vorsichtig und schnell überqueren. Die reichlich im sandigen Boden abgedrückten Spuren, die wir danach untersuchten, waren eindeutig die von mittelgroßen Hunden. Die Wolfsspur unterscheidet sich nämlich recht deutlich von der eines Hundes, weil er im Gegensatz zu jenen die Zehen weit mehr spreizt – er hat einen langzehigen »Spreizfuß«, während unsere Hunde »geschlossene« Zehen haben – dank mir unbegreiflicher Zuchtvorschriften. Haben doch die offengestellten Zehen zumindest zwei Vorteile. Einmal tragen sie die Körperlast viel verteilter, was sich vor allem auf weichem Boden oder auf Schneeflächen sehr günstig auswirkt. Zum anderen können sich zwischen ihnen nicht so leicht Parasiten wie Pilze ansiedeln. Bekanntlich schwitzt der Hund – abgesehen von der hechelnden Zunge – ausschließlich zwischen den Zehen. So halten kleine, geschlossene Pfoten den Straßenkot und -staub länger fest – zum Schaden des Hundes. Zwischen gespreizten Zehen hingegen bleibt nicht so leicht etwas haften.

So konnte ich eine wirkliche Katastrophe abwehren: Die Polizei hatte vor – über die Presse die Bevölkerung zu warnen. Das wäre nichts anderes als eine Panikmache gewesen.

Wanderwölfe aber gibt und gab es schon immer. Sie sind vor Jahren trotz des großen Zaunes aus dem Osten gekommen – wahrscheinlich über die Elbe schwimmend, und wurden in der Bundesrepublik erschossen. Diese gewitzten Ost-West-Wanderer sind stets etwa vier bis fünf Jahre alte Rüden, denen, wie man in Südeuropa beobachtet hat, auch Wölfinnen nachfolgten. Im Norden kommen sie über das Warthetal aus dem Osten, aus Polen und dem Baltikum. Zwischen 1948 und 1956 hat man in der Lüneburger Heide fünf solcher Rüden erlegt, die sehr viel Aufsehen und etliche Großeinsätze zu ihrer Erlegung hervorgerufen haben. Diese Wölfe wurden meist wirklich zu einer Plage für die Nutztierhaltung. So hat der erste, bekannt als der »Würger von Lichtermoor«, tatsächlich zwanzig Schafe eines Bauern angeblich in einer Nacht getötet, und in der Folge sind insgesamt achtundfünfzig Rinder und über hundert Schafe gerissen worden. Es ist bei diesen Zahlen freilich nicht ersichtlich, ob es sich nur um diesen Wolf gehandelt hat, oder ob nicht noch andere Wölfe im Spiel waren, und noch weniger, ob denn da nicht vielleicht am Ende jener Teufel

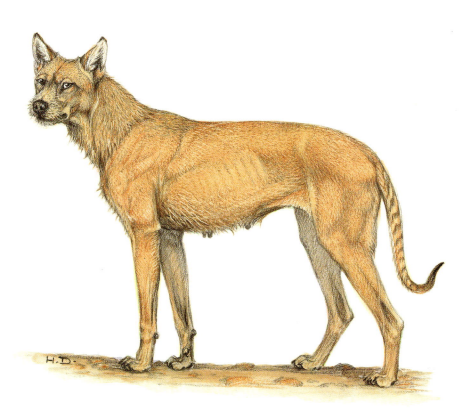

Der Vater meiner »Maud« war ein Irish Wolfshound, ihre Mutter eine wahrscheinlich aus China stammende Wölfin. Im Körperbau dominiert der Vater, im Verhalten die Mutter. Sie wäre gern ein Schoßhund, was ihrer Größe wegen nicht durchführbar ist.

Der Dingo ist ein durch Umzüchtung teilweise veränderter Indischer Wolf, auf den alle unsere Hunde zurückgehen. In Australien konnte sich dieser Steinzeithund in einigen Schlägen bis heute unverändert erhalten.

die Hand im Spiel gehabt hat, der so manchem biederen Bäuerlein eingeflüstert hat, daß der Jagdherr die gerissenen Tiere ersetzen müsse? Man muß bei solchen Angaben stets ebenso vorsichtig sein wie bei den todsicheren Beobachtungen unserer Mitbürger. So hat vor der Erlegung jenes Wolfes ein Rätselraten begonnen, ob es sich nicht auch um wildernde Hunde handeln könne, einer wollte in einer Fährte die eines Pumas erkennen, und schließlich stellte eine Frau fest, daß es sich um eine Löwin mit Jungen handle – sie hat sie leibhaftig gesehen! Nur der Bauer Hermann Gaatz tat damals, was in diesem Fall das vernünftigste war – er ging Tag für Tag auf Pirsch, und nach langer, sorgfältiger waidmännischer Arbeit hat er sich mit den Gewohnheiten des Wolfes so vertraut gemacht, daß er ihn nicht nur zweimal sah, sondern beim dritten Mal auch erlegte. Das hat vom 16. Mai bis zum 27. August 1948 gedauert. In dieser Zeit waren an die tausend Leute, Deutsche und Engländer, teils in Großeinsätzen, hinter dem schlauen Wolf hergewesen!

Das Auftreten von Wölfen in der Heide hatte sehr schlimme Folgen für den Fremdenverkehr, von dem man dort weitgehend lebt. Die Leute haben eben die Vorstellung, daß so ein Wolf hinter einer Buschhecke wartet, bis Urlauber vorbeikommen, weil die besonders schmackhaft sind. Allein das Beispiel von Hermann Gaatz zeigt doch deutlich genug, daß ein Wolf nicht daran denkt, sich Menschen auch nur zu zeigen! An die hundert Tage mußten vergehen, bis er ihn vor das Zielfernrohr bekam, und riesige Treiberketten konnten ihn nicht aufstöbern!

1975/76 gab es sogar einen Bären in der Nähe von Bad Dürkheim im Pfälzerwald. Er war aus einem Wildpark entkommen und lebte drei Monate ungestört auf freier Wildbahn. Kein Mensch hat ihn gesehen, bis ihn Spaziergänger – die im Gegensatz zum Bären heute noch leben, also nicht von ihm gefressen wurden – zufällig in einer Felsenhöhle entdeckten. So gefährlich also sind die »wilden Tiere«.

In einem Leitartikel der Jagdzeitschrift »Die Pirsch« fand ich folgende Sätze: »Mit dem Rotwild, den Sauen und den Förstern und Jägern im weiten Pfälzerwald allein hätte sich der Bär ›Chaplin‹ vermutlich noch recht lange gut vertragen. Und nicht wenigen Jägern wären – Hand aufs Herz! – ein paar Wölfe in ihren Revieren lieber als der ganze Erholungswaldrummel und Fremdenverkehr (der sich bereits durch die ›Wolfsgefahr‹ schwer geschädigt sieht). Aber die Verhältnisse, die sind nicht so, und deshalb werden wohl in Mitteleuropa auch weiterhin die letzten Mohikaner des Großwildes durch Gehegezäune von den allzu vielen Menschen getrennt bleiben müssen.« Darüber sollte man nachdenken.

Naturschutz sollte nicht ein Werkzeug, ein Vorwand für eine Fremden- und Touristik-Industrie werden. Damit dient man der Naturerhaltung überhaupt nicht – ganz im Gegenteil. Man schafft nur entlang der von Fremdenverkehrsvereinen und anderen Institutionen ausgebauten Waldstraßen Müllhalden aus Konservendosen und Plastiksäcken. Autos gehören nicht in den Wald – wer Erholung sucht, sollte zu Fuß gehen, mit dem Rad fahren, reiten – vor allem aber keine Angst vor Wölfen, Luchsen oder Bären haben. Die tun niemandem etwas, solange man ihnen nichts tut.

Der aufgeschlossene Waidmann weiß, daß ein in Grenzen gehaltenes Raubwild in großen Forsten recht nützlich sein könnte. Das jagdbare Wild würde dadurch gesünder werden, kräftiger, ganz im Sinne der natürlichen Selektion. Ich habe einmal einen Bericht gelesen, daß in Luchsrevieren der Tatra die jagdliche Ausbeute gewichtsmäßig um fünfzehn Prozent zunahm, obgleich die Luchse zehn Prozent des jagdbaren Wildes gerissen haben. Niemand trägt eben besser zur Erhaltung der Pflanzenfresser bei als der Beutegreifer, das »Raubwild«.

Genau kontrollierte Elchpopulationen auf der Königs-Insel (Isle Royale) im Großen See (Michigan) bewiesen, welche wichtige Rolle der Wolf zu ihrer Erhaltung spielt. Elche, die jene Insel besiedelt hatten und unter Naturschutz standen, vermehrten sich so stark, daß sie die Vegetation vernichteten und bald auch von allen möglichen Krankheiten befallen wurden. Dann gelang es Wölfen, über den zugefrorenen See auf die Insel zu gelangen. Ab da regulierte sich alles. Der Elchbestand wurde gesund, da die Wölfe nur kranke, schwache Tiere rissen, und es entstand ein biologisches Gleichgewicht zwischen Elchbesatz, Wölfen und Pflanzenwelt. Auf dreißig Elche kam ein Wolf, und das hielt sich so seit 1958, von den Biologen D. L. Allan und E. L. Mich sorgfältig registriert. Zwanzig Wölfe und sechshundert Elche auf einer Fläche von etwa achtzig Quadratkilometern. Die Vermehrungsquote der Wölfe paßt sich also dem Nahrungsangebot an.

Das könnte sich auch bei uns in ähnlicher Form einspielen, wenn die einwandernden Wölfe nicht unbedingt in eines der wichtigsten Fremdenverkehrsgebiete mit reichlicher Schafzucht und wenig Wild bei ihrer Ost-West-Tour gelangen würden.

Für jene Waldinhaber, die Wölfe fürchten, weiß ich ein Rezept, das ganz bestimmt eingewanderte Wölfe vertreibt. Gisela Schmiemann fand es handschriftlich, in typischer Gänsekielschrift, an die freien Ränder eines Druckwerkes aus dem Jahr 1727, in Dessau erschienen unter dem Titel »Neu Jägerbuch«, hingeschrieben. Sie hat sich die Mühe gemacht, diese und andere handschriftliche Anmerkungen zu entziffern, wofür ich ihr hier danke. Das Rezept also:

»Wenn du wilst Wölffe von einem Vorst oder Wald vertreiben, daß sie nimmermehr wiederum dahin komen, so mahle oder grabe (Anm.: damit ist gravieren gemeint) einen Wolff in Aufsteigung secundae faciei auguarii (Anm.: das »zweite Gesicht« himmelwärts gerichtet) in Kupfer oder Zinn, also, daß ihm beyde Füße zusammen gebunden, und zween große Hundt als' bellend über ihn gelegt werden. Und zwischen den Schneiden oder Stechen sag: Ich vertreibe, durch dieses Bildnis alle Wölfe die in diesen Vorste oder Walde sind, (allhier sol der Nahme des Vorsts oder Walds genennet werden) daß keiner aus ihnen, darinnen verbleiben möge. Vergrab demnach das Bild, in den Vorst oder Wald, eingewickelt, in einer Hunds Haut, und lege des Wolffs Füße hinauf, daß er mit den Angesicht zu Himmel gewandt sey. Auf solche weise wirst du das Landt von Wölffen ledig machen.«

Ich finde, daß diese Methode viel humaner ist, als die Wölfe abzuknallen. Zu überlegen wäre, ob man nicht auch unsere Hunde auf diese Weise vom Wald fernhalten könnte? Man müßte den Kupferstich natürlich anders machen. Statt des Wolfs einen Hund, statt der Hunde zwei Schützen...

Das genannte Werk ist auch sonst sehr interessant. Es handelt sich um eine von »Herrn Leopolds ältesten regierenden Fürsten zu Anhalt, Hertzogen zu Sachsen Engern und Westphalen« besorgte Übersetzung eines französischen Werkes aus dem Jahre 1590, das aus der Feder »einer fürnehmen Adelsperson« namens Jakoben von Fouilloux stammte. Der Wolf wird in diesem Jagdwerk sehr ausführlich behandelt, natürlich nimmt den breitesten Raum die Wolfsjagd ein. Aber man kannte damals schon so manches von seinem Verhalten, das auch heute noch volle Gültigkeit hat. Ich greife hier einiges heraus, was der Oberhauptmann auf der See, Johann von Clamorgan, zu Ehren des Königs von Frankreich,

Karl IX. (regierender König von 1560 bis 1574; da er in diesem Jahr verstarb, muß dieser Text also noch davor verfaßt worden sein) geschrieben hat. Er hat sich dabei weitgehend an Plinius und Aristoteles gehalten, wie das damals so üblich war.

Demnach hat schon Aristoteles (384–322 v. d. Ztr.) – heute Vater der Zoologie genannt – gewußt, daß die Wölfin im Januar oder Februar läufig sei und die Jungen im Mai zur Welt kommen. Nun einmal Johann von Clamorgan wörtlich:

»Er schreibt noch weiter im achten Buch am fünfften Capitel, daß sich der Wolff vom Fleisch nehre außerhalb wann er fast hungerig sey, so freß er die Erden, welches doch nicht ist, und allein daher verargwohnt wird, daß sie zu zeiten daßjenig, so sie an Speiß überig haben, in die Erden vergraben, und hernacher auß hunger genottrangt widerumb außgraben, wie dann auff ein zeit mir selbst widerfahren, alß ich naher dem Königlichen Hof durch das Gehöltz bey S. Germain ziehen wollen, ein Lauff von einem Hirsch ausserhalb Erdreichs funden, welche ich heraußgezogen, und ein gantzer Kopff gewesen, so ohn zweiffel erst vorige nacht von einem Wolff hinein vergraben worden.«

Der Verfasser widerlegt dann auch die Vorstellung von Aristoteles, die Wölfe hätten keine gegliederte Halswirbelsäule, weswegen sie den Hals nicht abbiegen könnten, durch eigene Beobachtungen. Dann folgt er weiter Aristoteles: »Da aber die Wölffin von Hunden oder Menschen übereylet wird, nimt sie ihre junge in das gebiß, und tregt sie hinweg und wofern sie bey ihnen bleiben mag, erhält sie die mit ihrer Milch, biß sie selbst essen mögen, es bleibt allzeit entweders der Wolff oder die Wölffin bey ihnen, so bald sie aber essen können, holzt (Anm.: soviel wie »ins Gehölz gehen«) der Wolff oder die Wölffin hinauß, sucht speiß, und da er widerumb zu den jungen kompt, gibt er dieselbig von sich, und schütt die ihnen dar, damit sie davon erhalten werden.«

Ganz klar wußten die Alten auch schon, daß die Jungen mit fünf Monaten zu den Jagdzügen mitgenommen werden, »und da der Jenner herkompt, und die Wolffsbrunft angehet, treiben die alten die jungen, mit beißen und gewalt das gantz Jahr hernacher auß, wollen daß die junge eygene Wohnung und gelegenheit suchen und ihr quartier selbst in behalten, welches auff zwo meil wegs sich gewöhnlich umbher erstrecken thut, leiden auch kein andern daselbst herumb ...«

All das haben moderne Feldbiologen auch beobachtet. Neben sachlich

Richtigem gibt es da aber auch viele Fantastereien zu lesen. Dennoch, man scheint im Altertum mehr von den Tieren und ihren Lebensweisen gewußt zu haben als im 16. Jahrhundert. Sonst hätte Herr von Clamoran, der so viel über die einzelnen Methoden, Wölfe zu erlegen oder zu fangen, aus eigener Anschauung zu berichten wußte, sich nicht auf die alten Schriftsteller berufen müssen. Damals wie heute war und ist es so, daß viele Leute, die sich in das kleidsame Grün kleiden oder im Safari-Look durch ferne Länder ziehen, nur daran interessiert sind, wie man ein Tier tötet – aber überhaupt nicht daran, wie es lebt.

Ehe ich noch auf das Sozialverhalten des Wolfes und seine Kommunikation mit dem Menschen eingehe, möchte ich von Fällen berichten, bei denen Menschen tatsächlich durch Wölfe zu Schaden gekommen sind. Auch hier kann ich mich auf jenes alte Werk berufen, weil es auch hier neben Übertreibungen richtige Beobachtungen enthält. Nur will ich diesmal versuchen, jenen Absatz in ein verständlicheres Deutsch zu übertragen.

»Es bringen auch Krieg und Feldschlachten Wölfe in das Land, denn der Wolf folgt den Kriegslagern nach, wegen der toten Körper, die von Menschen und anderen Tieren zu finden sind. Und denjenigen, die sich einmal an Menschenfleisch gewöhnt haben, will nachher kein anderes Fleisch mehr schmecken, sondern sie suchen und stellen dem Menschen nach, und wenn sie ihn nicht tot haben können, fallen sie den lebendigen Menschen an, wo immer sie ihn allein und ohne Hilfe erschleichen und antreffen können.«

Man hat also schon damals gewußt, daß der Wolf den Heerzügen folgt, wie das auch in dem Napoleonischen Rußlandrückzug der Fall war – mit dem übrigens auch die Schopflerche nach Mitteleuropa gekommen ist. Ähnlich war es im Ersten und Zweiten Weltkrieg. Der Napoleonische Rückzug aus Rußland war dabei wohl der größte Wolfszug, denn unter den damaligen primitiven Verhältnissen sind Tausende von Menschen verhungernd und erfrierend liegengeblieben, eine leichte Beute für die Wölfe, ebenso wie die Pferde, das Schlachtvieh. Damals mögen auch die meisten Schauergeschichten über den Wolf entstanden sein.

Weniger glaubhaft ist jedoch, daß Wölfe, die sich derart an Menschenfleisch gewöhnt haben, von nun an nur noch dieses wollen – obgleich das nicht ganz von der Hand zu weisen ist. Lernen spielt im Leben der Wölfe eben eine große Rolle, und so wird auch viel zum Kapitel Nahrungserwerb gelernt. Wölfe, die aus ihren vertrauten Jagdgründen in unbekannte Gegenden kommen, werden sich an die Beute halten, die sie unterwegs kennengelernt haben. Trotzdem gibt es keinen Nachweis, daß tatsächlich gesunde Menschen von Wölfen getötet worden sind, nicht einmal Kinder.

Auch bei jenen vielzitierten Bayernwald-Wölfen war das nicht anders. Von ihnen hatte einer einen kleinen Jungen in den Allerwertesten gekniffen – das ist nach meinen Erfahrungen nur eine rüde Form der Freundschaftsbezeugung, wie sie älteren Herren bei der weiblichen Wirtschaftsbedienung auch eigen ist.

Ich denke da aber auch an den sechsjährigen Marcus Müller aus Bremen, der in Delmenhorst von einem Wolf angefallen und durch neun Bisse getötet worden war. Es hat sich vermutlich um einen noch jüngeren Pyrenäenwolf von sechsundzwanzig Kilogramm gehandelt, der auf einem Transport aus der Kiste entwichen war und sich offensichtlich in einem durch die Aufregung der Übersiedlung durchgedrehten, aggressiven Zustand befunden hatte. Ich erinnere an mein Erlebnis mit Schah – wie leicht hätte da ähnliches passieren können. Man kann hier nicht von »Mordbestie« sprechen, wie das eine Zeitung getan hat. Ein vergewaltigtes Tier ist nicht mit den Maßstäben sattsam bekannter menschlicher Bestialität zu vergleichen. Hier wirken andere psychische Faktoren als bei menschenmordenden Diktatoren, wie wir sie immer wieder in aller Welt erleben.

Trotzdem eine Warnung für alle, die meinen, daß man ohne ausreichende Erfahrung mit Wildhunden einen Wolf nur so zum Spaß halten könne. Angeblich sollen in Nordwestspanien 1975 auch zwei Kinder an den Folgen von Wolfsangriffen gestorben sein, was eine lokale Behörde in Orense veranlaßt hat, alle Wölfe mit Strychnin vergiften zu lassen.

Hier bleibt allerdings die Frage offen, ob es wirklich Wölfe waren. Es gibt auch genug wildernde, völlig verwilderte Hunde, denen das auch zuzutrauen wäre. So werden allein in der Bundesrepublik jährlich an die zwölf Kinder von Hundebissen getötet. Das sollte man nicht vergessen – ebensowenig wie jene zehntausend Kinder, die alljährlich eben »bloß« gebissen werden.

Was wissen wir, wie jener Wolf aus Spanien, der ein Kind getötet hat, aufgezogen worden ist? Ich habe einmal einen Chow-Chow bekommen, der ein siebenjähriges Kind beinahe getötet hätte. Er verletzte das Kind mit acht Bissen so schwer, daß die Ärzte Zweifel hatten, es durchzubringen. Er knurrte, wenn er langhaarige Personen sah, gleich, welchen Alters, gleich, welchen Geschlechts. Zu Leuten mit kürzerem Haar war er so freundlich, wie das ein solcher, meist recht reservierter Hund überhaupt sein kann. Es ist nicht schwer zu ahnen, was vorangegangen war, als er als kleiner Welpe der damals Fünfeinhalbjährigen in den Arm gelegt wurde, und wofür er sich rächte, als er das Reifealter von eineinhalb Jahren erreicht hatte. Dieser Hund war auch keine »Mordbestie«. Er war nur durch die Schuld des Menschen verhaltensgestört.

Und deswegen ereilte ihn ein gleichartiges Schicksal. Er lebte zunächst sehr friedlich mit jungen Dingos zusammen. Als diese aber jenes entscheidende Alter erreicht hatten – töteten sie ihn. Sein Mangel an Sozialverhalten rührte wohl daher, daß er zuwenig Kontakte zu anderen Hunden in seiner behüteten Jugend gehabt hatte. Einen solchen Mangel vertragen aber instinktsichere Hunde nicht.

Wenden wir uns der Kommunikation der Wölfe untereinander zu – ein Thema, über das man ein dickes Buch schreiben kann. Wer sich ausführlich informieren will, sei an meinen Freund Erik Zimen verwiesen: »Der Wolf«, 1978 herausgekommen – das Buch gehört in jede Hundebibliothek (aber auch zum Lesen!).

Ich möchte einiges aus dem Leben der Wölfe herausgreifen, das ihre außerordentlich hochentwickelte Sozialstruktur zeigt. Dabei beziehe ich mich auch auf das Buch »Ein Sommer mit Wölfen« von Farley Mowat. Erik Zimen hatte mir zwar einmal in einem Gespräch gesagt, daß er nicht alles davon glauben könne. Nun ja – Farley Mowat hat ein kleines Buch mit viel Humor über seine Erlebnisse und Beobachtungen für ein breites Publikum geschrieben und es sollte ja auch keine wissenschaftliche Arbeit sein. Mir gefällt an diesem Buch besonders die Schilderung der Sorgen eines Wolfsforschers mit den kanadischen Behörden. Ich fühle mich ihm artverwandt...

Farley Mowat hatte das »Heim erster Ordnung« eines Wolfsrudels im Distrikt Keewatin (Nordwest-Kanada) gefunden und sich in unmittelbarer Nachbarschaft ein kleines Zelt aufgestellt, von dem aus er alles beobachten konnte. Zehn Meter davon entfernt führte ein vielbenutzter Wechsel der Wölfe zu den Jagdgründen, die sie fast jeden Tag aufsuchten.

Die Wölfe nahmen zunächst keine Notiz von ihm, da er der Moskitos wegen sich meist im Zelt aufhielt und über das nach außen ragende Fernrohr beobachtete. Er kam auf den Einfall, sich rund um sein Zelt nach bekannter Hundeart ein eigenes Territorium abzustecken, wofür er große Mengen von Tee konsumierte. Die Wölfe erkannten seine gute Absicht und übermarkierten, sooft sie vorbeikamen. So bekam der Forscher viel zu tun, um seine Anwesenheit ebenfalls neu zu dokumentieren.

Bei ihm kam es zu keiner körperlichen Kontaktaufnahme wie bei dem Indianer Greg – verständlich, er hatte eine völlig intakte Wolfsgruppe vor sich, innerhalb der jeder sein angestammtes Sozialverhalten ausreichend abreagieren konnte – was bei jener Náhani eben nicht der Fall war. Er zeigte sich auch den Wölfen und wurde aus kürzester Entfernung neugierig betrachtet, und als er einmal ausrutschte und einen Hang bis vor die mit Welpen besetzte Höhle kullerte, passierte auch nichts – die Altwölfe betrachteten ihn als ungefährlich für die schon reifere Nachzucht. Sie hatten begriffen, daß er harmlos war.

Viele spannenden Beobachtungen werden noch geschildert – aber, die mir wichtigste ist folgende: Eines nachts vernahm der Forscher aus nächster Nähe das Geheul eines Wolfes. Mit dem Fernglas erkannte er zwei Wölfe, offenbar Fremde, die innerhalb des von ihm beobachteten Territoriums saßen. Zu dieser Zeit befand sich Angeline – so hatte er die Wölfin getauft – allein bei ihren etwa einmonatigen Welpen. Sie kam auch sofort an und schaute angestrengt in die Richtung, aus der das Heulen gekommen war. Ein kurzes, »fast schüchternes« Heulen erfolgte nochmals von der Gegenseite. Daraufhin begann Angeline zu wedeln und bellte kurz. Die fremden Wölfe erhoben sich darauf und kamen heran, während Angeline ihnen entgegenging. Es handelte sich – wie Mowat später erfuhr – um die Mutter und Schwester Angelines, die im wahrsten Sinne des Wortes zu Besuch gekommen waren. Nach einigen Begrüßungszeremonien lief man gemeinsam zur Höhle. Die Großmutter begab sich zu ihren Enkeln, wo sie zwanzig Minuten lang blieb. In der Zwischenzeit spielten die beiden Schwestern auf eine offensichtlich zärtliche Weise miteinander. Danach traten die Gäste den Rückweg an, noch ein Stück von Angeline begleitet. Sie balgte noch mit ihnen und kehrte dann zum Lager zurück.

Als Farley Mowat einem orts- und wolfskundigen Eskimo von dieser Beobachtung erzählte, »war er durchaus nicht überrascht, sondern er fand nur meine Überraschung unverständlich. Er erklärte: Menschen besuchen ja auch andere Menschen, warum sollen Wölfe dann nicht andere Wölfe besuchen?« Es klingt so unwahrscheinlich – und doch kann man das tagtäglich in jedem Dorf, in dem es freilaufende Hunde gibt, mit eigenen Augen beobachten. Mein »Lechtaler Goldauge« namens Strixi machte auch solche täglichen Besuchstouren, in die er vor allem zwei Damen eingeschlossen hatte, bei denen er sich nacheinander sein Futter holte, mit denen er seine Mäusebeute zu ergänzen pflegte.

Es ist eben so, daß einander verwandte Wölfe Territoriums-Nachbarn sind und ihre familiären Bande von Zeit zu Zeit erneuern. Das ist in der hochnordischen Tundra, wo es in den Wintern häufig notwendig wird, Großrudel zu bilden, die den wandernden Karibuherden folgen, im Dienste der Arterhaltung notwendig.

Nun – Farley war ausgezogen, um, wie es die Regierung wollte, die Schädlichkeit der Wölfe nachzuweisen. Er kam mit gegenteiligen Behauptungen zurück. Die Regierung erhöhte darauf die Kopfprämie für erlegte Wölfe auf zwanzig Dollar und schickte im Winter 1958/59 Beamte mit dem Auftrag aus, per Flugzeug die Wölfe zu vergiften. Auch der Beobachtungsplatz des Forschers wurde dabei mit Giftködern versehen. »Never cry wolf« heißt der Titel der englischen Originalfassung – nie wieder heult der Wolf.

Es ist geradezu unvorstellbar, wie Menschen aus diversen politischen Gründen skrupellos sich über die Natur, ihre Geschöpfe und deren Beitrag zur Naturerhaltung hinwegsetzen. Sie sehen die Interessen ihrer Verwaltungen darin, möglichst viel Geld aus der Natur herauszuholen – etwa so, daß man die Wölfe ausrottet in der Meinung, Jagdgesellschaften hätten dann bessere Möglichkeiten, gute Trophäen von Karibus einzuheimsen. Sie bringen mehr Geld ins Land, als die Kosten für Abschußprämien und das Giftauslegen verursachen. Das gibt es nicht nur in Kanada, wo noch heute Wölfe vom Flugzeug aus abgeknallt werden.

Johann von Clamorgan hat in seinem Wolfstraktat ein Vorwort verfaßt, das an seinen König, »Herrn Carolo dem Neundten« gerichtet ist. Er schreibt darin, daß er in einem drei Jahre zurückliegenden Gespräch den Eindruck hatte, daß seine Majestät »ein besonder Lust an der Wolffsjagt haben«, was ihn zur Abfassung dieser Schrift veranlaßt habe. Danach führt er aus, wie notwendig die Wolfsjagd sei, weil der Wolf solchen Schaden anrichte.

»Welche Königen und Fürsten an rothem Wildpreth, jungen Hirsch und Wildkälbern und anderm, auch dem Bauersmann an seinen Hünern, Gänsen, jungen Färlein, Gaißen, Pferden, Stuten, Küh, Schaafen und andern Thieren und Geflügel, mercklichen Schaden zufügen. Und daß noch mehr und zu erbarmen ist, die junge Kinder, und zu zeiten auch die alten hinweg nemen, und niederreißen...«

»Und hab derhalb, und damit solchem reißenden hochschädlichen Thier begegnet würde, ein kurtz Tractätlein von der Wolffsjagt, und wie der Wolff mit Layd, Jag, und Hetzhunden, Auch Garnen, Stricken, Fallen und Gruben gefangen werden möcht, wie ich diß durch langwierige übung erlernet, beschrieben und verfast.«

Sicher hat dieses Traktätchen über die Wolfsvernichtung dem vom Wesen her sehr schwachen und wankelmütigen König gefallen – er hat sich ja auch überreden lassen, seine Hand zur »Pariser Bluthochzeit« oder bekannter als »Bartholomäusnacht« (24. 8. 1572) herzugeben, in der an die zehntausend Hugenotten ihr Leben lassen mußten. Die Geschichte lehrt uns tausendfach, daß das Töten von Artgenossen beim Menschen eine außerordentlich hohe Entwicklungsstufe erreicht hat – wie primitiv sind doch dagegen die Wölfe (und alle anderen Vierbeiner), die das nur in unausweichlichen Notfällen, wenn überhaupt, tun. Wenn in neuzeitlichen Kriegen Millionen Menschen umkommen, so ist das für gewisse Regierungen zwar bedauerlich, aber eben unumgänglich. Wenn aber Wölfe sich gelegentlich an Haustieren und an gewinnträchtigem Jagdwild vergreifen, dann ist das eine Schweinerei, die mit allen Mitteln geahndet werden muß, da sonst die Welt zusammenbricht. So hat sich also nichts geändert – nur die Methoden sind wirkungsvoller geworden. Johann von Clamorgan hätte dann ein ganzes Buch darüber geschrieben, wie man vor allem aber vom Flugzeug aus die Wölfe dutzendweise »jagen« kann, und diese Methode seinem König zur Nachahmung empfohlen, als die wirksamste, die es zur Zeit gibt, um dem »hochschädlichen Thier« begegnen zu können. So wie das in Kanada oder in Rußland geschieht. Oder wie das mit einem gewaltigen Scheinerfolg auch im Süden der Vereinigten Staaten auf Wunsch der Bundesregierung geschehen ist.

Stephen R. Seater zum Beispiel berichtet in einem Bulletin des »World Wildlife Fund« (WWF) über das Schicksal der südlichsten Wolfsform der USA, den sogenannten Rotwolf (der gewöhnlich grau ist). Er ist ein kleiner Wolf, der niemals Großtiere angreift. Er war ursprünglich im ganzen Südosten der Vereinigten Staaten verbreitet. Aber bereits um 1900 war er im Osten des Mississippi verschwunden. Der Berichterstatter schreibt: »Besonders das von der Bundesregierung unterstützte Programm für die Ausrottung der Rotwölfe wirkte sich verheerend auf die Bestände aus. Ohne die geringste Kenntnis über ökologische Zusammenhänge wurden mit Zustimmung der amerikanischen Bundesregierung Zehntausende von Rotwölfen erbarmungslos niedergemetzelt. Allein in den Jahren 1960 bis 1963 wurden von Jagdaufsehern in Arkansas, Oklahoma und Texas 10275 Rotwölfe erschossen. Das Vernichtungsprogramm erreichte seinen Höhepunkt zwischen 1930 und 1944.«

Hierzu einige Angaben aus dem »Survival Service Commission Red Data Book« vom Januar 1970. Danach soll noch ein kleiner Rest von Rotwölfen in den küstennahen Prärien der Golfküste des östlichen Texas existieren. Unter anderem werden auch Vorschläge gemacht, was zu tun sei, um nun, in letzter Minute, diese Wolfsform zu erhalten. Darunter wurde auch empfohlen, daß die fünf Tiergärten, die Rotwölfe pflegen, zusammenarbeiten sollen. In diesen waren damals fünf Rüden und elf Wölfinnen. Wir wissen schon, daß es sich dabei natürlich nur um fünf Paare handelt, da kaum eine zweite Wölfin innerhalb einer Gruppe die Chancen hat, Welpen aufzuziehen.

Gewiß, die Regierung hat den Rotwölfen unter dem Druck der Öffentlichkeit »mildernde Umstände« zugestanden. Sie dürfen nicht mehr vergiftet oder mit Fallen vertilgt werden. Dennoch steht der Rotwolf auf der Aussterbeliste.

Natürlich gibt es immer Leute, die fragen, wozu die Menschheit den Rotwolf, oder sonst so ein Raubgesindel, braucht. Sie übersehen eine Tatsache, die ich bei den Kojoten schon angeschnitten habe. Die unmittelbaren Folgen der Rotwolfausrottung bestehen nämlich darin, daß durch die Dezimierung die Fortpflanzungsschranke gegenüber Kojoten und Hunden zerbricht. Die Vermischung mit streunenden Hunden liegt auf der Hand – und das bedeutet, daß nicht nur der einheimischen Tierwelt, sondern vor allem den Tierzüchtern wirklich ein Schaden entsteht, da die Hunde-Wölfe natürlich weitaus dreister sind.

Ferner hat man festgestellt, daß sich in weiten Gebieten der Rotwolf mit Kojoten vermischt hat. Ich halte mich an Stephen R. Seater: »Im Westen des Edward-Plateaus in Zentraltexas begannen sich Kojoten und Rotwölfe als Folge der menschlichen Einwirkung zu vermischen. Die Bastarde setzten sich bald in östlicher Richtung ab und besetzten die durch Rotwölfe freigewordenen ökologischen Nischen... Doch der sorglose Umgang mit der Natur hatte außer den verkreuzten Rotwölfen noch andere Folgen. Das bereits im Ansatz vollkommen verfehlte Programm zur Raubtierkontrolle verdrängte zwar den gesamten Rotwolfbestand, erlaubte aber andererseits Kojoten und Bastarden die Einwanderung in Gebiete, wo diese Tiere früher vollkommen unbekannt waren. Die von Natur aus verschlagenen und raublustigen Kojoten richteten in kurzer Zeit ungleich mehr Schäden an als früher die Rotwölfe.« Man kann sich gut vorstellen, was weiter passiert. Es wird ein bald undefinierbares und nicht ungefährliches Gemisch von Rotwölfen, Kojoten und Haushunden entstehen.

Einen lebenden Beweis hierfür hatte ich eine Zeitlang bei mir zu Gast. Er sah bis zu einem gewissen Grade einem Dingo nicht unähnlich – nur gedrungener, stämmiger. Er wurde als Welpe in einem Wurflager in der texanischen Wüste aufgefunden. Man hielt ihn ursprünglich für einen Kojoten. Nun, ich will nicht abstreiten, daß er sehr wildhundartige Merkmale hatte. Wenn dieser Hund – wie alle halbwilden Hunde im Hause blieb – in den Wald entlassen wird, oder wenn er die Chance gehabt hätte, auf freier Wildbahn aufzuwachsen, sich weiter zu vermehren, vielleicht mit einem ähnlichen Paria, vielleicht mit einem Kojoten, einem Kojdog oder einem Rotwolfhund – was das alles bedeutet, muß man sich einmal so in Ruhe durchdenken. Wenn weiterhin so unbedarfte Politiker über Wohl und Wehe der Natur entscheiden wie bisher, wird ganz Amerika eines Tages ein Staat von alles vernichtenden Pariahunden sein, bestehend aus Dutzenden Rassehund-Typen, vermischt mit Kojoten und verschiedenen Wolfsformen. Die größten davon und die kleinsten von ihnen werden überleben, wenn sich die Schlauheit der Kojoten und die Dreistigkeit von Haushunden als dominant gepaart durchgesetzt haben. Dann wird man seines eigenen Lebens nicht mehr sicher sein, selbst in den Straßen von New York – eine wunderschöne Zukunftsvision, so recht geeignet für den nächsten Horror-Film unter dem Titel »Die Wolfskojotenhunde kommen!«

Ich denke dabei auch an meine geliebte Maud. Sie ist das Produkt aus Irish Wolfshound (der zu den Windhunden gerechnet wird) und der leider schon toten China-Wölfin. Eine Seele von einem Hund, verschmust, allen Leuten gegenüber aufgeschlossen. Sie hat die Größe ihres Vaters geerbt und mißt etwa fünfundsiebzig Zentimeter vom Boden bis zur Schulter, hat die Kraft des Wolfes, ist gelb und vereinigt das Stockhaar der Mutter mit dem Drahthaar des Vaters. Ein gewaltiger Hund, der im täglichen Sprachgebrauch bei uns nur »das Monster« heißt.

Ich mußte mitansehen, wie sie mir zwei dösige Schafe riß, die ihre Annäherung nicht bemerkt hatten. Gelitten haben diese Schafe nicht. Das ging schneller als im Schlachthof. So – und nun entlasse man einige solcher Tiere in die freie Wildbahn. Die Folgen sind unausdenkbar. Man bedenke – keinem Wolf würde es einfallen, gleich zwei ausgewachsene Schafe zu reißen. Sie aber tat es. Was wäre wohl, wenn zwei solcher Monster gemeinsam auf Jagd gingen?

Da wir auf diese Weise nun zum Thema Wolf-Hund-Mischlinge gekommen sind: Ich habe in früheren Büchern viel über den Unsinn geschrieben, Schäferhunde mit Wölfen zu verkreuzen. Der Zufall wollte es, daß ich einen solchen Mischling geschenkt bekam. Ein wunderschöner Rüde, knapp zwei Jahre alt, Rex geheißen. Er ließ sich gutmütig von uns in den Wagen setzen und erhielt dann in der Grubmühle jene Paria-Hündin »Ssiss« zum Weibe, mit der er auch fünf Welpen bekam. Es wäre sehr interessant gewesen, was aus ihnen in einem Freigehege unter wissenschaftlicher Kontrolle geworden wäre – dies wurde aber wieder durch »höhere Gewalt« erfolgreich verhindert. Danach brachte Rex mit einer reinblütigen Schäferhündin (mit Papieren) namens Linda einen Wurf von fünf Welpen, die im April 1976 im Sulzfelder Freigehege in einer Erdhöhle geboren wurden. Über die Entwicklung dieser Welpen hat der damalige Mitarbeiter Henning Struve ein ausführliches Protokoll angefertigt. Es handelte sich um drei männliche und zwei weibliche Welpen unterschiedlicher Beharung und Färbung, teilweise sehr wölfisch wirkend, als sie halbwüchsig waren. Schon ganz am Anfang zeigten sich verschiedene Charaktere. Die Beobachtung der Welpen begann an deren 25. Lebenstag. Die Hündin Adria war bereits da ganz vertraut und leckte die Hand des Beobachters. Andere verhielten sich etwas zurückhaltend, einer war ganz scheu und wollte die Höhle nicht verlassen. Das war Asta, die Kleinste aus dem Wurf. Adria wurde sofort der Liebling, denn sie war am freundlichsten, und im Protokoll ist vermerkt, daß sie ihm schon am nächsten Tag sogar das Gesicht beleckte. Die anderen hatten es noch nicht einmal bis zur Hand gebracht.

Am 2. Mai heißt es dann im Protokoll: »Spricht man zu laut oder kommt eine hastige Bewegung, zeigen die Welpen deutliches Erschrecken; bellt Rex oder Linda, verschwinden sie sofort in der Höhle.« Am 16.

Mai heißt es dann, daß Adria, Arex und Axel sehr zutraulich sind, schwanzwedelnd an den Beobachter herankommen und sich gern streicheln lassen, während Amboss und Asta nicht dazu zu bewegen sind, auch nur näher heranzukommen.

Derart starke Charakterunterschiede sind bei reinblütigen Wild- und Haushunden kaum zu beobachten. Henning Struve bemerkt übrigens, daß solche Verhaltensunterschiede innerhalb der Welpengruppe, im Spiel etwa, nicht zu sehen sind. Sie sind nur auf den Menschen bezogen.

Nun, diese Unterschiede fielen immer weniger auf, je älter der Wurf wurde, und zwar nicht deshalb, weil Amboss oder Asta nun zutraulicher wurden. Im Gegenteil, diese Junghunde zeigten alle eine zunehmende Scheuheit, obgleich der Beobachter alles daran gesetzt hatte, viel Kontakt mit ihnen im prägsamen Alter und späterhin mit ihnen zu haben. Auch die Kinder beschäftigten sich gelegentlich mit den Tieren, meine Frau und andere – es half nichts. Sie wurden zunehmend scheuer. Eines ist klar geworden: Auch eine zweimalige Einkreuzung von Schäferhund in Wolf bringt kein besseres Ergebnis.

Dazu noch ein Wort zu jenen Rex-Ssiss-Nachkommen. Drei von ihnen sind gegen meinen Willen in ein Tierheim gekommen, wo sie längere Zeit lebten. In dem Buch von Irmgard Kaser und Udo Best »Die ärmsten Hunde« sind sie abgebildet. Zwei von ihnen hat eine Dame dann zu sich genommen und mir ausführlich darüber berichtet. Viel Freude hatte sie nicht mit ihnen. Viel mehr als eine Gewöhnung an das Zusammenleben kam nicht heraus. Scheue und Schreckhaftigkeit blieben.

Diese Mischlingshunde erinnern mich ein wenig an den Galgo und den Podenco. Einen ähnlichen Rüden erzielte ich aus einer Verbindung zwischen meinem schwarzen Schäferhund Thomas und einer gestromten Greyhündin. Ich erwähne ihn, weil er wiederum Maud gedeckt hat, die Wolfshound-Wolf-Mischlingshündin. Maud ist ein liebes, anhängliches Tierchen, und ebenso sind das ihre Kinder namens Wolf und Mod. Überhaupt Wolf, schwarz mit reflektierender Stromung und dem Gesichtsausdruck von Thomas, ist der geborene Schoßhund. Seine Schwester Mod ist ein ganz klein wenig zurückhaltender. Sie begnügt sich mit der Hälfte der Streicheleinheiten, die Wolf verlangt. Sie aber wirkt wolfsähnlich, ist dingofarben, allerdings mit der schwarzen, wölfischen Augenumrandung, und hat Stehohren, im Gegensatz zu Wolf, bei dem ein

174 wenig die Greyhundohren seiner Großmutter zum Ausdruck kommen.

Natürlich ist es kaum möglich, aus einem Zuchtexperiment schon Schlüsse zu ziehen. Vielleicht wird eine Verbindung der Geschwister, die nun voll erwachsen sind, andere Erkenntnisse bringen. Aber eines ist doch deutlich: Es ist kein Vergleich zu Schäferhund-Wölfen möglich, was deren leichte Lenkbarkeit und Kontaktfreudigkeit betrifft. Es scheint, daß das zweimalige Windhundblut – Greyhund und Irish Wolfshound – eine gewisse Rolle spielt. Es müssen noch viel mehr derartiger Versuche unternommen werden, will man dahinterkommen, wie sich solche Wesensmerkmale vererben.

Vielleicht kann ich in einigen Jahren Ergebnisse berichten, die uns erlauben, ererbtes und erworbenes Verhalten deutlicher erkennen zu können, als dies heute noch der Fall ist. Das wäre ein wichtiges Ziel, das für unsere Hundezucht und individuelle Hundehaltung von Bedeutung sein müßte.

8. Dingos und Pariahunde

In diesem Kapitel habe ich bewußt beide, die Australier und die Orientalen, zusammengestellt. Genaugenommen handelt es sich auch bei den Dingos, die früher einmal als echte Windhunde den Wölflingen zur Seite gestellt worden sind, um nichts anderes als um Pariahunde, also um wieder verwilderte Haushunde. Im zoologisch-haustierkundlichen Sprachgebrauch muß man sie also als »Wildlinge« bezeichnen, so, wie die einstmals ausgesetzten Ziegen der Sporaden in der Ägäis, jene auf Fernando Po oder jene auf Galapagos keine Wildziegen sind, sondern Ziegen-Wildlinge.

Wir sollten uns an solche Begriffe halten, denn wer den Dingo einen Wildhund nennt, bringt gleich die Ordnungsämter auf den Plan und sie fordern dann, daß man um eine Haltungsgenehmigung ansucht. Ein in einem Regierungsbezirk tätiger, verbeamteter Veterinär hat es sogar fertig gebracht, schnell eine eigene Verordnung herauszubringen, derzufolge Dingos »wilde, gefährliche Tiere« seien. Er hat seine Information nicht aus dem neuzeitlichen »Grzimeks Tierleben«, sondern aus »Brehms Thierleben«. Ein journalistisch begabter Zoodirektor, der einmal in seinem Leben einen verhaltensgestörten Dingo gesehen hat, bestätigte ihm die Richtigkeit dieser Auffassung, und das genügte.

Natürlich darf man sich darüber nicht wundern, wenn man sich an die alten Schriftsteller hält. Lesen wir nach, wie Tiervater Brehm den Dingo schildert. Er sagt einleitend klipp und klar, daß es sich um einen Haushund handeln muß, der verwildert ist. Da heißt es wörtlich: »Man hält ihn für den schlimmsten Feind der Herden und verfolgt ihn auf jede Weise. Nach von Lendenfeld wird in manchen Gebieten ein Preis von zwanzig Mark für das Stück bezahlt; in Neusüdwales soll man jährlich mehrere Tonnen Strychnin zum Vergiften verbrauchen... Ehe die Ansiedler regelrecht gegen diesen Erzfeind ihrer Herden zu Felde zogen, verloren sie durch ihn erstaunlich viele Schafe. Man versichert, daß in einer einzigen Schäferei binnen drei Monaten nicht weniger als eintausendzweihundert Stück Schafe und Lämmer von den Dingos geraubt wurden... Viele Dingos, welche man bei uns zu Lande in der Gefangenschaft hielt, blieben wild und bösartig, und ihre Wolfsnatur brach bei jeder Gelegenheit durch, so daß sich ihre Wärter beständig vor ihnen zu hüten hatten. Auch gegen Tiere, die man zu ihnen brachte, zeigten sie sich unfreundlich und unduldsam. Nur mit Mühe vermochte man den Zähnen eines nach England gebrachten Dingos einen friedlichen Esel zu entreißen, und im Pariser Tiergarten sprang einer wütend gegen die Eisengitter der Bären, Jaguare und Panther. Ein in England geborener war schon in der frühesten Jugend mißmutig und scheu, verkroch sich in den dunkelsten Winkel des Zimmers und schwieg, wenn Menschen, gleichviel ob Bekannte oder Fremde, zugegen waren... Den ihn pflegenden Wärter lernte er kennen, zeigte sich aber niemals gegen denselben hündisch schwanzwedelnd oder freundlich. Gegen Fremde war er mürrisch und scheu, und oft und gern biß er so recht heimtückisch nach Vorübergehenden. Nach jedem Angriff zog er sich in einen Winkel seines Käfigs zurück und blickte von hier aus mit boshaft funkelnden Augen sein Opfer an... Gegen Haushunde war er stets äußerst unliebenswürdig, und niemals zeigte er die geringste Lust, mit ihnen in ein zärtliches Verhältnis zu treten.«

Dazu kenne ich einen Parallelfall, allerdings handelte es sich dabei nicht um einen Dingo, sondern um einen deutschblütigen weiblichen Mittelschnauzer. Ich lernte die Hündin kennen, als eines Tages eine Dame aus der Umgegend der Grubmühle ganz aufgelöst zu mir kam. Sie hätte diesen Hund bei einem ihr vom zuständigen Zuchtverband empfohlenen Züchter gekauft. Der Hund wäre dort in einem finsteren Bretterverschlag gewesen. Ganz allein. Er war sehr scheu, aber der Züchter hätte sie beruhigt mit der Bemerkung, das wäre am Anfang immer so und würde sich bald ändern, wenn er einmal in der neuen Umgebung eingewöhnt sei. Um das zu bestätigen, hat die Hündin dann gleich im Auto ihren Mann fest in die Hand gebissen. Sie ließ sich zwar bald an die Leine nehmen, aber man mußte dabei äußerst vorsichtig sein, da sie das bekannte Drohschnappen zeigte.

Mir war der Fall an sich klar, ich wußte damals schon, daß nicht geprägte Hunde, also Hunde, die in ihrer frühen Jugendzeit (3. bis 7. Woche) zu wenig Kontakt mit Menschen gehabt haben, scheu und ängstlich bleiben und keine Kontaktbereitschaft zeigen. Ich wußte allerdings nicht sicher, ob man sie – entgegen meinen eigenen Beobachtungen – nicht doch mit viel Liebe und Geduld dahin bringen könnte, wenigstens ein Vertrauensverhältnis herzustellen. Da es sich um eine intelligente und sehr tierverständige Frau handelte, riet ich ihr, doch noch Geduld zu haben, es nochmals zu versuchen, und gab ihr entsprechende Ratschläge.

Eine Woche später war sie wieder da, in Tränen aufgelöst. Es war nichts zu machen. So nahm ich also den Hund zu mir in die Wohnung, und vierzehn Tage später setzte ich ihn in ein Gehege zu zwei Basenjis (afrikanische Negerhunde). Wenn ich erzählen wollte, was ich mit diesem Hund erlebt habe, müßte ich nur das von Alfred Brehm von jenem Dingo Geschilderte wortwörtlich abschreiben. Es gab nicht den geringsten Unterschied!

Es war damals mein Buch »Mit dem Hund auf du« zwar eben herausgekommen, aber natürlich konnte ich ja nicht verlangen, daß es jener Amtstierarzt auch kennen müsse. Hätte er aber seinen Brehm besser gelesen, wäre er auch auf folgende, sehr weise Sätze gestoßen:

»Ich bin der Meinung«, heißt es da nämlich, »daß man auf alle diese Angaben kein größeres Gewicht legen darf, als sie verdienen. Wie schon wiederholt bemerkt, kommt alles darauf an, wie ein gefangenes Tier in frühester Jugend behandelt wurde.« Und weiter unten: »Wirklich ist es King gelungen, einen jungen Dingo aufzuziehen und derartig abzurichten, daß er sich brauchbar beim Hüten des Großviehs erwies. Pechuel-Loesche beobachtete an Bord des englischen Panzerschiffes ›Defence‹ einen schönen, kräftigen Dingo, der gleich einem Hunde auf dem ganzen Schiff herumlief, die steilen Treppen sicher beging und mit jedermann freundlich verkehrte. So lernte er auch in der Ortschaft Hilo auf Hawai (Sandwichinseln) im Besitze eines amerikanischen Kapitäns noch einen Dingo kennen, der gänzlich zum Haustier geworden war, vollständige Freiheit genoß und sich in jeder Hinsicht wie ein zur Familie gehöriger Hund gebärdete.«

Längst ehe ich Dingos hielt und vielfach gezüchtet habe, hat Karl Peter, in Hamburg besser als »Tierpeter« bekannt, mehrfach seine Erfahrungen mit einer Dingohündin geschildert, die er zusammen mit zwei Bobtails (englische Hütehunde), zwei Afghanen (Windhunde) und einem Schäferhund gehalten hat. Er hat, wie später auch ich, gute Erfahrungen gemacht und rühmte die »große Anhänglichkeit, sein restloses Vertrauen zu seinen

Pflegern und die regste Anteilnahme an der häuslich-menschlichen

Umwelt«. Jene Hündin war 1956 im Zoo Köln geboren und kam erst mit dreieinhalb Monaten zum Tierpeter. Daß sie sich dort sofort freundlich und heimisch zeigte, spricht entschieden für die Kölner Tierpfleger. Ein Dingo – haargenau wie jeder Haushund – ist in diesem Alter nicht mehr an den Menschen zu gewöhnen, wenn er vorher nicht kontaktfreudige und liebenswürdige Pfleger gehabt hat. So kommt denn auch Karl Peter zu dem ganz richtigen Schluß: »Das Verhalten ist durchaus haushundartig. Unser Dingo übertrifft alle von mir bisher gehaltenen Hunde an Vertrautheit, Anhänglichkeit und Klugheit«.

Aber eben diese Eigenschaften bringen es auch mit sich, daß ich niemanden zur Haltung eines Dingos raten kann, es sei denn, er kann ein großes Gehege errichten (nur keinen Zwinger!), das absolut ausbruchsicher ist, und ihm, je nach Geschlecht, einen Partner oder eine Partnerin zugesellen. Was natürlich zu Nachkommenschaft führt. Es ist schon schwer, ganz brave und ruhige Hunde zweierlei Geschlechts während der Läufigkeit der Hündin getrennt zu halten. Dingos aber drehen in einem solchen Fall durch, zumal sie gleich Wölfen monogam sind. So weigerte sich einmal ein »verheirateter« Dingorüde entschieden, eine kurzhaarige Chow-Chow-Hündin zu decken, die seinetwegen extra aus Holland gekommen und hochläufig war. Genau, wie ich es von Wolf Schah berichtet habe.

Auch seine Vertrautheit schafft Probleme. Macht man einen Schritt aus dem Zimmer, will er wissen, wohin man geht, und folgt nach. Hantiert man mit Werkzeug, um etwas zu reparieren oder gar zu basteln, hat er seine Nase dabei und muß alles ganz genau wissen. Besonders unangenehm ist das, wenn man kocht. Natürlich möchte er auch von allem kosten, und hierfür weiß er immer den »richtigen« Moment abzuwarten. Seine Geduld zu warten ist genau so beachtlich wie seine Schnelligkeit zu greifen. Man kann nicht von »Frechheit« sprechen – ich halte das für Klugheit.

Diese Klugheit hat mich schon viele Nerven gekostet; sie ist einer der Gründe, warum ich die Dingohaltung nicht empfehle. Dingos sind so geschickt, daß man manchmal verzweifeln könnte. Sitzt man mit ihm gemütlich im Zimmer und schaut man ihn an, ist er der bravste Hund der Welt. Kaum greift man aber zur Zeitung und schaut nicht mehr auf ihn, macht er genau das, was er nicht darf. Ehe man es bemerkt, ist es auch schon passiert. Fahren wir durch das Gepolter hoch, dann liegt er längst

Das Verhalten eines Dingo-♂ – kurz vor dem Werfen der Hündin

wieder brav da und schaut uns ganz unschuldig an – da muß doch jemand die Bodenvase umgeworfen haben! Er steht auf und schnuppert daran, um herauszufinden, wie denn das wohl, so ganz von selber vielleicht, passiert sein kann. Und am Ende noch uns ganz vorwurfsvoll anzusehen, in einer Art, daß man Schuldgefühle bekommt...

Schnell hat er auch alle Schwächen erkannt, sei es in der Wohnung oder im Gehege. Seine ungeheure Neugier läßt ihn nicht nur sofort die nur angelehnte Tür erkennen, sondern auch dünne Stellen in der Umzäunung. Auch einfache Fensterscheiben betrachtet er nicht als Hindernis, um sich ein wenig die Gegend ansehen zu können. Er springt durch.

Nun ist das nicht so wie bei einem entlaufenen Wolf, der sich im dichtesten Busch verdrückt und nur des nachts umherstreift. Der Dingo geht ganz unbekümmert und selbstbewußt bei hellem Tage durch das Dorf, weil er genau weiß, daß der Mensch viele Schwächen hat. So kann es leicht geschehen, daß die Bauern der Umgebung plötzlich weniger Hühner haben. Danach kommt er ganz zufrieden wieder nach Hause, mit so einem Huhn als Mitbringsel seiner Exkursion.

Anders ist das, wenn er unterwegs verfolgt wird. Dann sucht er das Weite, und er findet nicht so ohne weiteres den Weg zurück, wahrscheinlich will er auch nicht zurückfinden. Er treibt sich eine Weile in Wald und Flur umher. Wird er nicht mehr belästigt, bleibt er länger weg, zumal dann, wenn ihm in Bauernhöfen am Ortsrand genug Hühner zur Verfügung stehen, schließlich kommt er dann doch. Trifft er die zu seiner Meute gehörigen Zweibeiner, kennt seine Freude keine Grenzen und er findet es wunderschön, sich in die Arme zu kuscheln, um sich nach Hause tragen zu lassen.

Noch ein Wort zur Ausbildungsfähigkeit des Dingos, die zwar mit einer enormen Lernfreudigkeit und blitzschnellen Auffassungsgabe verbunden ist, die aber beim geringsten Zwang aufhört, wenn z. B. eine Kommandoanwendung vorkommt, deren Sinn er in der gegebenen Situation nicht einsehen kann. Der von Alfred Brehm erwähnte Dingo, der sich als nützlich beim Hüten des Großviehs erwies, mag durchaus den Tatsachen entsprechen. Das Zusammenhalten einer vertrauten Gruppe ist Wolfsnatur. Wenn sich ein Dingo hier als brauchbar erweist, dann deswegen, weil er einen Sinn hinter seiner Tätigkeit als Hütehund sieht. Hier hat er auch – wie Hütehunde großer Begabung – die Möglichkeit, frei zu entscheiden. Ich bin sicher, daß man auch einen Dingo, von klein an, an der Seite eines alten, erfahrenen Hütehundes ohne Schwierigkeiten für diese Art von Beschäftigung gewinnen kann. Man kann viele Hypothesen aufstellen, was wohl den Ausschlag gab, daß der Wolf zum Gefährten des Menschen wurde. Warum nicht auch diese? Etwa so: Kinder ziehen einen Wolfswelpen auf, während sie die Schafe hüten und aufpassen, wohin diese gehen und daß sich keines zuweit absondert. Der kleine Kerl läuft mit, findet das alles sehr spaßig und – dank der Wolfsintelligenz – begreift er, daß diese Tätigkeit zum Rudelverhalten gehört. Worauf er es dann ganz aus eigener Einsicht und eigenem Antrieb macht.

Aber wahrscheinlich war der Wolf damals, als der Mensch das zweitälteste Haustier zu züchten begann, schon kein Wolf mehr, sondern eine Übergangsform vom Wolf zum Haushund. Diese Übergangsform wird wohl nicht anders gewesen sein, als es der Dingo heute noch ist. In aller Welt wurde er umgezüchtet, vielleicht – und wahrscheinlich sogar – unter wiederholter Einkreuzung von Wolfsblut – davon noch im letzten Kapitel. Aber in Australien, wohin er wohl vor acht- bis zehntausend Jahren gekommen sein mag, wurde er nicht umgezüchtet und blieb das, was er war, wenn er auch verwilderte. Er fand reiche Beute in der einstmals üppigen Beuteltierwelt, von den kleinen Beutelmäusen bis hinauf zu den Känguruhs, und er hat sicher auch den geistig niederstehenderen Beutelwolf, der ja bislang keine Feinde gekannt hatte, ausgerottet.

Als die weißen Siedler Australien okkupierten und nicht nur das weite Land von Eingeborenen, sondern auch von den Nahrungstieren des Dingos leerschossen, damit sie ihre Schaf- und Rinderherden besser unterbringen konnten, da ging es dem Dingo schlecht. Kein Zweifel, daß er sich ersatzweise an schwachen und jungen Schafen vergriff. Intelligente Beutegreifer, denen man die gewohnten Beutetiere entzieht und diese durch Haustiere ersetzt, lernen recht schnell, daß man sich an jenen schadlos halten kann.

Aber jene Massenmorde, die man ihnen nachsagt, sind mit Sicherheit eine Erfindung der Farmer, wie überall auf der Welt bei Wölfen und Kojoten. Bis 1964 hat die Regierung dementsprechend auch eifrig Abschußprämien für Dingos gezahlt – eine Methode, die bekanntlich auch bei anderen Regierungen der Welt immer als erste Maßnahme gewählt wird.

Australien ist berühmt auch dafür, daß man noch andere »schlaue« Maßnahmen getroffen hat. In jedem Schulbuch steht heute, daß das mit der Einfuhr von Wildkaninchen eigentlich keine schlaue Maßnahme war. Mangels natürlicher Feinde und üblicher Krankheitserreger vermehrten sich diese Tiere unermeßlich und trugen so ebenfalls fleißig dazu bei, der ansässigen Kleintierwelt durch Entzug der Lebensräume den Garaus zu machen.

Es wäre wahrscheinlich niemals zu ihrer Übervermehrung gekommen, hätte man nicht dem Dingo durch Blei, Fallen und Gift überall nachgestellt. Man hat ihn dadurch derart dezimiert, daß die von den Schaffarmern genannten Verluste niemals auf ihn zurückgehen können. An sich hätte doch der Dingo die eingeführten Kaninchen kurz halten können, ist er doch von Natur aus ein Kleintierfresser und geht wohl – wie Wölfe, Kojoten und Schakale – nur auf größere Tiere, wenn nichts besseres da ist.

Es ist unbekannt – wenigstens mir – wer auf den klugen Einfall kam, einmal mit wissenschaftlicher Forschung dem Dingo auf den Leib zu rücken. Angespornt aber wurde er durch die Schaffarmer, die den innigen Wunsch hatten, Wissenschaftler sollten herausfinden, wie man diese verhaßten Tiere endgültig ausrotten könne. So entschloß sich die Regierung des Nordterritoriums, ein solches Forschungsvorhaben finanziell zu unterstützen. Das war 1967/68. Diese Feldforschungen begannen also zufälligerweise ungefähr zur selben Zeit, als Erik Zimen mit seinen Wölfen und ich mit den Dingos anfingen. Es gibt ein Sternbild des Hundes – ob das damit was zu tun hat?

Die fünf Biologen unter der Leitung von Alan Newsome (Australian Commonwealth Scientific and Industrial Research Organization = CSIRO) machten sich, unterstützt von neun Assistenten, an die Arbeit. Die erste Schwierigkeit war, daß sie zunächst auf freier Wildbahn keinen Dingo fanden. Nach langen Bemühungen kamen sie zu dem ersten Ergebnis, daß auf zweitausendneunhundert Quadratkilometern höchstens fünfhundert Dingos leben würden. Die Forscher hatten ein Jahr lang halb Australien durchforscht, bis sie dreihundert Dingos ausmachen konnten. Es gelang ihnen, etliche Dingos einzufangen und mit Halsbändern zu versehen, an denen Mikrosender angebracht waren. So konnten sie zunächst der Frage nachgehen, ob die Dingos tatsächlich, wie schon früher angenommen, größere Wanderungen durchführen. Soviel ich aus den mir bekannten Ergebnissen der bis 1972 vorliegenden Daten weiß, scheint das nicht der Fall zu sein. Einer der markierten Dingos hat sich vierundzwanzig Kilometer vom Fangplatz entfernt, andere blieben weit darunter.

Dingos richten gelegentlich Schaden unter den Schafherden an – aber nur in Dürrezeiten, wo die Schafe wahrscheinlich ohnehin verenden würden. Man hat außerdem eindeutig festgestellt, daß die wirklichen Schafräuber die zahllosen verwilderten Hunde sind, die sich, verpaart mit Dingo, schließlich als Viehräuber besonders gefährlich erweisen; genau wie beim Kojoten und Wolf, was wohl auch nicht anders zu erwarten war.

Die Dingos sind selten geworden. Mein Freund Pete Dime war ein halbes Jahr mit einem der Dingoforscher, nämlich mit Laurie B. Colbert, auf Dingosuche im australischen Busch. Er bekam nur zweimal einen Dingo vor die Linse. Einmal einen, den er aus sehr großer Entfernung fotografieren konnte, wie er ein Kaninchen anschleicht, es schließlich erbeutet und im Fang fortträgt. Das dürfte bislang noch niemandem gelungen sein. Dann gleich eine zweite Sensation – er konnte eine Aufnahme von einem schwarzen Dingo machen.

Die Forscher haben eine Anzahl von Dingos im Laufe der Jahre getötet, weil sie vor allem eindeutig klarstellen wollten, wie groß der Schaden sei, den Dingos bei den Schafen anrichten. Nur in vier Prozent aller untersuchten Mägen fanden sie Schaffleisch. Alle anderen Dingos hatten sich von Kaninchen ernährt. So sieht das in Wirklichkeit aus.

In einer Ausgabe der Zeitschrift »Time« vom 25. November 1974 heißt es, daß die Ausrottung des Dingos ein »Pyrrhus-Sieg« sei. »Eine noch unvollständige, zehnjährige Regierungsstudie hat bis jetzt ergeben, daß sich der Dingo hauptsächlich von Kaninchen, Kleinkänguruhs und anderen Grasfressern ernährt. Stirbt der Dingo aus, werden sich die Pflanzenfresser übervermehren und viel durchschlagender mit den Schafen Australiens ernährungsmäßig konkurrieren. ... In der Tat, betrachtet man das mit den Augen eines Ökologen, dürfte der verdammte Dingo ein besserer Freund der Schafe sein.«

1976 fand ich in der Zeitschrift »Der Terrier« einem der englischen Zeitschrift »Animal« entnommenen Bericht unter der Überschrift: »Dingos sollen Diensthunde beim Zoll werden«. Die Leute von Victoria schienen damals offenbar Erfolg beim Gouverneur gehabt zu haben, denn es heißt hier, er solle »ein nützlicher Hund werden, dessen gute Veranlagung namentlich im Dienst der Behörden genützt werden soll. Die australische Armee hat nämlich, ohne offizielle Berichte darüber auszugeben, ebenso wie die Polizei von Victoria, Dressurversuche mit Dingos angestellt, die vielversprechend sind.« Es werden seine guten Eigenschaften in obigen Sinne gerühmt, es heißt aber auch: »Dagegen ist er als typischer Schutzhund nicht geeignet, weil er zu wenig aggressiv ist.«

Nun, darüber kann man sich ja freuen. Wer weiß, vielleicht wird er wirklich ein guter Spuren- und Drogensucher. Andere Stimmen, wie ich anderswo las, halten es für möglich, daß es sich bei solchen braven Tieren gar nicht um reinblütige Dingos handle, sondern um Mischlinge zwischen Dingo und Schäferhund. Ich könnte mir vorstellen, daß Dingo-Schäferhunde im Freileben enorme Überlebens-Chancen haben und äußerlich nicht so ohne weiteres als Mischform erkannt werden können.

Was man aber in Victoria kann, wollen tapfere Leute in Neusüdwales auch können. Sie gründeten 1976 unter dem Patronat hochgestellter Regierungsbeamter die »Australische Naturhund-Ausbildungs-Gesellschaft von Neusüdwales e. V.« (»Australian Native Dog Training Society of N.S.W. Ltd.«). Man beachte, wie ich das Beiwort »native« übersetzte, in der Hoffnung, es recht getan zu haben. Die Leute müssen selber schwer gerungen haben, um für ihren Club einen passenden Namen zu finden. Wildhund geht nicht, verwilderter Hund paßt auch nicht, Dingo schon gar nicht, denn das ist ein beliebtes Schimpfwort in Australien. Also jenes Wort, das man gewöhnlich als »eingeboren« übersetzt.

Die Sekretärin dieses Clubs, Frau Berenice Walters, hat mir 1977 einen Brief geschrieben. Das deutsche Generalkonsulat habe ihr meine Anschrift gegeben. Das war gar nicht gut. Denn jetzt mußte ich lesen, daß jene Dame schon an die dreißig Jahre (!) Hunde züchtet und ausbildet und sich seit fünf Jahren mit »native dogs« befaßt. Sie hat zwei Jahre um die Erlaubnis gekämpft, Dingos zu züchten und auszubilden. Sie bekam sie. Ein bei ihr geborener Rüde mit dem schönen Namen Napoleon bewährt sich durch seine Unterordnung als Begleithund. Er und eine Hündin namens Schneegans (wohl, weil sie aus den Bergen stammt) haben bei Prüfungen unter Rassehunden Spitzenplätze erreicht.

Dingohaltung ist bis heute in Australien verboten. Berenice Walters nennt selbst den von ihr begründeten Verein »illegal«, baut aber auf den Schutz der hochgestellten Ehrenvorsitzenden. (Ihren Brief habe ich nicht beantwortet. Ich las nämlich kurz zuvor in einer australischen Tageszeitung, die man mir freundlicherweise zusandte, »Trumler probably knows more about dingoes than anyone else in the world«. Diesen guten Ruf wollte ich mir nicht zerstören.)

Ich mußte aus diesem Brief, der mich ja endgültig verunsichert hat, was die Ausbildungsfähigkeit des Dingos betrifft, noch viel mehr entnehmen, was ich nicht gewußt habe. Ich erfuhr erstmals, daß man in Australien vier verschiedene Dingoformen kennt.

1. Steppen-Typ. Entspricht wohl jenen aus Karlsruhe stammenden Dingos Tschanz und Tschudi (siehe mein Buch »Hunde ernstgenommen«). Aus einem Zooführer jenes Tierparks mußte ich entnehmen, daß meine ursprüngliche Information über die Abstammung jener Tiere falsch war. Es heißt hier: »Die reinblütigen Dingos des Karlsruher Zoos wurden von dem bekannten englischen Zoodirektor Durell nach der Insel Jersey gebracht und von dort über Holland nach Deutschland importiert«. Mein eigener Eindruck: hochbeinig, schlankwüchsig, groß (Schäferhundgröße), langköpfig, großohrig, fast windhundartig.

2. Kap York-Dingo. (Benannt nach einer Halbinsel in Nord-Australien). Das ist eine sehr kurzhaarige Form, größer als die meisten Formen, Körper etwas dem Pharaonenhund ähnlich, Kopf Basenji-gleich.

3. Berg-Dingo (»Alpine strain«). Ganz besonders auffallender Typ mit dickem, goldenen Fell. Ähnelt einem kleinen Rotwolf. Schwer auszubilden.

4. Nord-Dingo. Bewohnt das Gebiet von Darwin im Nord-Territorium. Erinnert an den Neuguinea-Dingo durch seinen hoch angesetzten und über den Rücken getragenen Schwanz. Seiner melodiösen Stimme wegen wird er der »Singing Dog« genannt.

So sieht das also aus. Aber darüber weiterzuforschen, überlasse ich doch lieber den Dingo-Vereinen von Australien und den einheimischen Zoologen – mir machen die eigenen Dingos genug Sorgen!

Außerdem ist es nicht von der Hand zu weisen, daß sich gebietsweise das Blut von Haushunden in mehr oder weniger »verdünnter« Form vorfindet, was man an Schädeluntersuchungen schwer, besser aber an Inzuchtversuchen herausbekommen kann. Viel Arbeit.

Den Neuguinea-Dingo halte ich zwar für einen echten Dingo – bei dem allerdings die Haustierwerdung in Richtung spitzartiger Hunde schon weitergegangen war, ehe er verwilderte. Seine recht konstante Vererbung, die seit Generationen allerengster Verwandtschafts- oder Inzestzucht nachweisbar ist, würde das bestätigen. Jedenfalls bilden die Dingos eine in sich geschlossene, bei allen lokalen Unterschieden unverkennbare Hundegruppe, die zunächst sowohl in Neuguinea und in Australien vor der Zufuhr fremden Blutes durch die Weißen geschützt war. Sie sind auch heute noch klar gegenüber anderen Hundeformen abgrenzbar. Auch in den Küstenniederungen Neu-Guineas gibt es Haushunde, die den Typ des Steppendingos eindeutig verkörpern. Das ist der Grund, warum sie unter den Paria-Hunden der Gegenwart eine Sonderstellung einnehmen.

So haben schon ältere Autoren, die sich mit Pariahunden befaßt haben, immer wieder darauf hingewiesen, daß es unter ihnen immer wieder Individuen gibt, die einem Dingo völlig gleichen. Otto Antonius schrieb 1922: »Meine eigenen Beobachtungen von lebenden Straßenhunden in Südosteuropa und dem vorderen Orient beweisen ... das Vorkommen von allerlei Übergangstypen zu anderen primitiven Haushundstämmen. Besonders drei Typen fand ich vielfach sehr ausgeprägt. Einer, der mir vor allem in Mittelägypten, aber auch häufig in Palästina und Syrien begegnete, schließt sich äußerst eng an den Dingo an: mittelgroße, stock- bis glatthaarige, meist rotgefärbte, aber oft auch schwarze Tiere, die äußerlich vollkommen Dingo-Habitus zeigen und wohl auch dem Schädelbau nach in seinen Formenkreis gehören.«

»Flo-Flo«, deren Paarungsspiel in »Hunde ernstgenommen« (S. 70–71) abgebildet ist, gehörte mit Sicherheit diesem dingoähnlichen Typ an. Diese Hündin wurde in einem Wurflager als kleiner Saugwelpe nebst zwei gleichfarbigen und drei schwarz-weiß geschekten Welpen gefunden und per Flugzeug nach Kärnten gebracht. Das Wurflager befand sich in einem alten Fischerkahn in Nordost-Thailand. Die stark abgemagerte Mutter hatte dieselbe Färbung wie der Welpe, nämlich die typische Dingofarbe. Als ich zum erstenmal ein Foto der etwa acht Monate alten Flo-Flo erblickte, war ich fest davon überzeugt, daß es sich nur um einen Dingo handeln könne. Nur einige von der Ohrbasis abstehenden langen Haare wiesen auf eine mögliche Spitzvermischung hin. Flo-Flo veränderte sich mit dem Älterwerden immer deutlicher in Richtung Spitz, ohne jedoch zu einem echten spitzartigen Hund zu werden. Der Dingoeindruck war nicht mehr so deutlich zu erkennen wie in der Jugend. Diese Wandlung bei Mischlingen kennen wir auch von anderen Tierarten, z. B. von Pferden.

Die wohl besten Kenner der Pariahunde waren die R. und R. Menzel. Sie haben die Pariahunde in vier Typen eingeteilt. Die dingoähnlichen nannten sie »schwere Mittelform«, eine Bezeichnung, die leicht mißverstanden werden kann, wenn man an den eleganten, fast windhundartigen Steppentyp des Dingos denkt. Doch muß man sich dabei auch das Bild des Neuguinea-Dingos vor Augen halten oder jene Vermischungen zwischen beiden Formen, wie ich sie vorwiegend gezüchtet habe. Es war interessant für mich, daß die Menzels sich an diesen Typ erinnert fühlten, als sie in Amerika Eskimohunde lebend gesehen hatten. Das verwundert mich nicht, denn ich selbst sah Original-Farb-Dias von Schlittenhunden aus Grönland, die direkt aus meinen Zwingern gekommen sein könnten – außerordentlich ähnlich den Mischlingen zwischen meiner norwegischen Elchhündin Binna und dem Dingo Aboriginal.

Es ist auch sehr aufschlußreich, das Buch von Hermann Peters (1940) über die Haustiere in Libyen zu studieren. Da findet man als »Neger-Terrier« aus Tripolis einen Hund, etwas stockhaarig, der, wenn er stehohrig wäre, viel Ähnlichkeit mit einem Dingo hätte. Dann einen Berberhund aus Tigrina, der genausogut in einem meiner Grubmühl-Zwinger oder irgendwo im hohen Norden aufgenommen sein könnte. Und schließlich

Kabul-Paria-Hund

sieben Ausdrucksstudien von einem ebenfalls stehohrigen Berberhund aus der Oase Tripolis, beziehungsweise eines aus der Oase Tagjura. Es sind weiße, in der Behaarung durchaus spitzartige Hunde, die aber so viel Dingoausdruck haben, daß man verblüfft ist. Auch eine wolfsartige Samojedenhündin lernte ich einmal kennen, deren Portrait man diesen Bildern hätte anreihen können.

Wo immer wir hinkommen, finden wir unter den Straßenhunden dingo- bis wolfsähnliche Formen, die häufig auch viel Spitzcharakter aufweisen. So ist der »Kara Inu«, der heute wohl nur noch selten anzutreffende Straßenhund Japans, gewöhnlich von rotgelber, also dingoähnlicher Färbung. Otto Antonius zeigt das Foto eines Pariahundes aus Hinterindien, der wie ein kräftiger Dingo aussieht, wie auch der Wüstenfindling aus Texas, von dem ich schon gesprochen habe. Wo man auch hinsieht – überall, wo es Hunde gibt, die man als Pariahunde bezeichnen kann – tauchen dingoartige Formtypen auf, die vielfach in heute als Rassen geführten Hunden zum Vorschein kommen.

Ganz grundsätzlich: Wir verstehen, wie alle Forscher, unter Paria- oder Straßenhunden (die nicht immer in städtischen Straßen, sondern rund um entlegene Dörfer leben) nur solche Hunde, die sich seit vielen Generationen ohne Zutun des Menschen nach eigener Zuchtwahl vermehrt haben. Sie unterliegen auch dank des sehr geringen Nahrungs- angebotes einer sehr scharfen Zuchtauslese – sind aber grundsätzlich Haushund-Wildlinge wie der Dingo.

Eine Vermischung mit Wölfen oder Kojoten kommt vor, wie wir schon gesehen haben – weit weniger wahrscheinlich dürfte im orientalischen Raum der Goldschakal beteiligt sein. Wenn ich mir das Foto aus Brehms Tierleben (4. Auflage) von Straßenhunden aus Konstantinopel ansehe, fällt ganz links ein leider nur zur Hälfte erkennbarer Hund auf, der eine solche Meinung durchaus rechtfertigen könnte. Nach den Beobachtungen der Doktores Menzel werden aber die Schakale von den Pariahunden verfolgt und vertrieben.

An dieser Stelle müssen wir auch auf die Indianerhunde Südamerikas zu sprechen kommen, die sicherlich aus Pariahunden entstanden sind. Sie sind sicher überwiegend Nachfahren altspanischer Hunde, die sich mit bodenständigen Hunden des vorkolumbianischen Zeitalters vermischt haben. Daher treten auch großohrige Formen auf, die etwa dem Galgo ähnlich sind. Jedenfalls gab es in Nord- und Süd-Amerika Hunde, ehe der Europäer seinen Fuß auf den Doppelkontinent gesetzt hat.

Wir wollen uns einmal kurz anderen Pariahundetypen zuwenden und folgen zunächst wieder Otto Antonius. »Den zweiten Typus traf ich vorwiegend in Konstantinopel und Kleinasien, aber auch in Syrien und Ägypten begegnete er mir. Die Hunde dieses Typus sind entschieden stämmiger gebaut und dichter behaart, mehr stockhaarig. Ihre Farbe ist in der Regel ein dunkles Graubraun, fast Wolfsfarbe, oft heller bis weiß; die Rute viel buschiger behaart als beim ersten Typus, die Ohren sind im Gegensatz zu diesem, der mir fast immer stehohrig begegnete, meist Kippohren. Mich erinnerten die Tiere am meisten an Hirtenhunde, die ich vorher in Albanien und Siebenbürgen gesehen hatte.«

»Hirtenhundähnlich« nennen die Menzels diesen Typ, erwähnen auch das Vorkommen von Schlappohren. Hirtenhunde gehören ja mit zu den ältesten Hunderassen und sind geschichtlich wohl mit der Entwicklung 189 der Schafzucht in Verbindung zu bringen. Sie begleiten heute noch die Nomaden, wo sie bisweilen in einem halbwilden Zustand bleiben. Es ist das die »schwere Extremform« des Pariahundes, letzten Endes die aller Hunde.

Folgen wir Otto Antonius weiter: »Den dritten Typus traf ich einerseits in den Balkanländern, auch in Konstantinopel, andererseits besonders in Südpalästina und dem phönizischen Küstengebiet. Er ist der windhundähnlichste, meist kippohrig, stets kurzhaarig und in der Regel kleiner als die beiden anderen, von Farbe auffallend oft gestromt. Von schlanken Exemplaren dieses Typus bis zu primitiveren Windhunden ist nur ein Schritt, und bei manchen Typen ist man in Zweifel, ob man sie der einen oder anderen Gruppe zuzählen soll.«

Hierbei deutet dieser Forscher schon an, was R. und R. Menzel weiter ausgeführt haben, indem sie von einer »edlen« oder »leichten« Mittelform sprechen, die sie allerdings der Dingoform näherrücken. Der »leichten Extremform« oder dem »windhundähnlichen Typ« sagen sie ebenfalls nach, daß er bisweilen von einem Windhund kaum zu unterscheiden ist.

Natürlich ist es kaum möglich, bei den Menzel'schen Mitteltypen eine absolut klare Trennung herbeizuführen, und ebenso gibt es immer wieder Übergangsformen zu dem einen oder dem anderen Extremtyp. Entlaufene Rassehunde oder Rassehundmischlinge werden sicher da und dort auch ihren Beitrag leisten, den Forschern das Leben schwer zu machen.

Wie groß die Schwierigkeiten bei der Einkreuzung von Rassehunden sein können, beweist am besten ein Foto, daß in dem Pariahunde-Büchlein der Menzels zu finden ist. Man sieht hier zunächst einen offenbar reinrassigen Wolf. Die Bildlegende besagt aber etwas anderes: »Kreuzungsprodukt aus einer bosnischen Wölfin mit einem Boxerrüden, aufgenommen 1938, Linz/Donau«. Der Leser tippt sofort auf die bereits erwähnte Wölfin Poldi des Rudolf Knapp. Ich habe schon mehr Boxer-Mischlinge gesehen; so eine Mischung mit Schäferhund, eine mit Chow-Chow und sogar eine mit Dackel. Bei allen merkte man sofort, daß da etwas nicht stimmt, wenn man auch nicht unbedingt gleich auf Boxermischung tippte. Jenes Foto aber zeigt so eindeutig eine Wölfin, daß mir Zweifel kommen, ob da nicht das falsche Bild – nämlich das der Mutter – für den Druckstock verwendet wurde, zumal das Gesäuge andeutungsweise eine Mutterhündin erkennen läßt. Sollte das aber tatsächlich ein Mischling sein, dann dominiert hier der Wolf in einem

Türkisch-Anatolischer Pariahund

Maße, das selbst meine stets dominierende Schakal-Einkreuzung weit, weit hinter sich läßt. Bleiben wir also vorsichtig. Ich habe selbst schon in zoologischen Standardwerken völlig falsche Bildunterschriften und sonstiges gelesen, über die man nur den Kopf schütteln kann.

Um aber auf jene leicht gebauten Pariahunde zurückzukommen. Einen solchen erhielt ich einmal aus Kabul. Zwei Tage lang erfreute ich mich an dem rotbraunen Tier, das gewisse Laufhundähnlichkeiten hatte, aber dann verschwand es in einem unbewachten Augenblick und ward nie wieder gesehen. Nur zwei Dias blieben mir zur Erinnerung.

Lange hingegen hatte ich meine »Ssiss«. Sie war das Geschenk eines amerikanischen Ehepaares. Sie hatten einige Zeit in Marokko gelebt, aus einem Pariahund-Welpenlager den Saugwelpen herausgeholt und mit tierärztlicher Hilfe aufgezogen. Den Namen wählten sie nach dem Zischlaut, mit dem die Einheimischen dort die Hunde locken. Auf dem Wege zurück in die Staaten machten sie Zwischenstation in der Grubmühle – so kam ich zu einer marokkanischen Pariahündin.

Ich erwähnte sie schon, die gute Ssiss, einmal wegen des Schicksals ihrer Welpen – die sie, solange sie durfte, vorbildlich betreut hatte. Das zweite Mal wegen ihrer Unleidlichkeit gegenüber dem jüngeren Wolf Schah, der ihretwegen dauernd sein Gehege verließ. Sonst war sie ein mittelmäßig verzogener Hund, der bellen und heulen konnte und aussah wie eine Mischung zwischen Steppendingo und kippohrigen mediterranen Laufhunden. Ziemlich ähnliche, ebenfalls weitgehend dingofarbene Pariahunde gibt es auch auf den Balearen und den Kanaren, und weiterhin bei windhundähnlichen Formen Nubiens oder Palästinas. Ganz sicher wird man gleichartige Hunde auch in anderen Regionen des Orients finden.

Dort, wo keine modernen Hunderassen nachhaltigen Einfluß auf die Bestände der Pariahunde genommen haben, spiegeln sich in ihnen die uralten Grundformen menschlicher Züchterkunst mehr oder weniger deutlich. Genau das aber macht das Studium der Pariahunde so wertvoll – leider wird es sie nicht mehr lange geben, denn die fortschreitende Zivilisation sorgt dafür, daß man sie verdrängt, genauer gesagt: ausrottet.

Daher ist es begrüßenswert, daß sich zunächst die Menzels der nicht ganz einfachen Aufgabe angenommen haben, aus den Grundtypen eigene Rassen zu schaffen – eine Aufgabe, deren Ziel sie leider nur bei ihrem »Canaan-dog«, der leichten Mittelform, erreicht haben. Auf den deutschen Ausstellungen sieht man diesen Hund bereits vereinzelt. Man sollte das Werk der Menzels fortsetzen, vielfach geschieht das auch schon. International ist diese Rasse bereits anerkannt, aber diese Hunde haben doch noch zu wenig Freunde. Daher schreibt Eva-Maria Vogeler, die sich mit dieser Rasse eingehend befaßt: »... gerade deshalb dürfte der Canaan-Dog für den echten Hundefreund eine reizvolle Aufgabe sein. Der in Haltung und Fütterung anspruchslose, kluge und aufmerksame Hund wird es ihm durch unbestechliche Wachsamkeit und viele vorzügliche Eigenschaften danken, die man bei den meisten Rassehunden nicht mehr findet.«

Der Schluß dieses Satzes (nachzulesen in: Das Tier, Januar 1980) wird manchen Rassehundezüchter schwer treffen. Zum Glück hat es die Natur

so eingerichtet, daß sich jeder stets als Ausnahme von der Regel

Der Dingo aus Neu-Guinea ist durch die Papuas vielfach züchterisch verändert worden. Man trifft dort sehr häufig auch Formen, die eine buschige, eingerollt über den Rücken getragene Rute haben und etwas an chinesische oder japanische Spitze erinnern.

Die aus Marokko stammende Paria-Hündin »Ssiss« weist im Körperbau Merkmale mediterraner Laufhunde und Windhunde auf. Mit einem Wolf-Schäferhund-
Mischling verpaart, brachte sie Nachkommen mit großen Stehohren.

betrachtet. Dazu möchte ich bemerken, daß ich grundsätzlich gegen die Neuerzüchtung einer Hunderasse bin, falls nicht ein sehr ernsthafter Gedanke dahinter steckt – was oft schwer abwägbar sein mag. Wenn es aber um die Erhaltung eines viele Jahrtausende alten Kulturgutes geht, dann glaube ich, daß das wohl abwägbar ist. Wie unter anderem Eva-Maria Vogeler ausführt, stand diese Urrasse so lange Zeiten unter dem harten Druck der natürlichen Auslese, daß man mit Fug und Recht annehmen muß, hier wirklich noch natürliche, gesunde Hunde vor sich zu haben. So sollten auch, wie ursprünglich von den unvergeßlichen Kynologen-Ehepaar Menzel geplant, alle der von ihnen umrissenen Grundtypen der Pariahunde nach deren Erkenntnissen weitergezüchtet werden. Man muß allerdings schnell damit anfangen, denn sonst treffen die Worte des Altmeisters der Kynologie, Emil Hauck, zu, die er bereits 1934 den Menzels bei ihrer ersten Palästinareise mitgegeben hat: »Kümmert euch um die Pariahunde, solange es noch möglich ist...« So darf ich zuletzt einige Sätze des Forscherehepaares Menzel aus dem Kapitel über den »Wert der Pariaforschung« zitieren:

»Für die moderne Verhaltensforschung stellen die Pariahunde ein wirklich unerschöpfliches Forschungsgebiet dar. Aber wir fürchten, daß das nicht mehr lange der Fall sein wird, denn die fortschreitende Zivilisation bedroht die Bestände der wildlebenden und auch der halbdomestizierten Parias. Die ärgsten Feinde der Pariaforschung sind die unvermeidlichen veterinärpolizeilichen Maßnahmen in der Umgebung menschlicher Siedlungen.«

Neben dem Forschungswert hat das Erfassen der Pariahunde aber auch große praktische Bedeutung. Sie stellen eine Hundegruppe dar, die sich die Eigenschaften des Wildlebens erhalten hat und dabei jederzeit bereit ist, in engster Gemeinschaft mit dem Menschen zu leben und ihm zu dienen... Im harten Daseinskampf mußten die Pariahunde lernen, sich den örtlichen Bedingungen, vor allem denen des Klimas, anzupassen.«

Sie haben dabei auch die Fähigkeit erworben, bei kargem Futter zu gedeihen, denn die Natur hat hier strenge Auslese gehalten. Hier hat kein Liebhaberzüchter Schwächlinge aufgepäppelt, weil diese ihm aus irgendwelchen Gründen besonders wertvoll erschienen. Kein besorgter Besitzer hat diese Ahnen unserer Parias vor großen Anstrengungen oder vor Wetterunbillen bewahrt...« Was aber wird aus diesem »Reservoir ursprünglichen und urtümlichen »Hundetums«, wenn es wieder so

Kratzverhalten bei Hund und Wolf

geschieht wie bei den einst so hoch gepriesenen »Negerhunden«, den an sich auch in die Gruppe der Parias gehörigen Schensihunden, besser bekannt unter dem Namen »Basenji«? Erst großes Hurra – ein harter Halbwildhund aus Afrika, ein lobpreisendes Buch der »Hauptaktionärin« dieser Zucht, Veronica Tudor-Williams, am Ende war es ein Modehund.

Ich hatte zwei verschiedene Paare, beide taugten nichts. Bei einem Rüden waren die Hoden so verkümmert, daß er gar nicht ans Decken dachte. Solche Ergebnisse nach knapp fünfzig Jahren Basenji-Zucht.

Wie schreibt Eva-Maria Vogeler? »Für den echten Hundefreund eine reizvolle Aufgabe«. Nur – wer garantiert, daß der Canaan-Dog nur in den Händen echter Hundefreunde bleibt und nicht auch Opfer von Spekulanten wird? Die freie Marktwirtschaft macht's möglich, daß auch er einmal per Katalog versandt wird!

Ich weiß manchmal nicht – soll man, oder soll man nicht? Es wäre vernünftig, ja geradezu notwendig, diese Urrassen zu bewahren, ehe man sie vernichtet hat. Aber werden sie dann nicht doch durch den cleveren Geschäftsgeist gewisser vorgeblicher »Liebhaberzüchter« bis hin zu Hundegroßhändlern genauso vernichtet?

Schwarzer Humor am Ende des Kapitels: Am linken Flußufer angelt einer, und sooft er einen Fisch fängt, schlägt er ihn blitzschnell mit einem bereitgelegten Stein tot. Am rechten Ufer steht einer, der angelt, und jedes Mal, wenn er einen Fisch fängt, nimmt er ihn in den Arm und streichelt ihn. Schließlich brüllt der vom anderen Ufer herüber: He, warum schlägst du den Fisch nicht tot? – Antwort: Warum? Er geht auch so kaputt!... Ende des Witzes.

9. Die Vorgeschichte der Hunde

Der Dingo und die übrigen Pariahunde sind bereits Haushunde, auch wenn sie aus einer Zeit stammen, in der es noch gar keine Häuser gegeben hat. Domestikation, Haustierwerdung heißt nichts anderes, als Zucht und Zuchtauslese nach dem Willen des Menschen; künstliche Zuchtwahl, die mit zunehmender zivilisatorischer Entwicklung des Menschen mehr und mehr der Einwirkung natürlicher Auslese entzogen worden ist. Während bei den ersten »Hauswölfen« die natürliche Auslese sicher noch eine große Rolle gespielt hat – wie bei den frühsteinzeitlichen Menschen ganz sicher auch – wurde sie in der Gegenwart vollständig eliminiert. Das gilt besonders für unsere Rassehunde, die, wohlbehütet vom Menschen, vor Schlechtwetter geschützt, nach den im Stammbaum vorhandenen Championaten zur Zucht kommen.

Eine gewisse Auslese aber hatte der Mensch mit Sicherheit schon von allem Anfang an betrieben, sonst würden wir heute statt mit Rassehunden noch mit indischen Wölfen, bestenfalls mit Dingos leben. Alle Wege zurück in die Geschichte des Hundes führen zum indischen Wolf, den ich im Wolfskapitel vernachlässigt habe, um ihn hier als die wahrscheinlichste Basis aller Hunde vorzustellen.

Er wurde von Sykes, der ihn 1831 zum erstenmal beschrieb, »Canis pallipes« genannt. Als die südlichste Form der eurasischen Wölfe ist er ein Gegenstück zum Rotwolf Nordamerikas. 1973 gelang es S. P. Shahi, im Westen von Bihar, im vom Burha-River durchflossenen Mahuadanr-Tal, einen solchen Wolf mit Blitzlicht zu fotografieren, sicher eine erstaunliche Leistung. Nur wenige solcher Wölfe kamen in Tiergärten, schon deswegen nicht, weil der normale Tiergartenbesucher einem so kleinen Wolf all die bösen Wolfsgeschichten nicht glauben würde. Er will möglichst große Wölfe sehen, und die bekommt man im Tierhandel leichter aus den angrenzenden Ostländern.

Dafür ist der Wolf Indiens berühmt als Pfleger kleiner Kinder, so wie schon seinerzeit jene Wölfin, die Romulus und Remus aufgezogen haben soll. Von Mowgli aus den schönen Indienschilderungen Rudyard Kiplings bis zu neuesten Zeitungsenten werden uns immer wieder Geschichten erzählt, denenzufolge sich eine Wölfin eines verlorengegangenen Säuglings erbarmt habe, in einem Falle sogar gleich zweier Babies. Nicht nur Leser der Regenbogenpresse glauben den Unsinn, es gibt sogar ernstzunehmende Wissenschaftler, die schon darauf hereingefallen sind. Ich bin immer bereit und bestrebt, das Bild des Wolfes aufzuwerten, aber ich will ihn dabei auch nicht verniedlichen. Wir können zwar durchaus annehmen, daß ein Wolf auch auf freier Wildbahn, der Vertrauen zu einzelnen Menschen gewonnen hat, auch dessen Baby akzeptiert. Er wird ihm nichts zuleide tun, das ist sicher. Aber es wird keiner Wölfin einfallen, ein Baby in ihre Höhle zu schleppen, um es dort liebevoll großzuziehen. Das gehört ebenso in das Reich der Fabel, wie all jene Geschichten, denen zufolge Wölfe auszogen, um Kinder zu fressen oder Schlitten zu verfolgen.

In Indien scheint man den Wolf nicht zu fürchten, ihn aber auch nicht sonderlich zu lieben. So hat nämlich eine Untersuchung von etwa hundert Wolfsexkrementen gezeigt, daß sie zu 70% Haare von Ziegen und Schweinen, teilweise sogar Reste von deren Klauen enthielten. Das beweist freilich nicht, daß sie diese Tiere auch getötet haben. Es kann sich dabei schließlich auch um Überreste von geschlachteten Tieren handeln, die von Hirten weggeworfen wurden. Grundsätzlich ist der Indische Wolf ein Beutegreifer, der sich auf kleinere Tiere beschränkt, wie Hasen, Mungos, Ratten, Hörnchen und Bodenvögel, wie Hühner und andere. Da er einen reichgedeckten Tisch in dieser Hinsicht vorfindet, ist eine Großrudelbildung bei ihm nicht notwendig. Man kennt eigentlich nur jene, auch nur kurze Frist zusammenbleibenden Familienrudel, die aus den beiden Alttieren und deren, gewöhnlich sechs, Jungtieren bestehen. Er ist kein Wald-, noch weniger Dschungelbewohner; er bevorzugt trockene Buschgebiete und Halbsteppen.

Die Zoologen nehmen an, daß der Indische Wolf bis nach Vorderasien verbreitet ist, wie ich das auf der Karte skizziert habe. Demnach würde mein südpersischer Schah derselben Unterart angehören, und es war für mich besonders interessant, ihn mit dem Dingo zu verpaaren. Das Ergebnis, die Wolf-Dingos, waren ganz herrliche Gestalten, die man ohne weiteres für reine Inder halten kann. Bei einer Übersiedlung ist mir leider die einzige Hündin dieser Verbindung in die oberösterreichischen Wälder entlaufen und wird wohl als relativ zutrauliches Tier bald einem Jäger vor

197

die Büchse gekommen sein. Dadurch konnte ich diesen Zuchtversuch nicht direkt fortsetzen (Geschwisterverpaarung) und mußte mich zunächst mit einer Rückverpaarung des Jungrüden mit seiner Mutter begnügen.

Eigentlich war auch das letztere nicht geplant. Es ist da etwas erstaunliches passiert: Schah, sein Sohn und Botna lebten in Heidelberg zusammen. Nun erlaubt kein Wolf und kein Dingo seinem Sohn, die Mutter oder auch nur eine Schwester zu decken. Das ist der Normalfall, und auch in seinem Zwinger achtete Schah genau darauf, daß sein Sohn der läufigen Botna nicht zu nahe kam. Da zu jener Zeit eine genaue Beobachtung nicht durchführbar war, konnten wir uns nur auf Indizien verlassen und dachten gar nichts Böses, als Botna unverkennbar tragend war.

Bald brachte Botna drei Welpen zur Welt, darunter einen Albino – das gibt es nicht, das darf es gar nicht geben. Vier Tage später war nur noch ein Welpe in der Innenboxe. Die beiden anderen waren »verschwunden«, darunter auch der Albino. Diesen Welpen untersuchte ich, als er dreizehn Tage alt war. Ich staunte nicht schlecht – das war ein »Silberdingo«, jene Farbvariante, die ich schon vor Jahren aus reinen Dingos erzielt hatte. Dem entsprach die abweichende Fellstruktur – nämlich ein wenig in Richtung Rauhaar gehend.

Das aber schließt entschieden die Vaterschaft von Schah aus, denn die Wildfarbe ist dominant über Albino und Silbergrau. Da der Sohn von Schah eben verdeckterbig auch die Anlagen der Mutter hat, so kam jenes Wurfergebnis heraus. Aber noch etwas spricht für eine Sohn-Mutter-Verbindung. Nämlich die von mir bei solchen Fällen schon mehrfach beobachtete geringere Lebensfähigkeit der Welpen. Sicher hat nicht Schah aus Empörung über die Missetat seines Sohnes die beiden anderen Welpen gefressen, sondern Botna wird sie als lebensschwach befunden und beseitigt haben. Nur den silbergrauen Welpen hat sie behalten, vielleicht weil einer immer noch besser sei als gar keiner. Denn so wohlgeraten war der nämlich auch nicht. Er öffnete zum Beispiel erst am 15./16. Lebenstag die Augenlider und den äußeren Gehörgang, und er erwies sich unbeholfener, als es gleichaltrige Welpen allgemein sind. Er hat sich dann allerdings gut entwickelt. Ähnliches habe ich auch bei meinen Silberdingos beobachtet, die schließlich doch noch ganz kräftige, wenn auch relativ kleine Hunde geworden sind. Er wird die Größe seiner Mutter erreichen, die wesentlich kleiner als Schah ist, kleiner auch, als der bald schah-große Sohn. Jene Silberdingos passen sich auch etwas leichter an als ihre normalfarbenen Artverwandten. Es ist anzunehmen, daß wir mit »Scheich«, wie wir diesen abartigen Sprößling benannt haben, ähnliche Erfahrungen machen werden. Es kommt aber auch hinzu, daß er am 13. Lebenstag ein Flaschenkind wurde, in Herrchens Bett schlief, auch reichlich Kontakt mit anderen Hundewelpen hatte und sogar noch einige Tage an deren Mutter saugen durfte. Da meine Frau ihm die Fleischnahrung inzwischen auch durch Mund-zu-Mund-Fütterung beigebracht hat, ist anzunehmen, daß er ganz normal wird.

Wir sind mit diesem Welpen gewissermaßen in das Neolithikum – die ältere Steinzeit – gelangt, wo sich ähnliche Dinge nicht wesentlich anders abgespielt haben dürften. Wir wissen aus heute noch zu sehenden Beispielen von Indianer- oder Papua-Frauen, daß solche Welpen von stillenden Frauen auch gern an die Brust genommen werden.

Wir haben bislang noch nie einen Welpen in so frühem Alter aufgezogen. Ich bin immer wieder erstaunt, wie außerordentlich ähnlich alle Regungen dieses Welpen einem Menschenkind vergleichbarer Altersstufe sind, wie sehr man in diesem Hundebaby ein Kind sehen kann.

Ich kann die Urmenschen verstehen – gerade sie mußten diesem Zauber, den die Verhaltensforschung seit Konrad Lorenz mit dem Begriff »Kindchenschema« umschreibt, in besonderem Maße erlegen sein, waren sie doch aus naturgegebenen Umständen heraus bestimmt noch instinktsicherer.

So hatte man wohl bald ein Pärchen im Lager, die auch wieder Welpen bekamen – es ging weiter und weiter und man hatte die schönste Inzestzucht im Laufen. Geschwister, Halbgeschwister, Sohn-Mutter-Verbindungen, Vater-Tochter-Verbindungen. Das alles einige Generationen lang, schon entstanden die ersten Erbänderungen. Das ist so sicher wie das Amen im Gebet und mag sich tausende Male wiederholt haben.

Welches Staunen mag unsere Vorfahren erfaßt haben, als auf einmal im Wurflager ein schneeweißer Welpe lag, oder ein silbergrauer in der Folge. Ein kohlschwarzer dazu, und natürlich die gelben, die sich alsbald als besonders lebensstark erwiesen haben. Wie etwa bei den Goldhamstern oder in meinen Mäuse- und Rattenzuchten.

Gestaltveränderungen kamen hinzu. Wie wird man sich amüsiert haben, als einer einmal Kippohren hatte, die nicht mehr so richtig 199 wolfsartig standen; oder über verkürzte Ruten, die sich nach oben richteten. Schlankere Hunde traten auf, schwerer gebaute, solche mit langen Beinen, solche mit verkürzten Beinen, solche mit extrem schlanken Fängen, solche mit Fangverkürzungen, und was da so im Laufe der nächsten zwei- oder dreitausend Jahre alles zum Vorschein kam.

Aber ganz am Anfang verlor wohl der zur Gelbfärbung neigende Indische Wolf seine schwarze und graue Zeichnung. Es gehört nicht viel Phantasie dazu, um sich danach einen Steppen-Dingo vorzustellen. Er ist für mich, auch in der Größe, der Indische Wolf in Gelb, den sonstigen Merkmalen nach kaum erkennbar verändert.

Rechnen wir einmal. Den neuesten Datierungen nach muß die Haustierwerdung des Wolfes vor vierzehntausend Jahren stattgefunden haben. Vor zehntausend Jahren haben die Aboriginals aus dem Osten des indischen Raumes Australien erreicht. Diese Wanderung, oder genauer gesagt, Ausbreitung jener dunklen Seitenlinie des indoeuropäischen Menschenschlages hat bestimmt einige Jahrtausende gedauert und führte vor allem von Anfang an durch Gebiete, in denen es keine Wölfe gab. Man beachte die Südgrenze der Wolfsverbreitung in Asien. Wie schon erwähnt, züchten die Papuas auf Neu-Guinea neben anderen, sicher auch von chinesischen Spitzen beeinflußte Hunde (Papua-Hunde), wunderschöne Dingos des schlankwüchsigen, wolfsartigen Typus. Umwandlungen geringen Ausmaßes fanden statt, wie wir im Neuguinea-Dingo deutlich, weniger deutlich bei den Dingoschlägen Australiens sehen.

Umwandlungen stärkeren Ausmaßes aber fanden gleichzeitig auch im indischen Raum statt, verbreiteten sich nach dem Osten, dem Norden und dem Westen. Das »Zeitalter des Hundes« war angebrochen. Man erkannte seine vielseitige Nützlichkeit, entdeckte nach und nach die Fähigkeits-Unterschiede der ersten, sicherlich noch ungewollten, durch zufällige Mutationen hervorgerufenen Sonderformen und entdeckte das Züchten, also das planmäßige Weitervermehren solcher Sonderformen. Nach und nach führte das zu den wenigen Grundtypen aller alten Hunderassen. Etwa die besonders schlankwüchsigen Extremformen, die im schnellen Lauf Hasen erbeuten konnten. Die breiten, schweren, zum Größenwachstum neigenden Beschützerhunde, die den dreisten Wölfen erfolgreich die Stirn boten. Die mittelwüchsigen Hunde, von denen ein Teil einen starken Wachtrieb bei starker Heimbindung aufwies, ein anderer

Teil hingegen ganz besondere jagdliche Eigenschaften erkennen ließ. Wir waren zwar nicht dabei, aber es ist nicht anders vorstellbar.

Aus solchen Grundformen, die sich bei der Durchzüchtung jeder Tierart immer wieder erkennen lassen, wurden dann wieder weitere Hauptschläge gewonnen. Aus den Schlankwüchsigen etwa die festeren Laufhunde, die feineren Windhunde. Aus den bulligeren Hunden die Kampfhunde im Sinne unseres heutigen Doggenbegriffes (Molosserhundartige) und die schweren Hirtenhunde, deren Urbild vermutlich die alte Tibetdogge ist. Aus den mittelwüchsigen die Spitze, die ihnen eng verwandten nordischen Hunde, oder in anderen Linien die Pinscher und Terriers, die Jagdhunde und die Hütehunde.

Dann kommen die mehr oder weniger gewollten Vermischungen solcher Anfangstypen hinzu; auch, daß sich mit der Ausbreitung der Menschheit und mit dem Kulturaustausch da und dort Wolfseinkreuzungen ergaben, die das Bild wieder veränderten, vor allem dann, wenn es sich um andere Wolfsunterarten fremder Regionen gehandelt hat. Eurasien beherbergt ja neun Unterarten, mindestens. All das hat zur ständigen Wandlung des Erscheinungsbildes der einzelnen Grundformen geführt, mit Sicherheit auch zu neuen Mutationen, wie sie über Vermengung einander fremden Erbgutes und Inzestzucht mit großer Gesetzmäßigkeit aufeinander folgen.

Solche Domestikationserscheinungen sind heute längst, zumindest bei Säugetieren – aber auch bei Vögeln und Fischen – als gleichartig erkannt; also jene Erscheinungen, die zeigen, daß es von der naturgegebenen Mittelform einmal zu extremer Schlankwüchsigkeit kommt, ein andermal zu extremer Schwerwüchsigkeit; Größenzu- und Größenabnahmen bis zum Riesen- und zum Zwergwuchs, ferner die Verkürzung des Gesichtsschädels bis zur Mopsgesichtigkeit; die erwähnte Rutenverkürzung, die bis zur erblichen Stummelrute führt; die Veränderungen im Haarkleid – es gibt z. B. Rauhaarpferde (sogenannte »Pudelpferde«), es gibt haarlose Pferde.

Solche Mutationen treten selten, aber immer wieder einmal auf. Es ist falsch, wenn man meint, daß alle langhaarigen Hunde miteinander verwandt sind, oder alle Hunde, bei denen der Fang verkürzt ist.

Mutationen sind – gemessen an den Wildformen – immer Fehlleistungen der Natur. Wenn zum Beispiel die Haare länger wachsen als bei Wölfen üblich, dann ist jenes Gen in seiner Wirkungsweise behindert, das die Haarlänge kontrolliert. Wenn Haarlosigkeit auftritt, muß man folgern, daß genetisch die Fähigkeit zur Ausbildung des normalen Haarkleides verloren gegangen ist, und nicht anders ist es da, wo die Fähigkeit fehlt, unter dem Deckhaar eine Unterwolle mit jahreszeitlichem Rhythmus auszubilden. Alle Mutationen, die wir bis heute kennen, sind nichts anderes als Fehlleistungen der Natur, wenn wir dabei die ursprüngliche Wildform des veränderten Haustieres als Maßstab nehmen.

Allerdings können diese Fehlleistungen für den Menschen umgekehrt wieder nützlich werden, wenn sie sonst keinen schädlichen Einfluß auf die Weitervermehrung nehmen. Wenn ein Hund nicht groß, dabei wendig und schnell ist, eine gute Nase hat und eine besondere Befähigung zeigt, kleineres Jagdwild im dichten Unterholz aufzustöbern und herauszutreiben, dann ist es für den Jäger sehr nützlich. Der Münsterländer besteht gegenüber einem Wolf aus lauter kleinen Fehlmutationen – aber er kann etwas, was ihm kein Wolf nachmachen kann, was für den Wolf aber auch gar nicht so nützlich wäre: mit aufgestellter, buschiger Rute dem Jäger signalisieren, wohin er beim Stöbern zieht.

Würde ein Schakal oder Kojote alle solche Eigenschaften haben, dann würde ihm der nächste Wolf leise lächelnd nachtraben und ihn als Leckerbissen seinen Welpen servieren.

Ein Hund kann sich auch Instinkte zur Feindvermeidung ersparen. Wenn er beim Buschieren allen Eifer einsetzt, Fasan oder Hase zu finden und zu drücken, kann er sich wirklich nicht noch um Feinde kümmern. Da es diese im deutschen Wald nicht gibt, ist der Ausfall des ständigen Sicherns, des ständigen Aufpassens auf Umweltgefahren für den Jäger eine scheinbar positive Verlustmutante. Mit dem Ausbau der Autostraßen wird das dann freilich etwas problematischer. Als unsere hauptsächlichsten und wichtigsten Gebrauchshunde gezüchtet wurden, gab es ja schließlich auch noch nicht den Beutegreifer namens Auto.

In meiner Einleitung »Vom Wolf zum Haushund« in »Pipers Buch der Hunderassen« habe ich versucht, anhand des darin befindlichen Bildmaterials aufzuzeigen, wie verschiedene Mutationen verstanden werden können. Man kann aus solchen Bildern viel lernen. So habe ich auch gezeigt, wie der Weg vom Dingo durch asiatische Hunderassen der Jetztzeit bis hinauf zum Chow-Chow oder Finnenspitz verlaufen sein mag.

Bleibt noch die Frage zu lösen, wie der Haushund vor zehntausend Jahren nach Nordamerika gekommen ist.

Los Angeles scheint eine Stadt nicht nur der »letzten« Amerikaner zu sein, sie ist auch eine Stadt der ersten Amerikaner. Man fand dort nämlich Überreste eines Menschen, der 21 600 Jahre vor der Zeitrechnung sein Leben beenden mußte. Er hat sich dadurch zwar den Trubel um Hollywood erspart, aber der Wissenschaft viele Rätsel aufgegeben. Wie war er da hingekommen? Soweit wir wissen, sind die Indianer Abkömmlinge eines prämongoloiden, dem indo-europäischen Menschen ziemlich nahestehenden Formenkreis der cromagnoiden Grundschicht der meisten Menschenformen. Sie zeigen aber auch Einschläge, die jüngeren Datums sein müssen. Paläogeographische Befunde ergeben:

Es gab vor sechsunddreißigtausend bis zweiunddreißigtausend Jahren eine Landbrücke zwischen Ostsibirien nach Nordamerika, auf der man bequem bis in die Prärien des Kontinentes wandern konnte. Danach gab es eine Vereisung, die verhindert hat, daß man von Alaska aus südwärts ziehen kann. Sie dauerte bis zum Jahr achtundzwanzigtausend vor der Zeitrechnung und öffnete sich danach wieder so, daß man nach den damals noch nicht existierenden Staaten einwandern konnte. Das hörte auf, als sich um das Jahr zwanzigtausend jener Zugang wegen Vereisung wieder verschloß. Erst um dreizehntausend ging das Eis wieder weg, und danach war auch die asiatisch-amerikanische Landbrücke verschwunden. Das bedeutet, daß jene Leute, die sie in der Zeit zwischen zwanzigtausend und dreizehntausend beschritten, keine Einwanderungsmöglichkeit bis zur letztgenannten Zeit gehabt haben.

Manche Urgeschichtsforscher haben sich das Hundeproblem leichtgemacht. Ich lese da in einem Buch über die Besiedelung Nordamerikas, daß im Jahr zehntausend ante Datum folgendes geschah: »In Nordamerika wird der Hund domestiziert.«

Der Hund ist also eine amerikanische Erfindung. Ganz abgesehen davon möchte ich denjenigen sehen, der einen Hund domestiziert, also zum Haustier macht. Er ist es ja schon. So einfach ist das nun wirklich nicht. Der Hund muß vielmehr mit den Einwanderern mitgekommen sein. Bei allem Respekt vor den Indianern – aber ihre Vorfahren waren keine versierten Tierzüchter und haben mit Sicherheit nicht den amerikanischen Wolf oder Kojoten zum Haushund umgezüchtet. Wenn sie das gekonnt hätten, hätten sie nämlich auch, wie es etwa die Tibeter beim Wild-Yak geschafft haben, aus dem Bison einen Hausbison gemacht und aus dem Dickhornschaf ein Hausschaf. Gerade das aber taten sie nicht. Wenn nun die ältesten Haushund-Datierungen das Alter von vierzehntausend Jahren zeigen, wird die Sache problematisch. Nach dem Jahr dreizehntausend konnte kein Nachschub von Menschen aus Sibirien mehr erfolgen, weil die Landbrücke im Bereich der Beringstraße kaputt war. Diejenigen, die nach dem zwanzigtausendsten Jahr gekommen waren, mußten auf den Rückgang der Vereisung warten. Sollten die schon Hunde gehabt haben?

Die Leute, die Los Angeles vor 21 600 Jahren vorgeplant hatten, hatten sicherlich auch so ihre Zeit gebraucht, um von Zentralasien bis dorthin zu kommen. Die hatten den Hund mit Sicherheit nicht mitgebracht.

Die zweite Welle der Besiedelung könnte vielleicht schon so wölfische Dingos mitgehabt haben – was ich aber sehr bezweifle. Sie jagten auch noch Großtiere, hinter denen sie herzogen, als die Landbrücke noch bestand. Hunde vom Dingoschlag hätten ihnen da kaum viel genutzt. Woher also die Hunde? Es spricht alles dafür, daß sie um dreizehntausend mit den Eskimos nach Nordamerika gekommen sind, vermutlich nochmals tausend Jahre später.

So können wir daraus schließen, daß die Indianerhunde Abkömmlinge von Eskimohunden primitivster Form sind, die mit den heutigen Nordlandhunden kaum noch viele Ähnlichkeiten gehabt haben dürften. Aber auch die Indianer haben sie zum Lastentransport verwendet, nicht als Jagdhunde. Sie kriegten an jeder Körperseite eine Holzstange angebunden, und dazwischen die Habseligkeiten drangehängt. Später auch Platten aus Büffelhaut, die man mit den Zelten belud.

So mag es angefangen haben. Die Indianer gelangten bis Mittelamerika, entwickelten dort Hochkulturen, aber auch da mußten schon wieder neue Zuwanderer gekommen sein, nämlich aus dem indischen Raum, denn diese kühnen Seefahrer haben sogar den Elefanten mitgebracht und mit Sicherheit auch irgendwelche Schiffsköter, die schließlich zu den mexikanischen Rassen geführt haben, aus denen der Chiuahua, jener reizende Winzling, besonders hervorsticht. Es gab ihn mit Sicherheit jedenfalls schon im 11. Jahrhundert unserer Zeitrechnung, also lange bevor Christoph Columbus Amerika mit Indien verwechselt hat.

Genauer lassen sich diese Dinge nicht rekonstruieren, solange man nicht ein ausreichend umfangreiches Grabungsmaterial aus früheren

Epochen in Händen hat. Die Vermutung, daß die alten Indianer auch den Kojoten eingekreuzt haben könnten, ist nicht von der Hand zu weisen – aber sie ist noch durch nichts bewiesen. Die heutigen Indianerhunde helfen uns keinen Schritt weiter, denn, wie schon gesagt, die Einfuhr von Hunden bereits im 16. Jahrhundert hat »alles durcheinander gebracht«.

Wie kompliziert alle Veränderungen im Haustierstande sind, möchte ich noch an einem mich ganz besonders beeindruckenden Beispiel zeigen. Ich meine den Lunde-Hund, den in Mitteleuropa wohl wenige kennen. Helmut Diller und ich sind wegen ihm bis nach Norddänemark gereist; leider hat es genau an dem Tag, als wir vor diesen Hunden standen, geregnet – dementsprechend ist unsere fotografische Ausbeute. Aber wir haben dieses Wundertier gesehen, und wir haben ein umfangreiches Material über diese seltene Rasse bekommen.

Zum besseren Verständnis muß ich von einer »Mutante« sprechen, die man unter dem irreführenden Namen »Wolfsklaue« in der Kynologie meist nur unter tiermedizinischem Gesichtspunkt erwähnt. Alle Hunde-artigen bis herauf zum Wolf und seinen domestizierten Brüdern haben an den Vorderfüßen fünf, an den Hinterfüßen aber nur vier Zehen. Dabei fällt auf, daß die auf den Innenseiten der Vorderfüßen sitzenden ersten Zehen – vergleichbar unserem Daumen – ziemlich hoch oben sitzen und beim Laufen keine Funktion mehr haben. Sie wirken wie überflüssige Anhängsel, sind meist sehr klein und unbeweglich. Dieser kleine Daumen trägt allerdings auch eine Kralle, die bei manchen Hunden leicht kreisförmig wachsen kann – sie wird ja nicht, wie die anderen Krallen, abgeschliffen.

Wozu haben die Hunde und Wölfe und die übrigen Verwandten überhaupt noch dieses Ding? Ganz einfach deswegen, weil die Natur stets ziemlich langsam arbeitet. Es hat rund sechzig Millionen Jahre gedauert, bis aus den fünf beweglichen Zehen der Pferde-Urahnen die Mittelzehe allein übriggeblieben ist. Auch die Hunde hatten einmal vorn und hinten fünf Zehen gehabt – genau wie alle anderen landbewohnenden Wirbeltie-re, vom Salamander über die Reptilien hinauf zu den Vögeln auf der einen und den Säugetieren auf der anderen Evolutionslinie. Sich an Laufanfor-derungen anpassend, haben die Urhundeartigen angefangen, die Zehen-zahl zu verringern. Bei den Hinterfüßen haben sie das ziemlich schnell getan – aus begreiflichen Gründen, denn alle Laufleistung hängt bekanntermaßen von den Hinterbeinen ab – sogar bei uns Menschen. Die

Vorderbeine haben dabei mehr Stützfunktion, da war es nicht so notwendig, die Aufsetzfläche zu verkleinern. Wenn wir jetzt noch zu weiteren Beobachtungen etwa eine Million Jahre Zeit hätten, würden wir aber feststellen, daß auch diese rudimentäre erste Zehe an den Vorderfüßen verschwunden ist. Die Evolution geht immer noch weiter, und was wir sehen, ist nur eine Art von Momentaufnahme eines gegenwärtig gerade erreichten Zustandes. Aber durch die Möglichkeit, Rückschau über das bislang Gewesene zu halten (vor allem durch die Ausgrabungsfunde der inzwischen ausgestorbenen Ur-Ahnen), können wir Entwicklungen erkennen. Soweit ist alles ganz einleuchtend.

Nun aber fing der Mensch mit seiner Hundezucht an, und schon störte er den evolutiven »Trend«. Plötzlich traten da und dort bei Haushunden auch an den Hinterfüßen solche ersten Zehen auf, hier als »große Zehe« zu bewerten, in der Regel aber nicht wirklich groß, sondern klein wie der Daumen vorne, meist sogar noch kleiner. Beim Betasten kann man feststellen, daß hinter der Kralle zwar ein winziges Knöchelchen steckt, aber das ganze Ding hängt eigentlich nur so in der Haut, ohne feste Verbindung mit dem Fuß. Hunde können sich sehr leicht an dieser Stelle verletzen, wenn sie durch Gestrüpp laufen – bleibt der Hund mit dieser bewegungslosen Kralle hängen, kommt es zu Hautrissen, die sehr schmerzhaft sein können. Daher rät jeder Tierarzt, daß man diese Zehen bereits im frühen Welpenalter entfernen läßt. Eine Empfehlung, die hier unwidersprochen weitergegeben sei.

Gelegentlich aber hängt diese Innenzehe nicht bloß lose an der Haut, sondern hat mitunter sogar zwei fester verbundene und kräftiger am Fuß befestigte Gliedknöchelchen. So eine Zehe ist dann nicht verschiebbar, sie wegzuoperieren, ist nicht notwendig. Man hat sie bei einer uralten Hirtenhundrasse, dem Pyrenäenhund, sogar zum Standard erhoben. Er muß so eine kräftige Innenzehe am Hinterfuß haben, als Rassekennzeichen. Man kann ihn dann auch viel besser vom ungarischen Kuvacs unterscheiden, der ja auch weiß ist.

Aber die Pyrenäenhundler begnügen sich mit der großen Zehe allein nicht so ohne weiteres. Sie wollen noch eine zweite große Zehe dazu. Ein ordentlicher Pyrenäenhund muß also hinten sechs Zehen haben, die möglichst fest am Innenfuß sitzen. Wie gibt es denn das, wenn alle Wirbeltiere dereinst mit Sicherheit stets nur fünf Zehen gehabt haben? Ich weiß es nicht.

Als ich mit meinen Zuchtexperimenten begann, passierte es, daß mein hinten fünfzehiger Dorfbastard namens Strixi – von mir nicht gewollt – eine Dingohündin deckte. Im Wurf waren Welpen mit nur vier Hinterzehen und solche mit fünfen; und zwei, die auch noch eine sechste Minizehe hatten, ganz unscheinbar, aber doch deutlich erkennbar. Ich fotografierte das bald nach der Geburt der Welpen. Am nächsten Tag waren bei beiden diese gänzlich überzähligen Zehen verschwunden, vermutlich von der Mutter als störend entfernt. Da sie ganz lose waren, genügte hierfür wahrscheinlich schon ein kräftiges Ablecken des Fußes.

Wir müssen es wagen, wenigstens eine hypothetische Erklärung zu finden. Ich sagte schon, daß meiner Auffassung nach alle bekannten Mutationen eine Ausfallserscheinung sind. Das widerspricht zwar eingefahrenen Vorstellungen gewisser Mutations-Theoretiker, aber das stört mich nicht: Ich habe meine Erkenntnisse nur selten aus Büchern, sondern aus der Beobachtung – dem Schauen. Eine Ausfallserscheinung ist es, wenn ein nicht mehr gebrauchtes Organ zur besseren Anpassung an die Lebensverhältnisse nach und nach reduziert und zuletzt ganz eliminiert wird. Wir haben aber gesehen, daß das in der Natur nicht so einfach zugeht. Offenbar gibt es für die große Zehe keinen eigenen Erbträger, der allein für diese verantwortlich ist. Sie besteht nämlich aus Knochen, Bändern, Muskeln, aus Nerven und aus Blutgefäßen, wozu noch die Haut samt Kralle und anderen in der Haut enthaltenen Bildungen kommt. Ein derart kompliziertes Gebilde kann nicht in einem einzigen Gen verankert sein – zu seinem Aufbau müssen mehrere Gene zusammenspielen.

Wenn nun Funktionslosigkeit zur Rückbildung – aber nicht zum spontanen Verlust führt (den es nur in ganz wenigen Einzelmerkmalen gibt), dann muß man sich vorstellen, daß in der im Chromosom gelagerten Perlenkette von Genen etwas sogar hinzukommt – nämlich so ein Eiweißmolekül namens Gen, das darüber wacht, daß zum Beispiel, wie in unserem Falle, hier keine Bänder mehr entwickelt werden. Dazu kommen sicherlich andere Gene mit ähnlichen Unterdrücker-Aufgaben, die die vorgegebene Ausbildung von Muskeln, Nerven, Sehnen, Blutgefäßen und Knochen bis zum Hautgebilde Kralle verhindern. Die aber immer noch vorhandenen, am Aufbau der großen Zehe beteiligten Gene können unter Umständen wieder frei handeln, wenn ihre Unterdrücker durch irgendeinen Einfluß machtlos werden, zumindest aber geschwächt werden. Da kann es dann zu einem Hautstückchen mit Kralle, aber auch zusätzlich zu einem, zwei oder gar drei Knochengliedern kommen, und werden die Unterdrücker der betreffenden Nerven, Blutgefäße und Muskeln auch noch arbeitsunfähig, dann ist auf einmal sogar eine ganze, komplette und bewegliche Innenzehe da. Nicht nur so, wie beim Pyrenäenhund angefangen, sondern ganz so, wie das vor Jahrmillionen gewesen ist.

Das ist keine Hypothese, keine Theorie – das gibt es bei einer einzigartigen Hunderasse. Sie hat an den Vorderfüßen fünf dreigliedrige Zehen, die voll funktionsfähig sind. Beim Hinterfuß ist die große Zehe wie unser Daumen nur zweigliedrig, aber immerhin funktionsfähig. Es ist, als hätte diese Rasse einen Schritt um zwei Millionen Jahre nach hinten getan. Das ist der Lundehund, der sich auch noch den Luxus leistet, vorn wie hinten eine sechste Zehe – beidemale zweigliedrig – auszubilden. Ziemlich kräftige sogar. Wir können nur vermuten, daß die Ausfalls- oder Mangelerscheinungen im Gengefüge gewissermaßen übermäßig aus der Kontrolle geraten sind und diese Verdoppelungseffekte nach sich zogen. Da es unsinnig wäre, wegen dieser fünften Zehe (von den sechsten ganz zu schweigen) eine Abstammung des Lundehundes von voreiszeitlichen Vorfahren der Hundeartigen abzuleiten, müssen wir das Domestikationsgeschehen für diese »Rückschlags-Mutante« verantwortlich machen. Man nennt dieses Wiederauftreten von verlorengegangenen körperlichen oder psychischen Fähigkeiten »Atavismus«. Wenn bei einem Menschen Schädigungen im Bereich der Großhirnrinde auftreten, können wir ebenfalls in bestimmten Fällen solche psychischen Atavismen beobachten, die soweit gehen, daß solche Patienten auf allen Vieren laufen und nur zu unartikulierten, tierisch anmutenden Lauten fähig sind. Die Großhirnrinde hat nämlich nicht nur Speicher-, sondern auch Kontrollfunktion über alte Instinkte, genau, wie gewisse Gene die Kontrolle über die Wirkungsweise alter Gene erreicht haben. Werden diese Kontrollgene in der Haustierzucht beeinflußt, kommen die alten also wieder mehr zur Geltung – oder werden sogar zu Überleistungen gebracht.

Auch hier ein Beispiel aus der Psychiatrie. Ein Junge fährt von Tirol bis Wien in der Bahn, weil er in ein Heim für psychisch kranke Kinder soll. Am Ende seiner Reise kann er sämtliche Bahnstationen, die der Zug passiert hat, auswendig hersagen. Wieviel eins und eins ist, beantwortet er mit einem entschuldigenden Grinsen. Ich weiß, wieviel eins und eins ist

Der Podenco Ibicenco von den Balearen ist eine Hundeform, die wie der Pharaonen-Hund von Malta oder der Ätna-Hund (siehe Abbildung Seite 210) zu den Laufhunden des Mittelmeerraumes gehört. Er gehört wie seine Verwandten sicherlich zu den ältesten Hunderassen.

Der Lundehund wird auf den Lofoten (Norwegen) gezüchtet. Viele Merkmale zeichnen ihn als sehr alte Hunderasse aus; er weist sich durch die Verdoppelung seiner ersten Zehe (was vorne wie hinten Sechszehigkeit ergibt) aus, ein Phänomen, das kaum zu deuten ist.

– aber ich kann mir nicht einmal fünf Bahnstationen, an denen ich vorbeigekommen bin, merken.

Wir stoßen hier also im Bereich der Ursachenforschung zur Domestikation an Grenzen, die nur hypothetisch erklärt werden können – mit dem Nachsatz »wenn ich nicht irre«.

Das Bedauerliche an der Domestikationsforschung ist es ja, daß sie sich bis heute hauptsächlich darauf beschränkt hat, die sogenannten »Domestikationserscheinungen« zu registrieren, so wie einst Carl von Linné alle ihm bekannten Pflanzen und Tiere als von Gott geschaffen registriert hat. Domestikation ist immer noch in der Wissenschaft eine »Vis vitalis«, eine besondere Art der Lebenskraft, die man einfach hinnimmt, ohne nach den Ursachen zu fragen. Ursache – na eben, das ist die Domestikation, erhält man zur Antwort. Ähnlich verhält es sich mit dem Schlagwort »Mutation«. Wenn man mit Röntgenstrahlen Keime beschießt, dann gibt es hinterher Mutationen. Auch Gifte, wie Colchizin (ein Stoff der allbekannten Herbstzeitlose), können Mutationen bewirken. Radioaktive Strahlungen auch – weiß man ja alles. Aber ich habe noch keinen Züchter gesehen, der mit Hilfe derartiger Mittel imstande ist, aus einer Maus einen Windhund zu machen.

Carl von Linné hat festgestellt, daß das Indische Nashorn im Oberkiefer zwei große Schneidezähne hat. Was folgerte er daraus? Ganz einfach – die Nashörner gehören zu den Nagetieren. – So etwa ist der Stand unserer heutigen Domestikationsforschung. Die »Vis domesticalis« macht's möglich.

Planmäßige Forschungen, welcher Art die Gesetzmäßigkeiten sind, die bei der Überführung eines Wildtieres in die Domestikation zu Umwandlungen führen, sind bisher nur in geringen Ansätzen vorhanden und wurden bislang auch von einigen Alleswissern unterdrückt, wenn nicht bewußt fehlgeleitet. Ich weiß, wovon ich spreche. So hat man zum Beispiel nichtsahnende Studenten Hunderte von nordischen Wolfsschädeln und Haushundschädeln untersuchen lassen, um daraus folgern zu können, daß das Hirn in der Domestikation (dieser geheimnisvollen Kraft) an Größe und Gewicht abgenommen haben muß. Dieser Unsinn spukt immer noch bei den Haustierleuten herum, obgleich es längst von sehr ernst zu nehmenden Wissenschaftlern restlos geklärt ist, daß das Gehirn des viel kleineren Indischen Wolfes völlig dem unserer Haushunde entspricht.

Cirneco del Etna

Aber nehmen wir ruhig einmal an, die Annahme von Größe- und Gewichtverlust würde zutreffen. Das wäre sicher ein für jeden Tierzüchter außerordentlich wichtiges Phänomen, das ihm Hilfen bei der planmäßigen Tierzucht geben könnte. Aber jene Vertreter der Gehirnschrumpfung haben sich damit begnügt, dieses Faktum in außerordentlich wissenschaftlich erscheinenden Tabellen und Kurven, teilweise unter Benutzung der Computertechnik, darzustellen. Warum das so ist – beziehungsweise so sein soll, worin die Ursachen liegen könnten, und

wie man solche Vorgänge in Zuchtversuchen rekonstruieren könnte
– darum haben sich diese Leute erfolgreich herumgedrückt.

Es sieht wirklich nicht besonders gut aus in der Domestikationsforschung. Da gibt es Professoren, die lassen von Studenten Ausgrabungen von Haustieren auf Zehntelmillimeter genau abmessen, die Zahlen dann in Tabellen aufführen, und am Ende dann aus den gewonnenen Daten Schlüsse ziehen.

»Maß und Zahl verbannen den Geist lebendiger Anschauung« – dieses Goethe-Wort, das auch Otto Antonius an den Anfang seines Kapitels über die Vermessung von Zebraschädeln gestellt hat, soll uns eine unverbrüchliche Richtlinie sein. Wer glaubt, daß Wissenschaft eine Frage von Zahlenmaterial ist, das man Computern überläßt, irrt. Denn der beste Computer wurde von Menschen programmiert, die gar nicht wissen können, worum es geht. Ein falsch programmierter Computer ist ein Nonsens, genau wie eine Statistik, die sich auf falsche Daten stützt.

Daten kann aber nur der zusammentragen, der schauen gelernt hat und nicht nur messen. Jeder Versuch, biologische Daten ohne ausreichende Vorkenntnisse der Zusammenhänge des Lebens zu sammeln und zu Erkenntnissen zu verarbeiten, ist irreführend.

Das ist eine Extemporation, die mir unumgänglich erscheint, um Tierzüchter, in unserem Falle Hundezüchter, vor den Gefahren einer aufgeblähten, aber sinnvoller Grundlagen entbehrender »Domestikationsforschung« zu warnen.

»Haustierkunde« ist notwendig als Registratur dessen, was es alles gibt. »Haustierforschung« ist eine Ursachenforschung, die uns sagen soll, warum es das alles gibt. (Deswegen habe ich mit meinen Freunden auch eine »Gesellschaft für Haustierforschung« gegründet, und keine für Haustierkunde.) Die trotz vieler Schwierigkeiten erzielten Resultate dieses Bestrebens, die man keineswegs überschätzen darf, haben zumindest gezeigt, daß hier Ansätze liegen, die weiterverfolgt werden sollten. Ich versteige mich zu der Behauptung, daß nur der Hunde züchten kann, der weiß, was ein Wolf, was seine nächsten Verwandten sind. Es ist schon zu viel gesündigt worden, eben wegen der Unkenntnis der wilden Ahnen unserer Hunde.

Man darf auch nicht glauben, daß die Kenntnis der Mendel'schen Vererbungsregeln der Schlüssel zur letzten Weisheit ist. Es gibt sie, kein Zweifel, und jeder kann das nachprüfen, wenn er z. B. Pflanzen einer Art mit jeweils weißen und roten Blüten verkreuzt. In der Tierzucht kann er nur in Sonderfällen damit etwas anfangen. Ich muß immer lächeln, wenn mir ein Buch über Hundezucht in die Hände kommt und darin dann jene Vererbungsregeln, unterstützt von Zeichnungen, als Grundlage aller Hundezucht dargelegt werden. Wenn das wirklich so einfach wäre, dann hätten wir heute schon Hunde so groß wie Elefanten und so klein wie Mäuse. Aber der Mensch hat es nicht geschafft, gewisse Grenzen da und dort zu über- oder zu unterschreiten. Hier stößt er auf Grenzen.

Domestikation, Mutation, Kleinmutationen, Großmutationen – was hat es da nicht schon alles gegeben. Man schafft für alles, für das man keine Erklärung hat, ganz einfach einen wissenschaftlichen Begriff, ein Fachwort. Das ist nicht anders, als wenn Juristen oder Beamte dem schlichten Bürger mit unverständlichem Kauderwelsch zeigen, wie dumm er doch sei. Viele Naturwissenschaftler haben sich dieses Kauderwelsch auch angeeignet – zum Schaden derer, die die Naturwissenschaft brauchen, um ihre Vorstellungen von einer wirklich einwandfreien Hundezucht zu realisieren. Ich habe es oft genug erlebt, daß gerade die besten Hundezüchter angesichts der »hohen Gelehrsamkeit« resignieren.

Warum der Exkurs am Ende dieses Buches? Einfach deswegen, um allen, die sich als Nachfahren der wirklich großen, aber meist sehr ungelehrten Hundezüchter fühlen und deren Werk fortsetzen wollen, Mut zu machen. Wissenschaftsgläubigkeit ist nämlich etwas ganz anderes als Forschung, Glauben etwas anderes als Wissen. Ein Wissen, das uns allen – und ich schließe mich hier vorbehaltlos ein – noch nicht ausreichend genug gegeben ist.

Warum hat der Lundehund seine so bewegliche und leistungsfähige Innenzehe? Entstand dies aus planmäßiger Zucht, weil sich eines Tages einige Norweger sagten: »Ich muß einen Hund haben, der auf die steilen Felsen der Lofoten klettern kann, um mir die komischen Vögel – Lund oder Papageientaucher – aus ihren Felshöhlen herabzuholen, auch ihre Eier.« Man stelle sich vor – die Norweger suchten sich einen kleineren Hund, züchteten ihm zwecks Kletterleistung die alten, verlorengegangenen Zehen an und dazu eine außerordentliche Bewegungsfähigkeit des Schultergürtels, der den Hund zu affenartiger Kletterfähigkeit ausrüstete.

Das ist genauso unmöglich wie die von manchen Leuten geäußerte Vorstellung, daß der Lundehund gar nicht in den Rassekreis unserer sonstigen Haushunde gehöre, sondern von einem »Canis ferus« – also einem anderen wilden Hund – abstamme. Hundeexperten haben da immer so originelle Einfälle, um die eigene Rasse besonders »hochzujubeln«. Einen besonderen »Canis ferus« hat es nie gegeben, sonst hätten ihn die Leute, die weniger spekulieren, dafür aber ernsthaft arbeiten, etwa bei der Untersuchung von alten Skelettfunden – längst entdeckt.

Der Klippenhund, wie ich ihn hier bezeichnen möchte, ist seit dem Mittelalter bekannt. Wir wissen aber nicht, ob er schon damals jene Besonderheit im Pfotenbau hatte. Es kann sein, daß er sich durch allerlei Umzüchtungen in den vergangenen Jahrhunderten so eine Mutation zugelegt hat, die erkannt und als zweckdienlich für seine spätere Aufgabe betrachtet worden war. Eine daraufhin – und nicht vorher geplante – Zuchtauslese mag dann dazu beigetragen haben, daß die Mehrzehigkeit gefördert und bis heute vollendet wurde.

Wir müssen uns vorstellen, daß ursprünglich nie ein Endresultat in der Hundezucht Anlaß zu Umzüchtungen war, sondern daß durch die Domestikation entstandene mutative Veränderungen ausgenutzt worden sind und erblich – aus Zweckmäßigkeitsgründen – gefestigt worden sind. Das gilt für alle alten Hunderassen.

Bei Neuzüchtungen, die meist auf das vorige Jahrhundert zurückgehen, ist das wieder anders. Ich erinnere an den Leonberger. Da war ein Mann mit ziemlich viel Geld, der es sich zur Aufgabe gesetzt hatte, »einen Hund zu züchten, der dem stolzen Löwen ähnelte, den er auf dem Wappenschild des staufischen Kaisergeschlechts am Rathaus seiner Heimatstadt Leonberg stets vor sich sah. Er kreuzte den Bernhardiner mit einem Landseer, die Nachzucht dieser beiden mit einem Pyrenäenhund und trieb dann eine konsequente Farbenzucht auf einen gelben, langhaarigen Hund hin.« So erzählt es einer der besten Kenner der Geschichte unserer Rassehunde, nämlich der leider schon verstorbene Erich Schneider-Leyer.

Beim Lundehund (Norwegischer Vogelhund) wußte er allerdings auch nichts anderes zu sagen, als daß er »seit altersher in Nord-Norwegen« gezüchtet wird. Dort soll es heute etwa fünfhundert von ihm geben, weitere dreißig in Schweden und weitere zehn anderswo – darunter auch in Dänemark.

Jeder Vertreter einer Hunderasse gibt gern damit an, daß es diese und nur diese Rasse bereits seit dem Altertum gegeben habe, und assyrische und ägyptische Darstellungen werden herangezogen, mit denen man den

Beweis zu führen versucht. Was den Lundehund betrifft, darf ich als mittlerweile etwas versierter Kenner von Frühformen der Domestikation sagen, daß er tatsächlich zu den ganz alten des Haushundgeschlechtes gehört. Nicht mehr ganz deutlich – aber doch gerade noch erkennbar, schaut dem Kerl noch der Dingo aus den Augen. Ob hier Beziehungen zu dem auch sehr alten, sicherlich dingostämmigen Finnenspitz bestehen? Ich möchte es glauben, zumal jener auch in erster Linie ein Vogelhund ist.

Da der Verlag wegen der rechtzeitigen Herausgabe des Buches drängt, muß ich gerade jetzt, wo es so schön würde, aufhören. Schade, mir fiele noch so vieles ein. Meine neuesten Bastarde, sprich Mischlingshunde und vieles andere mehr. Lauter kleine Schrittchen nach vorn, zugunsten eines besseren Verständnisses der Hundezucht. Aber ich denke – wer aus den vorliegenden Seiten nichts gelernt hat, dem werden wahrscheinlich weitere tausend Seiten auch nichts helfen. Und damit auch seinen Hunden nichts, was mir leid täte. Denn für diese mache ich ja das alles.

Schlußgedanken

Mit diesem Buch gebe ich einen Überblick über die nächsten Verwandten unserer Hunde, in der Hoffnung, die Aufmerksamkeit des Lesers auf die aus der Natur erwachsenen Hundeartigen zu lenken. Dem »rassebewußten« Hundezüchter wird das wohl nicht viel sagen, da für ihn »seine« Rasse nun einmal der Mittelpunkt der Welt ist. Er sieht seine Aufgabe darin, seine Rasse zu pflegen und zu vermehren. Als Mitglied eines Vereines ist er dabei sogar weisungsgebunden. Genau, wie ihm auch der nicht anzutastende »Rasse-Standard« die schwierigste Aufgabe im Menschenleben abnimmt, nämlich nachzudenken, ob das auch alles wirklich so gut ist.

Äußert er aber Kritik – dann bleibt ihm nichts anderes übrig, als den Verein zu wechseln. Benimmt er sich dort ebenso unorthodox, muß er mit seinen Hunden eben vereinslos leben; so wie ich, weil es im Hundewesen keine Sonderabteilung für Forschung gibt. Gerade die nämlich kann man nicht brauchen, weil man sonst dies und das ändern müßte – und das erlauben die Statuten nicht.

Aber nicht verzagen! Das ist, wenn man so will, ein biologisch äußerst wertvoller Vorgang. Vergleichsweisen Vorgängen verdankt die Natur es, daß unser Leben auf Evolution, auf ständiger Höherentwicklung beruht. Es waren immer jene Tierarten, die aussterben mußten, die die Fähigkeit zu Neuanpassungen generell verloren hatten.

Diese »Neuanpassung« wird zwangsläufig auch in der Hundezucht eintreten, und das mit um so größerer Sicherheit, je mehr der antiquierte Formalismus noch erstarrt.

Wissenschaftliche Forschung läßt sich nicht unter den Tisch kehren, solange sie nicht im verborgenen blüht. Heute tritt – im Gegensatz zu vergangenen Zeiten, als der »Gelehrte« noch den Umgang mit dem »gemeinen Volke« vermied – die Wissenschaft zunehmend in die breite Öffentlichkeit. Sie sucht das Vertrauen der Menschen, die Antworten auf ihre Fragen haben wollen. Es gibt viele Menschen, die sich über diese Entwicklung freuen.

Hundeverbände sehen das nicht so gern, denn dadurch wachsen nur die Zweifel an der Richtigkeit von Statuten und Standards und an den Schönheits- oder Leistungsrichtern, die aus diesem Käfig nicht ausbrechen dürfen. Auch das Vertrauen zu den Zuchtwarten, die nur nach den geheiligten Statuten vorgehen dürfen, schwindet.

Es ist dies ein sehr befriedigender Prozeß, zu dem auch dieses Buch etwas beitragen soll, in dem es versucht, einige biologische Kenntnisse zu vermitteln.

Wenn man so nachdenkt: Da waren ganz am Anfang der Entwicklung jene kleinen Beutegreifer, die sich auf Grund eines enormen Lebensvorteiles immer weiter entwickelten, ungezählte Formen hervorgebracht hatten und in endlos langen Zeiten beigetragen haben, das Gleichgewicht der Natur zu erhalten, um schließlich in jener Zeit, als sich der Mensch entwickelte, den Wolf hervorzubringen. Da muß doch die Frage erlaubt sein: Hätten sie das auch getan, wenn sie geahnt hätten, daß ihre Nachfahren einmal schön frisiert und gepudert am Richtertisch sich zu »zeigen« haben? Diese »Frage« ist natürlich nicht zu beantworten.

Besonders im Schakal-Kapitel habe ich gezeigt, wie schwer es auch für die Wissenschaft ist, sich zu klaren Erkenntnissen durchzuringen. Wir sind unendlich weit davon entfernt, alles zu wissen. Ich darf da an das erinnern, was ich von Wilhelm von Marinelli erzählt habe.

Die Forschung ist oft ein wenig flügellahm, und die Frage ist offen, ob sie immer und überall den Weg zu den letzten Erkenntnissen geht. Aber auch der Gedanke, ob Forschung im herkömmlichen Stile wirklich alles ist, was der Mensch für seine Mitgeschöpfe tun kann, hat mich nie ganz losgelassen und soll hier einen – nur ganz versuchsweisen – Ausdruck finden.

Der in seiner Schlichtheit überzeugende Dichter Matthias Claudius hat einmal versucht zu formulieren, was es für Voraussetzungen geben muß, damit für die Menschheit das ersehnte »Goldene Zeitalter« anbrechen kann. In diesem Gedicht heißt es an einer Stelle:

»...wenn die, die kosen oder küssen,
mehr als die Gelehrten wissen...«

Ist das eine Absage an die Wissenschaft? Ich glaube nicht. Es geht ja darum, noch mehr zu wissen.

Ein sechsjähriger Wolf, wie z.B. mein »Schah«, ist kein Spielzeug, zumal dann, wenn er schon zweimal Vaterpflichten zu erfüllen hatte und in diesen Wochen wahrlich kein Ausbund an Freundlichkeit war. Nun hatte er auch noch seine geliebte Frau verloren und war ganz durcheinander. Ich gab ihm als Ersatz eine sehr ähnliche Dingohündin, natürlich nicht gleich in sein siebenhundert Quadratmeter großes Gehege – ich ließ beide erst frei laufen, damit sie sich kennenlernen konnten.

Da erlebte ich etwas, was ich wohl nicht mehr vergessen werde. Schah war nämlich der Meinung, seine teure Gattin wäre wieder da! (Dazu: Er hat sie, als sie gestorben war, sorgfältig abgeschnuppert.) Er kam freudig angerast. Erst als er bei der Dingohündin war, erkannte er seinen Irrtum – es mitanzusehen, wie Schah förmlich zusammenknickte und sich langsam gesenkten Hauptes abwandte, war für uns erschütternd! Ein Wolf hat eine sehr ausdrucksvolle Mimik.

Ich muß die ganze Geschichte beichten. Ich bin nämlich stur geblieben, da es mein Wunsch war, nochmals Nachkommen von Schah zu haben. Ich setzte die zweijährige Dingohündin in sein Gehege. Drei Tage später war sie tot. Er hat sie getötet. Er duldete keine fremde Hündin mehr – Wölfe sind monogam. Meine Frau ist keine artgemäße Partnerin – daher sucht er nun vermehrt Anlehnung an sie. An diesem Punkt hört Wissenschaft auf.

Noch Alfred Brehm teilte die Tiere in »nützliche« und in »schädliche« und in »ungefährliche« und in »gefährliche« ein. Vor ihm schrieb Friedrich von Schiller: »Gefährlich ist's, den Leu zu wecken, gefährlich auch des Tigers Zahn – doch der größte aller Schrecken ist der Mensch in seinem Wahn.« Das ist er auch, der Mensch, wenn er die Tiere nach ihrem Anschein klassifiziert und meint, so ihr Wesen aufdecken zu können.

Nicht das Tier ist es, das dem Menschen Böses will. Der Mensch ist es, der immer wieder Tiere zu seinen Feinden gemacht hat. Wie es in der Bibel steht. Was ist die Parabel von der Vertreibung aus dem Paradies? Die ersten Menschen hatten vom Baum der Erkenntnis gegessen – und fanden sich plötzlich außerhalb des »Paradieses«. Bislang lebten sie mit allen Tieren in bester Gemeinschaft. Nun aber waren sie – mit dem Erwachen des Ich-Bewußtseins – nicht mehr Teil des Ganzen, sondern Ausgestoßene. Dieses Ich-Bewußtsein, das kein Tier kennt, das nicht einmal das Kleinkind kennt und erst entwickeln muß, hat den Menschen mit der Natur entzweit. Er stand ihr plötzlich gegenüber und begann, sie seinen Zwecken untertan zu machen.

Hier geht es mir aber noch um etwas anderes: Wie Lawick-Goodall, wie das Ehepaar Hendrichs, wie der Indianer Gregory und noch viele andere

Menschen, deren Namen wahrscheinlich gar nicht alle bekannt sind, uns beweisen, ist das Zusammenleben mit »Wildtieren« keine Frage der Forschung, sondern eine Frage der inneren Einstellung zum Tier.

»Das Goldene Zeitalter« ist nur eine Reflexion des einstigen »Paradieses«. Es kann nur so verstanden werden, daß der Mensch es wieder lernt, was er aus primitiver Überbewertung seines Verstandes verlernt hat. Nämlich, das Tier als seinen gleichwertigen Partner zu betrachten, als einen Teil des Naturganzen, dem er trotz Maschinen und Elektronik immer noch angehört, ob er es wahrhaben will oder nicht.

Er muß es wieder lernen, daß es keine nützlichen oder schädlichen, keine harmlosen oder gefährlichen Tiere gibt. Es gibt *nur* Tiere.

Ich bin gerade dabei, Tiere verstehen zu lernen. So glaube ich daran, daß es Kommunikation zwischen Tier und Mensch gibt, die von seiten des Tieres offen ist, die aber unsererseits durch den lästigen Verstand verschüttet, unterdrückt wird. Ich meine nicht das, was einmal der amerikanische Psychiater Lilly mit seinen Tümmlern (eine Delphin-Art) wollte. Er hat nämlich versucht, diesen geistig sicher sehr hochstehenden Tieren die englische Sprache beizubringen. So verrückt bin ich nun wieder nicht.

Ich meine ganz etwas anderes. Es gibt eine Verständigung zwischen Tier und Mensch, die keiner Sprache bedarf. Menschen, die in engem Kontakt mit Hunden gelebt haben, wissen, was ich meine. Nämlich eine Kommunikation, die ohne Worte auskommt. Ein schwieriges, ein sehr heikles Thema, das sich heute nicht wissenschaftlich formulieren läßt. Aber ein Thema, das für das Verhältnis zwischen Mensch und Tier vielleicht eine große Zukunftsbedeutung haben könnte. Vorausgesetzt, der Mensch ist willens, sich das Tier nicht untertan zu machen, sondern als sein Freund zu leben.

Das aber bedeutet, daß wir uns abgewöhnen müssen, vom Tier etwas zu verlangen, und uns angewöhnen müssen, alle unsere Kräfte aufzubieten, dem Tier alles zu geben, was des Tieres ist. Ein Wunschgedanke nur, solange das Tier – und vor allem der Hund – nur eine Ware, ein interessantes Geschäft ist. Leider wird der Hund solange Ware bleiben, wie die monopolistischen Großverbände Forschung als störend empfinden. So bleibt mir dennoch die Hoffnung, daß die zwischen den Beinen der großen Saurier krabbelnden Kleinen eines Tages ein Zeitalter der »Morgenröte« erleben, jenes Eozän, in dem sich die intelligenteren

Lebewesen bewährt und den Ursprung zur geistigen Höherentwicklung gebildet haben.

Dies wünsche ich allen meinen wilden Freunden, allen unseren Hunden und allen Lesern dieses Buches.

Danksagung

Die Möglichkeit, mich mit meinen wilden Freunden und anderen Hunden zu befassen, verdanke ich in erster Linie der GESELLSCHAFT FÜR HAUSTIERFORSCHUNG – damit auch dem R. PIPER & CO. VERLAG, der kooperatives Mitglied unserer Gesellschaft ist.

Mein Dank gilt aber auch einem selbstlosen Mitarbeiter, meinem Ziehsohn, Erich Mundo, der mit kaum zwanzig Jahren im Oktober 1979 sein Leben lassen mußte.

Januar 1981   Eberhard Trumler
Wolfswinkel
Haustierbiologische Forschungsstation

Literaturverzeichnis

ANTONIUS, O.: Grundzüge einer Stammesgeschchte der Haustiere. Jena (Fischer) 1922
BREHMs Tierleben, Leipzig (Bibl. Inst.) 1900 (3. Aufl.) und 1915 (4. Auflage, Band 12)
BUELER, L. E.: Wild Dogs of the World. New York (Stein & Day) 1973
CRISLER, L.: Wir heulten mit den Wölfen. Wiesbaden (Brockhaus) 1960
CRISLER, L.: Meine Wölfin. Wiesbaden (Brockhaus) 1970
DAVISON, F. D.: Dingo – Hund der weiten Steppe. Stuttgart (Franckh) 1975
DOUGLAS-HAMILTON: Iain & Oria, Unter Elefanten. München (Piper) 1976
FENGEWISCH, H.-J.: Großraubwild in Europas Revieren. München (BLV) 1968
FOX, M.: The Wolf. New York (Coward, McCann & Geoghegan) 1973
FOX, M.: Vom Wolf zum Hund. München (BLV) 1975
GRZIMEKs Tierleben, Band 12. Zürich (Kindler) 1972
HALTENORTH, T.: Rassehunde – Wildhunde. Heidelberg (Winter) 1958
HALTENORTH, T., u. TRENSE, W.: Das Großwild der Erde. München (BLV) 1956
LAWICK-GOODALL, H. u. J. van: Unschuldige Mörder. Reinbek (Rowohlt) 1972
LESLIE, R. F.: Náhani. Freundschaft mit einer Wölfin. Wiesbaden (Brockhaus) 1976
LORENZ, K.: So kam der Mensch auf den Hund. Wien (Borotha Schoeler) 1950
MECH, L. D.: The Wolf. New York (Dobleday) 1970
MEERWARTH, H. u. SOFFEL, K.: Lebensbilder aus der Tierwelt Europas. Leipzig (Voigtländer) 1921/22 (5. Aufl.)
MENZEL, R. u. R.: Pariahunde. Wittenberg Lutherstadt (Ziemsen) 1960
MOWAT, F.: Ein Sommer mit Wölfen. Balve (Engelbert) 1978
MURIE, A.: The Wolves of Mount McKinley. Washington (U.S. Government Printing Office) 1944
OGNEW, S. I.: Säugetiere und ihre Welt. Berlin (Akademie) 1959
ROTHAUSEN, B.: Samson, unser Wolf. Hannover (Landbuch) 1979
SENGLAUB, K.: Wildhunde – Haushunde. Melsungen (Neumann-Neudamm) 1978
STANĚK, V. J.: Bären – Füchse – Wölfe und andere Räuber. Frankfurt a. M. (Römer) 1961
THENIUS, E.: Grundzüge der Verbreitungsgeschichte der Säugetiere. Jena (Fischer) 1972
THENIUS, E., u. HOFER, H.: Stammesgeschichte der Säugetiere. Berlin (Springer) 1960
TRUMLER, E.: Mit dem Hund auf du. München (Piper) 1980 (10. Aufl.)
TRUMLER, E.: Hunde ernst genommen. München (Piper) 1981 (6. Aufl.)
TRUMLER, E. (Hrsg.): Pipers Buch der Hunderassen. München 1978
TRUMLER, E.: Hunde kennen und lieben. Balve (Engelbert) 1980
YOUNG, S. P., u. GOLDMAN, E. A.: The Wolves of North America. New York (Dover) 1964
ZEUNER, F. E.: Geschichte der Haustiere. München (BLV) 1963
ZIMEN, E.: Wölfe und Königspudel. München (Piper) 1971
ZIMEN, E.: Der Wolf. Wien/München (Meyster) 1978

Beliebte Tierbücher

Paul Eipper
Du, liebe Katze!
Mit einem Nachwort von Konrad Lorenz.
Piper-Präsent. 2. Aufl., 12. Tsd. 1980.
164 Seiten. Geb.

Otto von Frisch
Erklär mir die Haustiere
Unter Mitarbeit von Günter Woltmann-Zeitler.
1980. 71 Seiten mit 74 farbigen Abbildungen. Geb.

Frank Manolson
Katzen
Das Rätsel ihres Verhaltens und ihrer Sprache.
Aus dem Englischen von Lydia L. Dewiel. 1979.
159 Seiten mit 250 Fotos und Grafiken. Geb.

Konrad Lorenz
Das Jahr der Graugans
Photos von Sybille Kalas / Klaus Kalas.
1979. 199 Seiten mit 148 Farbfotos. Leinen

Hans-Peter Thiel
Erklär mir die Pferde
2. Aufl., 35. Tsd. 1977. Unter Mitarbeit von H. Roland Floerke.
98 Seiten mit größtenteils farbigen Abbildungen. Geb.

Beliebte Tierbücher

Hans-Peter Thiel
Erklär mir die Tiere
5. Aufl., 69.Tsd. 1980. 139 Seiten mit
145 größtenteils farbigen Abbildungen. Geb.

Eberhard Trumler
Hunde ernst genommen
Zum Wesen und Verständnis ihres Verhaltens.
Vorwort von Irenäus Eibl-Eibesfeldt. 6. Aufl.
41.Tsd. 1981. 307 Seiten mit 29 Fotos. Geb.

Eberhard Trumler
Meine Tiere, deine Tiere
1976. 160 Seiten mit 10 Zeichnungen von Franzi Fuchs.
Piper-Präsent. Geb.

Eberhard Trumler
Mit dem Hund auf du
Zum Verständnis seines Wesens und Verhaltens.
Vorwort von Konrad Lorenz.
10. Aufl., 59.Tsd. 1980. 303 Seiten mit 23 Fotos
sowie 44 Zeichnungen des Verfassers. Geb.

Eberhard Trumler
Trumlers Ratgeber für den Hundefreund
1000 Tips von Eberhard Trumler. 2. erweiterte Aufl.,
21.Tsd. 1980. 237 Seiten mit 23 Zeichnungen
und 32 Farbfotos. Geb.